董仲舒国家治理思想研究

白立强 ◎ 著

燕山大学出版社
·秦皇岛·

图书在版编目（CIP）数据

董仲舒国家治理思想研究 / 白立强著. -- 秦皇岛 ：
燕山大学出版社，2024. 12. -- ISBN 978-7-5761-0783
-8

Ⅰ. B234.55

中国国家版本馆CIP数据核字第2024EW9405号

董仲舒国家治理思想研究
DONG ZHONGSHU GUOJIA ZHILI SIXIANG YANJIU

白立强 著

出 版 人：陈 玉			
责任编辑：柯亚莉		封面设计：方志强	
责任印制：吴 波		排　版：保定万方数据处理有限公司	
出版发行：燕山大学出版社 YANSHAN UNIVERSITY PRESS		地　址：河北省秦皇岛市河北大街西段438号	
邮政编码：066004		电　话：0335-8387555	
印　刷：廊坊市印艺阁数字科技有限公司		经　销：全国新华书店	

开　本：710mm×1000mm　1/16		印　张：17.5	字　数：255千字	
版　次：2024年12月第1版		印　次：2024年12月第1次印刷		
书　号：ISBN 978-7-5761-0783-8				
定　价：88.00元				

河北省社会科学基金项目"董仲舒国家治理思想资源发掘及其价值研究"（HB20ZX005）结题成果

"董仲舒与儒学研究大系"编辑委员会

总序：董仲舒与儒学的历史经络及当代价值

　　"董仲舒与儒学研究大系"是燕山大学出版社策划出版的一套思想文化类丛书。

　　回眸中国历史，西汉建立了广袤疆域上的庞大帝国，征战方歇，经过初期的休养生息，新的社会矛盾要求朝廷不得不从初期秉持的黄老学说"无为而治"中解脱出来，以适应治理国家的需要。王朝需要用什么样的文化传统、思想体系、道德礼仪来统领大国人心、齐一天下，这个紧迫的问题成为当时的时代之问。变革的社会现实召唤着思想巨人。

　　董仲舒用"天人三策"，回答了汉武帝的治世之需。他用天人合一论、天人感应论，占据天道的制高点，既阐释了汉王朝君临天下的合法性，又设计出一套相当完整严密的方针政策，使西汉政权的统治方略由黄老政治转向新儒家德刑并用，宣称"《春秋》大一统者，天地之常经，古今之通谊"，由此构建出以儒家礼制为基础、以天子为中心的中央集权制的政治模式，这一制度设计被采纳并付诸运用，成为中国封建王朝政权运作的核心模式，自此延续两千多年，深远地影响了中国社会发展的历史。如果说，四百年的汉朝奠定了中华帝国真正的基础，那么董仲舒的制度设计，无疑是构成这个基础最重要的文化政治部分。

　　正因如此，董仲舒的身后声名经历了复杂多变的评价和争议。在古代社会，上自帝王，下至臣民百姓、士人学子，无不尊他"为世儒宗"，"道济天下之溺"，"参天地、关盛衰、浩然而独存者"。尽管董子本人从未执宰拜相，但他培养的学生人丁兴旺，凭借才能平步青云者众，加之后世董学分化流派众多，体系大成，董仲舒俨然被奉为中国传统社会正统观念的思想教父。他的人格和学问都受到推崇，《史记》和《汉书》都说他"为人廉直"，其"正其谊不谋其利，明其道不计其功"的名言，成为千百年来中国人的道德旨归。

然而到了近代，国家大乱，中国传统社会结构风雨飘摇，中西文化剧烈冲突，知识分子激烈论战，董仲舒在国人心目中的地位也随着中国传统社会价值体系的崩坏而降至低谷，在五四新文化运动中，更是陪着孔夫子一起被打倒，成了国家落后衰败的出气筒。他"天不变，道亦不变"的名言，被看作形而上学思想的象征，阻碍变革的保守思想源头，指责他将儒学神学化变为儒教，是一个热衷于设计帝王操纵术的功利性人物。

历史走到今天，学术界看待历史人物及其学说的理论和方法，都大大丰富了，对待董仲舒和儒学的态度也客观了许多。今天可以看到这样的观点：董仲舒援天道以证人事，吸收了先秦唯物主义天道观的成分；他以"究天人之际"的名义，规范等级名伦体制的构思，在当时的社会条件下，有利于纠正社会内部、王朝与周边民族之间的社会失序，由乱达治，实现稳定；董仲舒强调"君为国之本"，将尊君观念推到新的高度，但同时也强调君主必须"法天而立道""上奉天施而下正人"，制约君主的权力；他主张打破血缘宗亲集团的垄断，从知识阶层选贤任能，君臣各敬其事；他倡导具体实在的道德教化，让儒家学说实际应用于治世，真正走向了民间；等等。

编纂"董仲舒与儒学研究大系"丛书，我们需要思考两个问题：

一是，在当今中国，董仲舒与儒家文化传统是否还有意义？

今天以血缘、地缘、宗法、伦理为主要特征的中国传统社会的社会基础结构正在发生剧烈转型，国民相当程度上正在由人伦性族群向契约化群体转型，因而，作为整体意识形态的儒家价值观在现实社会显然已不适应，总体来看，属于社会体系结构性的不适应，因此做不到如董仲舒当时那样将传统学说脱胎换骨，变成现代的东西了，这是对于国家治理的普世性层面而言。

然则，儒家文化传统对国民修养而言，仍大有可用。今日世界面临百年未有之大变局，中国是大变局中的大变量之一。这变局很大程度上在于社会道德的改变。物质欲望膨胀、消费主义、娱乐至上一度喧嚣，而当物质欲望得到满足之后，人们又变得空虚迷茫，不知以何立世，何以为家，陷入精神的混沌状态。概而言之，在人的精神生命与世俗物质生活的冲突之中尚未寻得超越之道。

我们悠久的文化传统本应从私德和公德两个方面给出解决方案。

早在五四时期，梁启超就曾反思数千年传统道德逐渐不能用于当世的状况，他说："吾中国道德之发达，不可谓不早，虽然，偏于私德，而公德殆阙如。试观《论语》《孟子》诸书，吾国民之木铎，而道德所从出者也。其中所教，私德居十之九，而公德不及其一焉。"这不失为一个洞见，儒学确实最重私德，注重"壹是皆以修身为本"，倡导人们在相处中从人性中发展出最好的东西，"人皆可以为尧舜"。作为百代正脉的儒家思想被传承了两千五百年、八十余代，正是因为它与中国人遵循的伦理生活和古老传统相匹配。美国汉学家牟复礼在《中国思想之渊源》中说，"儒家希望恢复的只是一个殷实太平的尧舜之世，一个属于人的文明时代"，因此儒学的首义是人通过践行，去追求有德行的良善的生活。儒家政治思想就是要在乱世中寻找秩序，秩序在哪里？在乎人心。因此说儒家最重私德是恰切的。儒家文化如涓涓细流，润物无声，劝诫人们追求立于天地之间的个人修养，将品格高尚的大儒比如董仲舒，敬称为"纯儒"，一个"纯"字道出了超拔的境界，超越世俗物欲的精神层次，这样的人无论顺逆方圆，皆进退有度，毕生追求人格的完善。儒家的修身之学，是中国文化独有的，与现代世界真善美的人性追求完全契合。

但如果说儒家思想缺乏公共性，又不尽然。董仲舒一生体现的儒家思想传统中，就有着一种执着的乃至偏激的爱国热情、献身情怀，有时显得不可思议，他的作为显示了儒家追求私德是为了什么，格物致知是为了诚意正心，是为了修身、齐家、治国、平天下，这与中国"天下思想"的文化意味高度一致，铺垫着中国人"家国同构"的文化基因。董仲舒代表的智识阶层，将"为王者师"作为自己天生的职业，思考的重点向来是以天下为己任，先天下之忧而忧，这非公共性而何？就如怀抱道义不被当政者接纳的东林党理学君子顾宪成所说，他们这群人不仅有"好善癖"，还患上了"忧世癖"。儒家思想形成社会规范的约束力，激励民众的家国情怀、舍生取义精神，成为中华民族生生不息的根源，血脉相传，今天国之大任还是要拥有这种精神的人民来担当。

二是，在国际学术视域下，董仲舒的儒家学说是否还值得进行学术研究？

19 世纪以来，中国内部衍化的一元文化遭到了不可避免的打击，中国成了世界思想潮流的容器。今天中国思想和文化上很多因素都是外来的，这是回避不了的，这可能是一个参照研究的基础条件，有利于在世界性、历史性的层面上对中国文化思想的独特性进行学术思考，获得世界性的意义。

然而，如果仅以西方为参照系，脱离中国去寻找一种普遍性的规范，在现代性中看不到自己的主体性和历史性，那么中国正在进行的艰巨探索无法获得历史的力量和独特的文化自觉。面对西方学术界一些人"消解中国"的姿态，国内外思想深邃的学者提醒，一方面全球化似乎消解了所有特殊的文化认同，但另一方面这种消解本身恰恰又导致普遍的认同危机和文化焦虑，从而酝酿着文明冲突的危险。我们必须在当今的文化时局中重新考虑中国文化的政治主体性。即使不设置参照系，对文明延续数千年的中国而言，它的文化核心问题，它的思想史如何在文化政治的意义上理论化，都是极其值得开展系统研究的。儒家思想是中国文化的核心，尽管董仲舒倡导的独尊儒术在历史上不免钳制了先秦诸子学说在后世的传扬衍化，但其儒学造诣瞻之在前，总归是深入认识中国思想文化史总体脉络的一个具体的着力点，也是思考中国思想史上学术和现实的问题意识的交汇点。

作为思想家、学问家的董仲舒著述的《春秋繁露》犹如汉代今文经学的百科全书，对当时所遇到的每一个问题都试图从理论上加以解释和概括，对于研究汉代学术史和整个儒学发展史都是极为重要的。董子为汉儒宗，他对中国历史典籍《春秋》公羊学的研究，独尊于两汉，至清中叶而再兴，其于中国社会、政治之影响巨大。所以汉代儒学以董为不祧之宗，何况他的思想兼具关注现实的、积极用世的实践价值。德国哲学家雅斯贝尔斯将公元前 800 年至公元前 200 年称作人类文明的"轴心时代"，那个时代横贯东西，诞生了苏格拉底、柏拉图、以色列先知、释迦牟尼、孔子和老子，他们创立各自的思想体系，共同构成人类文明的精神基础，是人类历史长河中在知识、哲学、宗教上的最辉煌、最有创造力的时代，直到今天人类仍然附着在这种基础之上。董仲舒是这个黄金时代尾声中的最后一位中国思想巨匠。

基于上述，燕山大学出版社编纂出版这套图书就是为了给董仲舒与儒学辟出一块学术研究的出版田地。

这套图书的作者多来自董仲舒的故里，西汉时的广川，即今天的河北省衡水市。作者们"焚膏油以继晷，恒兀兀以穷年"，研究董子其人、他所处的历史时期、他的思想，阐发他的微言大义，扩展至他的教化思想、人学思想以及自然观等，多有成果辑印或发表。这套图书此次辑选了研究董仲舒及儒学的知名学者的成果，内容涉及先秦汉代儒学研究、儒家核心价值观念研究、董学史研究、董仲舒哲学思想研究、董仲舒教化思想研究、董仲舒伦理思想研究等多个方面，一定程度上反映了该研究领域的新进展，具有较大的学术影响力和出版价值。

究天人之际，通古今之变。祈愿这套图书的出版传播，对于当代和后世的人们加深对整个中国思想发展史、中国历史、中国文化的认识有所启益。

"董仲舒与儒学研究大系"丛书出版人

陈　玉

2022 年 5 月于燕山大学

前　　言

　　本书是河北省社科基金项目"董仲舒国家治理思想资源发掘及其价值研究"（HB20ZX005）的最终成果。

　　董仲舒政治哲学是古代政治文明的典型表达，发掘其国家治理思想资源，不仅可以在理论上开辟一个"问题域"，而且通过研究其国家治理思想诸多范畴、面向及其相互关系，可以在深度与广度上丰富、拓展中国传统治国理政理论，进而为当下推进国家治理体系和治理能力现代化提供思想支撑。

　　就根本意义而言，董仲舒理论学说属于"元哲学"。或言之，"元"实乃董仲舒整个思想体系的根基，董子以对"元"的深入开掘，在三个方面（层次）奠定了其理论的主体框架：其一，"元"作为化生之原，使天备具了物质前提，从而"天哲学"真正确立；其二，"元"之本正品质构成了王道政治之王者先天仁正的基本凭依；其三，"元"构成了作为"天地常经""古今通谊"之"大一统"思想的终极根据。

　　鉴于此，"元"实为董仲舒国家治理思想的基本点。其国家治理思想皆基于"元"而铺陈开显，故探究董仲舒国家治理思想的过程，不仅是"知其然"——梳理出其国家治理思想全部内容——的过程，同时也是"知其所以然"——把握其内在动因——的过程。这意味着，对董仲舒国家治理思想及其内在根据的探讨，既是从政治哲学角度对董子思想学说的了解和把握，又是从文化哲学角度的分析和洞察。

大体说来，本书主要围绕以下方面进行了初步思考和探究。

第一，董仲舒国家治理思想的理论基础。董仲舒国家治理思想寓于其天人哲学之中，故把握其天人哲学乃准确理解董仲舒国家治理思想的前提。同时，董仲舒天人哲学带有鲜明的传统思维方式，这意味着了解中国传统思维成为必需。中国传统思维即类比思维，董子类比思维于天人关系之域表现为天人同元、天人同构乃至天人合一，体现着系统性、人文性、伦理性以及价值性特征。而"元"为董子类比思维的鲜明特质。在"天人一"之域，天人合一是天人关系的形式，天人感应是其机制，而天人合德为其核心。就深层而言，"元"为天人一的内生机制，"诚"乃天人一之关键。董仲舒援天正人，在个体意义上涵养着人的主体性地位，在整体意义上导引着现实社会的良性秩序。

第二，董子国家治理思想的基本范畴包括奉天法古、天道、大一统、道义以及应天改制，分别对应着国家治理之指导思想、治道之源、核心理念、基本原则以及客观要求。诸范畴作为董仲舒国家治理思想的相关律则，从属于董子的天道信仰，并映射着深刻的文化意蕴。其中，"大一统"作为王道政治思想核心，既有深远的历史渊源，又折射着深邃贞正的天元"道体"内涵。董仲舒以对天地的深度洞察，开掘出其内在"元"生机制，其通贯时空而使"天下一"。形上层面，"元"生生之机以潜在方式赋予人、物等以仁、正品性，从而使王道政治具备了前提条件；形下层面，"天元"之本以恒定势态对万事物相乃至现实政治秩序进行着基源性的价值匡正与导引，客观上型构着统于一元之格局。董仲舒"大一统"实乃"大元统"，其对"天下一"之宇宙律令的推崇直接型塑了国族一统政治建制，至今其文化余蕴仍在发挥效力。

第三，董仲舒国家治理思想之王道政治。董仲舒王道观承孔子"三才模式"进而提出"王道三纲"，蕴含着王道由法天以为仁到本天以立仁

（人）的思想递进。在"元"机之正的统摄中，纵向层面，董仲舒之天具备了本然性根基，从而其天哲学乃至"天人一"得以确立；横向维度，"元"之机以"微而至远"内生之势融通于人事物相之中，借此天地人以及物共"元"品性之正而成"天下一"。董子王道观于天地人之"元"的确认中从终极意义上证成了王道本正的先天根据，并由此建构了"天人一"与"天下一"完美统一的"王天下"图式。董子王道政治在朝向理想国家治理之道的同时，又以"王道三纲"型塑着当时社会秩序。"王道三纲"构成了董仲舒王道观的鲜明特征。

董仲舒王道政治的主体性人格即君子。君子在"本天元"的生命复归中，承元之正，守元之仁，型塑了道德完美主义的君子形象，从而潜在地为庶民人格培育提供了范式与诱导，同时客观上导引社会渐次趋于整体良序。其王道政治内在要求涉及近三十个方面，从属于人文、天道、君主、秩序、伦理、制度等六重维度。王道政治六重维度在天的统摄下构成理论整体。

第四，董仲舒国家治理思想的主体部分即基本要求、具体法要以及主要内容。其中，"崇尚三本"乃国家治理思想的基本要求，"崇尚三本"实则尊崇"元"本之正，旨在使人君合天地大义，再造人间社会达于类天地之良性秩序。而"大略十指"则为其具体法要，此构成了"王化之所由得流"的基本理路。二者均为王道政治的逻辑延展，并最终体现为国家治理思想的具体内容，即政治"更化"、经济"调均"、文化"一统"与核心价值、社会教化、以民为本、制度建设以及官吏选拔考核等。

第五，董仲舒国家治理思想构成了完整体系。董子国家治理思想包括基本范畴、王道政治、基本要求与具体法要、主要内容，以及基本目标与价值取向等诸多面向。其中，基本范畴乃董仲舒国家治理思想的理论基础，王道政治即其核心，基本要求与具体法要构成其中间性环节，主要内容乃其主干，而基本目标与价值取向则为其方向性志意。总之，董仲舒国家治理思想诸多面向相互联系，构成了相对完整的理论体系。

　　董仲舒强烈的天道信仰注定了其坚定的王道情怀，但这并非无视对现实社会的深度关切。董仲舒在朝向王道理想的同时，亦由礼制助推现实社会趋向"善治"目标。就价值取向而言，董仲舒国家治理思想实则指向人之存在的个体自由与社会整体秩序的完美统一。

　　第六，董仲舒思想学说可用作新时代中国特色社会主义现代化建设的理论支撑与价值铺垫，乃至具有借鉴意义。董子天人哲学、王道政治、大一统思想、度制建设、调均观念、德教理念、德主刑辅思想等，具有历久弥新的作用与价值，对新时代中国特色社会主义政治、经济、文化、社会以及生态建设等具有重要借鉴意义。

　　囿于自身学识、能力等原因，相关内容肯定还存在不足之处，期待方家批评指正！

白立强

甲辰季夏于听梅轩

目　录

第一章　董仲舒国家治理思想的理论基础

　　2014 年，习近平总书记就我国历史上国家治理思想进行第十八次集体学习时提及"德主刑辅"治国理政经验，"德主刑辅"即出自董仲舒的国家治理思想。2016 年 5 月 17 日，习近平总书记《在哲学社会科学工作座谈会上的讲话》将董仲舒列为继老子、孔子等之后的第七位思想大家，并肯定了董仲舒等思想大家为中华文明乃至人类文明在国家治理等方面作出的重要贡献。当前，在推进国家治理体系和治理能力现代化过程中，汲取古代先哲关于国家治理的思想智慧，并予以创造性转化与创新性发展，尤有必要。

　　董仲舒国家治理思想作为古代政治文明的典型表达，寓于其天人哲学思想之中，而其天人哲学则基于中国传统思维模式。为此，厘清董仲舒学说包含的中国传统思维及其天人关系思想，是全面、客观认识董仲舒政治哲学乃至其国家治理思想的基本前提。

第一节　中国传统思维与董仲舒哲学思维方式

　　董仲舒学说思想具有鲜明的中国传统思维特征，既承继了传统思维之基因，又形成了与自身理论自洽的内在特质，且于其中映射着深邃的思想价值。

一、中国传统思维方式基本意涵

中国传统思维即类比思维，其主要特征大体包括两个方面：其一，中国传统思维具有鲜明的整体性、系统性特征，即传统思维对于任何事物、现象以及过程的考察和认识不是从孤立的、片面的、静止的角度出发，而是将考察对象置于整体视域与过程之中，从多个角度与层次予以观察和思考；其二，中国传统思维具有突出的取象比类特征，正如天与人之所以能够合一，就在于二者结构相似，乃至于在性能等诸多方面具有相通性。

具体而言，中国传统思维通过把握事物的象——整体之象，进而体悟与领略其意——以实现对此物象（实然）及其价值和意义（超然）的认识。"同其象，合其类"，即只要物象相同或结构属性相似，就可以将其归属为同样的类别。与以微观分析见长的理性认识思维相比，类比思维则是通过感性、直觉、形象、生动的感知与体认，对相应物象的理解和把握。也就是在对事物外在整体之"象"认识的基础上，达到对事物内在性、规律性的把握。取"象"的目的是将外在形象相同或相似的事物划分为同一类别，即所要认知的事物如果与已认知事物在物象、结构方面相同或相似，则二者之内在信息就存在共同性或互通性。取象的标准与范围不仅仅限于事物的物象，也涉及事物性质、功能、结构属性等方面。这种思维"不是思辨理性，也不是经验感性，而是某种实用理性"，此即"中国哲学和中国传统思维方式的特点"[1]。

如天人之间因其形、象相似，故二者在质性、结构、性能乃至情感方面也必然存在着相似相通性。一定意义上，传统类比思维模式的必然逻辑就是："使理知完全溶解在情感和想象中而失去独立的性质，成为一种非自觉性或无意识。"[2]这当然并不意味着理知的丧失或背离理知，而是把

---

[1] 李泽厚：《中国思想史论》（上），安徽文艺出版社，1999年，第166页。

[2] 李泽厚：《美学三书》，安徽文艺出版社，1999年，第364页。

握了象之大体从而获得了对于其意的深刻洞视。一个基本事实是："现代人都只崇尚理性的思维，看不起直觉的智慧，而中国的文化恰恰是以直觉的智慧为根基的。"美国高能物理学家卡普拉在其著作中指出，人们总以为理性才是智慧，直觉似不是智慧，实际上，直觉同样也是一种智慧，并且是人类认识世界的一种途径。[1]

故类比思维虽然带有某种玄思神秘色彩，然而，实践一再证明，随着科学技术日益发展，类比思维渐次凸显出其内在价值与意义。尤其不可否认的是，作为以类比思维为指导思想的中医理论与实践，以其独树一帜的鲜明特点护佑了国人健康数千年，并在今天日益彰显着活力。现代科学技术也逐渐证实其在治疗与养生方面的重要作用，具有不可替代性。这正是其科学性、正确性的体现。[2]

如是而言，类比思维构成了中国传统哲学最主要的思维方式之一。一定程度上，此种思维方式不但不与现代科学相左，相反，中国古代传统哲学所包含的整体直观思维方式，涵摄了现代科学理论之源，如果能够对其进行客观分析，则必将推动现代科学技术的发展。值得注意的是，诸多有见地的哲学家和科学家日益重视和接受中国传统文化中天地人物等一体的整体自然观。据此可以断言，中国传统思维有可能对流行的科学观念产生影响。这同时意味着，曾被视为玄幽神秘的中国传统文化之观念、议题与概念将被重新认识乃至引起重视，起码不应简单机械地拒斥于科学大门之外。[3]

天人类比表达在董仲舒《春秋繁露》中比比皆是。通过天人象、数的类比，以取二者之通义，即理，从而实现由天及人、由人及天的道理认知。在李泽厚看来，"所有这些比拟的特征，在于使伦理、道德的规范或

---

〔1〕 楼宇烈：《中国文化的根本精神》，中华书局，2016 年，第 17—18 页。

〔2〕 刘长林：《内经的哲学和中医学的方法》，科学技术出版社，1982 年，序第 8—9 页。转引自李泽厚：《中国思想史论》（上），安徽文艺出版社，1999 年，第 170 页。

〔3〕 楼宇烈：《中国文化的根本精神》，中华书局，2016 年，第 292—293 页。

范畴通过理知的类比思考，而予以情感化和感受化"[1]。正是在这种类比匹配之中，将自然或自然现象与人文伦理搭建起在情感、道德上的彼此对应性。换言之，"儒家的宇宙观以渗透情感为其根本特征"，"将整个宇宙、自然、天地予以生命化、伦常化、情感化"[2]。

二、董仲舒学说思维方式及其特质

（一）关于董仲舒学说思维方式的基本观点

对于董仲舒思想的思维方式，存在着诸多不同观点，可谓仁智并现。概而言之，大体包括以下方面。

一是形而上学论。董仲舒天人哲学的方法论虽有一定程度的辩证色彩，然其主要方面乃鲜明的形而上学性质。这当然与时代条件密不可分。[3] 但不可无视的是，"其思维方式对中国文化形成长期桎梏"[4]。二是主观比附说。董仲舒将万物视为一个联系的整体，虽具有某种可取之处，但其思维因鲜明的主观随意性而致错误，故其构造的理论体系亦荒唐，"牵强附会、荒诞不经是这种思维方法的致命伤"。[5] 三是辩证观。董仲舒哲学思想总体上是辩证法而不是形而上学[6]，其相应内容和方法具有"朴素的辩证法观点和辩证思维的科学因子"。[7] 甚至可以断言，董仲舒的"合偶"说"第一次以抽象概念的形式表述了对立面统一的辩证思

〔1〕 李泽厚：《美学三书》，安徽文艺出版社，1999 年，第 357 页。
〔2〕 李泽厚：《美学三书》，安徽文艺出版社，1999 年，第 360 页。
〔3〕 董田春：《从董仲舒看中国古代形而上学思想的特色和功用》，《榆林高专学报（综合版）》1994 年第 2、3 期。
〔4〕 杨师群：《中国历史的教训》，浙江大学出版社，2012 年，第 156 页。
〔5〕 陈创生：《董仲舒、王充思维方法比较》，《理论学刊》1990 年第 1 期。
〔6〕 王永祥：《董仲舒辩证法思想研究》，《孔子研究》1988 年第 1 期。
〔7〕 赖美琴：《董仲舒的思维方式及其政治归趋》，《学术研究》2003 年第 7 期。

想"，其思维方式"影响了其后辩证法的发展"。[1]四是直观整体论。从社会深层文化心理结构角度看，董仲舒的思维方法呈现着突出的整体性、直觉性特点。[2]或言之，董仲舒"天人合一"的宇宙观，具有鲜明的"整体性和直观性"特征，[3]其整体性思维在天人感应理论体系中尤为典型。[4]五是阴阳五行说。运用阴阳五行进行类比、类推，是董仲舒建立其理论体系的根本方法。[5]进而言之，阴阳五行说既是其哲学理论之要素，也是其建构哲学体系的思维模式。[6]甚至可以断言，秦汉思想的鲜明特色即基于阴阳五行，以此型构起了整体、系统的宇宙结构图式。[7]

上述观点，既有正面判断，也有负面结论；既有从传统视角剖析，也有基于现代思维之认识。各执一端，结论迥异。之所以如此，其原因除了研究者自身主观因素以及时代条件之外，还在于选择了不同于中国传统思维的认知参照系。其中，"以西释中"即鲜明体现。客观而言，"以西释中"固然有借西方思维之优势透视传统文化之不足的作用，然而，作为不同的两种文化，各自都有其独特的底蕴、性质。为此，应避免简单地从中西比较的角度对董仲舒哲学思想乃至传统文化进行解析、认识，否则，这不仅是"对传统文化没有自信的表现"[8]，更为严重的是，"以西方的理论、思维方式来重新诠释中国的传统文化，这使优秀的传统文化面目全

---

〔1〕　曹树明、胡东东：《董仲舒的"合偶"说》，《河北大学成人教育学院学报》2003年第3期。

〔2〕　李宗桂：《论董仲舒整体直观的经验思维方式》，《人文杂志》1992年第5期。

〔3〕　赖美琴：《董仲舒的思维方式及其政治归趋》，《学术研究》2003年第7期。

〔4〕　刘力：《中国古代辩证法与形而上学斗争史质疑——兼论董仲舒不是形而上学哲学家》，《江汉论坛》1997年第11期。

〔5〕　李宗桂：《秦汉医学与董仲舒的"天人感应"论》，《哲学研究》1987年第9期。

〔6〕　刘力：《董仲舒阴阳五行说的双重性》，《重庆师院学报（哲学社会科学版）》2001年第2期。

〔7〕　李泽厚：《中国思想史论》（上），安徽文艺出版社，1999年，第139页。

〔8〕　楼宇烈：《中国文化的根本精神》，中华书局，2016年，第24页。

非"[1]。故对董仲舒哲学思维方式及其思想的研究必须置于中华传统文化整体框架之中，才能溯其源、明其意、达其断。

(二) 董仲舒学说思维方式及其特质

类比思维属于中国传统思维，董仲舒哲学思维方式的重大意义在于将阴阳五行纳入到天人类比关系之中，从而对天人关系（天人感应）的认识达到更加系统全面的理解，开辟了天人关系认识上的"重要新阶段"[2]。具体而言，其天人类比思维体现在三个方面：天人同元、天人同构、天人合一（天人感应）。

其一，天人同元[3]。《为人者天》指出，人秉承天而生，天乃人之为人的至上性根据，"此人之所以乃上类天也"[4]。就形上而言，人与天具有共同的元发机制，此超越于人天之实体，而体现于大化流行之运机。《玉英》："惟圣人能属万物于一，而系之元也。" "元，犹原也。" 何谓

---

[1] 楼宇烈：《中国文化的根本精神》，中华书局，2016年，第138页。

[2] 李泽厚：《中国思想史论》（上），安徽文艺出版社，1999年，第139页。天人感应论早已有之。但将感应理论进行严密理论论证的，当属公羊家。董仲舒根据《春秋》精神，建立了天人感应的理论框架，致使其成为汉代显学。参见蒋庆：《公羊学引论——儒家的政治智慧与历史信仰》，福建教育出版社，2014年，第171、176页。虽然有学者认为天人感应论是对汉代自然科学成果的歪曲利用（参见金春峰：《汉代思想史》，中国社会科学出版社，2006年，第103页），但亦有学人指出，董仲舒的科学思想"主要就体现于他的天论和'天人感应'及阴阳五行说之中。……他有关'十端'的'天'及宇宙图式的构成，将其作为一个整体和相互关联的系统来对待，这对形成中国传统的整体性和系统性的科学思想，无疑具有重大和深远的影响"。参见王永祥：《董仲舒的科学思想初探》，载《河北大学学报（哲学社会科学版）》2004年第3期。另有学者借助现代科学成果指出了其正确性，即钱学森院士"以其所创'开放性超巨复杂系统理论'为据，从量子认识论、人择原理和中医医理研究等角度，确证'天人感应论'成立"。参见胡义成：《董仲舒"天人感应论"的现代确立——论钱学森院士对中国古代"天人感应论"的证明》，载《衡水学院学报》2006年第5期。

[3] 参见康有为：《春秋董氏学》，楼宇烈整理，中华书局，1990年，第126页。《重政》亦有言："人之元在焉。安在乎？乃在乎天地之前。"此即人天共元之义。

[4] 《春秋繁露》引文，均据（清）苏舆：《春秋繁露义证》，钟哲点校，中华书局，2015年。

"元"？《解诂》："元者，气也。无形以起，有形以分，造起天地。天地之始也。"《疏》引《春秋说》注："元为气之始，如水之有泉。泉，流之原"，"窥之不见，听之不闻"。[1]虽然二者对"元"的解释存异，但这依然可以说明人天之间在初始意义上的互通与共融。

"人生于天"（《王道通三》），一定程度上，人之生成即天之运化、型构过程中实施的自身的对象化。虽然这种对象化的过程不是完全意义上的直接复制，但天人共元自然在人天之间预置了共同的化生机制，从而形成了人天之间的相似相仿。所以人副乎天，"唯人独能偶天地"（《人副天数》），人完全就是天的副本，天有暖、清、寒、暑，人有喜、怒、哀、乐，同声同气，互感而应，"以类合之，天人一也"（《阴阳义》）。

天人之气，皆为阴阳。"阴阳之气，在上天，亦在人。"（《如天之为》）无论有形之天还是无形之天，抑或物质之天以及精神之天，再加上林林总总的人之存在，相虽万端，但归于一气，理一分殊而已。所谓合而为一，散为万端。"天有阴阳，人亦有阴阳。"（《同类相动》）在本体意义上，天与人同源于阴阳之气（气即元），不同的只是二者以各自性状在相应位次上的相宜表达。

其二，天人同构。《易传·序卦》："有天地然后万物生焉。"天乃万物之生的基本场域。《为人者天》有言："为生不能为人，为人者天也。人之为人本于天，天亦人之曾祖父也，此人之所以乃上类天也。"[2]天乃人之根本。人因天而生、而成，故"人副天数"——人与天具有天然地一致性，从而为一类。此决定了人的形体乃"天数"化成，人的血气由"天志"而化为仁，人的德行化天理而为义，人的好恶是天之暖清所致，人的喜怒源于天之寒暑，人的禀赋则化天之四季而成。（《为人者天》）总之，

---

[1]　（汉）何休解诂，（唐）徐彦疏：《春秋公羊传注疏》，刁小龙整理，上海古籍出版社，2014年，第7—8页。

[2]　其中，"人之为人本于天"，苏舆本无"为"字，据卢注加。

无论人的形体骨肉，还是其喜怒哀乐之情感反应，皆与天具有内在的对应性。由此建构起了人天之间的比类性。

同时，人伦关系也与天之阴阳五行相互映衬。如在《五行之义》篇中，木、火、土、金、水，为五种性能，其中，"木，五行之始也；水，五行之终也；土，五行之中也。此其天次之序也"。这种"天次之序"内在地蕴含着相生关系，即"木生火，火生土，土生金，金生水，水生木，此其父子也"，这自然类同于人伦父子关系。五行又与方位存在着对应性，即"木居左，金居右，火居前，水居后，土居中央，此其父子之序，相受而布"。五行之间在授与受的过程中形成了"父子之序"，由是搭建起了"常因其父以使其子，天之道"的"自然 - 人伦"格局。无论"木已生而火养之"，还是"金已死而水藏之"等，都映射着鲜明的父子人伦关系。为此，从人间秩序来看，五行自然体现着孝子、忠臣的行为，即"五行者，乃孝子忠臣之行也"。(《五行之义》)

其三，天人感应。"天人合一"命题虽然由北宋张载首次明确提出，但作为中国传统思想，其观念远在先秦时期就已经产生。在汉代，天人合一思想体现为董仲舒的天人感应论。[1]所谓"天人之征，古今之道也""以此见人之所为，其美恶之极，乃与天地流通而往来相应"即为此意。[2]

"天人之际，合而为一。同而通理，动而相益，顺而相受。"(《深察名号》)天人之间不存在明显的界域，换言之，天人之合而为一之动因乃在于天人之际与——在彼此之间或亦此亦彼之间达成了"动而相益，顺而相受"的自然应感状态。就理论而言，"天有阴阳，人亦有阴阳。天地之阴气起，而人之阴气应之而起，人之阴气起，而天地之阴气亦宜应之而起，

---

〔1〕 张岱年、方克立：《中国文化概论》，北京师范大学出版社，2004 年，第287—288 页。

〔2〕 (汉) 班固撰，(唐) 颜师古注：《汉书》卷五十六《董仲舒传》，中华书局，1962 年，第2515 页。

其道一也"。(《同类相动》)天地之阴气与人之阴气实为同一阴气，其中，天与人任何一方阴气之起自然导致另一方阴气应之而现。故天人之间因"相与"而实现了"天人的和声状态"[1]。进而言之，虽然在中国传统思维中，天乃至上性范畴，但于人并非单向性的决定性力量，事实上，天之至上并非意味着人之卑下，相反，由天人互感而应同时指向了天人之间的对等性，从而展现出人与天地并立为一的主体样态。

天人之"相与"以"纯境域式"展开。[2]这意味着天与人之间的未分状态。以中国传统思维看，这体现着天人之间"亦此亦彼，此中有彼，彼中有此，此可以变成彼，彼也可以变成此"[3]的比类乃至一体的思维模式。

董仲舒学说思维方式的明显特质就是将"元"作为天人类比之根据，在此意义上，可称之为"元思维"。元作为"万物之本""原"(《玉英》)，其性为"正"(《王道》)，在确立起其"天哲学"的同时，也在终极意义上奠定了其思维方式的内在特质。具体而言，这体现在以下方面：

一是系统性。在李泽厚看来，虽然将自然、季候、政治、人体、社会、情感等等相比类而产生共感的观念并非董仲舒所首创，但他却借助于阴阳五行(元之化现)系统论的宇宙观对主体(包括心理情感)与外界事物之间的关系进行了前所未见、全面系统的同形同构之论证，从而奠基了汉代时期占主导地位的思维方式，其潜在影响至今犹在。[4]

二是人文性。中国古代哲学是"处理人生的辩证法"[5]，"人文精神

---

〔1〕 张祥龙：《拒秦兴汉和应对佛教的儒家哲学：从董仲舒到陆象山》，广西师范大学出版社，2012年，第65页。

〔2〕 张祥龙：《拒秦兴汉和应对佛教的儒家哲学：从董仲舒到陆象山》，广西师范大学出版社，2012年，第111页。

〔3〕 楼宇烈：《中国文化的根本精神》，中华书局，2016年，第26页。

〔4〕 李泽厚：《美学三书》，安徽文艺出版社，1999年，第285—286页。

〔5〕 李泽厚：《中国思想史论》(上)，安徽文艺出版社，1999年，第308页。

应该是中国文化的根本特征"〔1〕。董仲舒无论谈天论神,其最终指向依然是人。因为"自然人文合一"的集中体现在"人之心"。〔2〕完全可以说,华夏子民心中的"'帝'和'天',实际上是祖先神和至上天的混合"〔3〕,人们尊崇天帝自然而然在内心获得一种美好乃至生活的升华。〔4〕甚至可断言,"天人合一""天人相通""天人感应"作为华夏美学长久以来的观念,已经成为自《周易》经董仲舒所不断发展的儒家美学根本原理,并积淀为历代艺术美学共同遵循的基本原则。〔5〕

三是伦理性。确切而言,"天人合一"当为"天人合德",人与天在德行上一致。〔6〕《深察名号》有言:"天人之际,合而为一。同而通理,动而相益,顺而相受,谓之德道。"人天因同而理通,从而人道顺天道致使人得天之道而成"德"。这就将人天纳入到一体互通的伦理关系框架之中,从而使整个时空兼具了伦理内涵。

四是价值性。董仲舒所建构的人天结构图式旨在以天立人。通过天人同构将人与天联结在一起,此中,与其说天对于人起着相当大的威慑与震慑作用,不如说是天对人的价值导引以及人对于天的应然效法,意在使人之行持合天地之大道,从而形成良性有序的社会治理状态。这是中国传统文化的基本取向。中国传统文化正是"对人在天地万物中这种能动、主动的核心地位的确认"〔7〕,奠定了人最为天下贵的文化基调。中国文化精神,基于"有限个人小我",而实现与"无限宇宙之大自然而融为一体"

---

〔1〕 楼宇烈:《中国文化的根本精神》,中华书局,2016年,第5页。

〔2〕 钱穆:《中华文化十二讲》,九州出版社,2013年,第16页。

〔3〕 张祥龙:《拒秦兴汉和应对佛教的儒家哲学:从董仲舒到陆象山》,广西师范大学出版社,2012年,第109页。

〔4〕 张祥龙:《拒秦兴汉和应对佛教的儒家哲学:从董仲舒到陆象山》,广西师范大学出版社,2012年,第111页。

〔5〕 李泽厚:《美学三书》,安徽文艺出版社,1999年,第287页。

〔6〕 楼宇烈:《中国文化的根本精神》,中华书局,2016年,第55页。

〔7〕 楼宇烈:《中国文化的根本精神》,中华书局,2016年,第230页。

之态势。[1] 在此意义上可以说，虽然《春秋繁露》诸多篇章映现着效法、畏敬上天的神秘幽玄色彩，实际上，其中浸润着的应是上以薄崇神、下以防物诱的"现代理性精神"[2]，目的在于型塑人的主体性地位。进而言之，《春秋繁露》中"天者，百神之大君"（《郊语》）、"神者所以就其化也"（《立元神》）等等，只不过以传统方式表达着天地自然化育即为序这一基本事实[3]。故就董仲舒思想的整体价值取向而言，其以天人同构思维制式唤醒着人理应达到的生存样态，即成己（完善自身）、成人（成就他人、各展所长）乃至成物（成就万事万物、各随其宜）。

三、董仲舒哲学思维方式的人文意义

董仲舒学说思维方式一方面承传着传统思维，另一方面也在相当大的程度上进行了深化与拓展，从而在全新意义上以深切的文化情怀建构起天地人一体的美学图谱。人天之间息息相关，其内在联系性意味着：二者分而论之即"各美其美"，统而观之则"美美与共"。由是而论，天人之间本来具备"一荣俱荣，一损俱损"的协同效应。

第一，董仲舒承继了天人比类的传统思维，并以此为基础，在全新意义上确立了天地人整体生命观。无论于传统文化语境，还是董仲舒思想之中，都将天地视同人的生命体。这既是传统文化对人生命气象的基本要求，也是"成己"之时的必然应效，即"成物"。唯此，方达到"以道观之，物无贵贱"（《庄子·秋水》）之域界。在此基础上，董仲舒进一步论述了天人之密切对应关系——无论有形之质还是可度之量，抑或情性、品性，天人相副，"天亦有喜怒之气、哀乐之心，与人相副。以类合之，天人一也。春，喜气也，故生；秋，怒气也，故杀；夏，乐气也，故养；

---

[1] 钱穆：《人生十论》，生活·读书·新知三联书店，2012年，第65页。
[2] 楼宇烈：《中国文化的根本精神》，中华书局，2016年，第230页。
[3] "在中国传统文化中，'神'最根本的含义是指万物的变化。"参见楼宇烈：《中国文化的根本精神》，中华书局，2016年，第55页。

冬，哀气也，故藏。四者天人同有之，有其理而一用之"。(《阴阳义》)
天人同类，所以天人同品质，人天共性情。

"为生不能为人，为人者天也。人之为人本于天，天亦人之曾祖父
也。"(《为人者天》)故"人资诸天"(《王道通三》)，这同时意味着，天
之于人的先在性与条件性构成了人之生存发展的基本根据，舍天则无人。

宋人杨简在《己易》中云："不以天地、万物、万化、万理为己，而
惟执耳目鼻口四肢为己，是剖吾之全体，而裂取分寸之肤也，是梏于血
气，而自私也，自小也，非吾之躯止于六尺七尺而已也。坐井而观天，不
知天之大也。坐血气而观己，不知己之广也。"[1]

董仲舒类比思维自观、观人、观天，将自身的血肉之躯、生命气象以
及情性感知追本溯源，与天联系在一起，不仅使人存续发展获得了原发性
根基，尤为重要的是，以人的情性之正而正自然万物，从而山川草木、花
鸟鱼虫等丰富而别样的天地境相因承载与展现着元之仁正品质，在"中
和""位育"场域，一切都充满生机与活力。

第二，董仲舒上探天端，下及人事，在天人际与、相应、互感图式中
谱写了天人一体审美观。"天人之际"揭示了天人之间的相互作用、共通
律动的一体相关性。一方面，人影响天。所谓"君人者，国之元，发言动
作，万物之枢机"(《立元神》)即为例证。是故"君子居其室，出其言
善，则千里之外应之，况其迩者乎；居其室，出其言不善，则千里之外违
之，况其迩者乎；言出乎身，加乎民，行发乎迩，见乎远；言行，君子之
枢机，枢机之发，荣辱之主也；言行，君子之所以动天地也，可不慎乎"
(《易传·系辞上》)。另一方面，天以其不变而"道亦不变"[2]的恒定制
式对王者人君形成了潜在引导与匡正，使其朝向"德不逾闲，行中规绳，

---

[1] (宋)杨简：《慈湖先生遗书》，山东友谊书社，1991年，第296页。

[2] (汉)班固撰，(唐)颜师古注：《汉书》卷五十六《董仲舒传》，中华书局，1962年，
第2519页。

言足以法于天下而不伤于身，道足以化于百姓而不伤于本"（《孔子家语·五仪解》）的生命状态。就表层而言，天道法于人似有某种外在性，但就深层而言，天仁之品格自然内置于人之中，"人生于天，而取化于天"（《王道通三》）。故在天人相感、互应的图式中，天示人以德道规制，人效之以言中行正。

在中国文化中，"人是宇宙万物的中心"，"恒定万物的尺度"。[1]当然，相对于普罗泰戈拉提出的"人是万物的尺度"，从而标志着在本体论、认识论和价值论方面确立了个体人的至高无上的地位，[2]中国文化中的人往往是有德有位者[3]。故为人君者，合天地之德以成其化而至臻美之境。于社会人事而言，则为风调雨顺、民风淳朴、百姓和乐。"鸢飞戾天，鱼跃于渊"，天、地、人、物在"各美其美""美美与共"的格局中展示着一幅天人和谐一体的审美画卷。

第三，天道乃人道之原，人文即天文之现，董仲舒以对社会人世的极度关切，导引型构着敬畏天地、顺时应天的价值观。董子思想虽然突出人的主体性地位，但主体作用的发挥须以天人一体关系为前提。其中关键在于，天地之间存在着人类不可逾越的宇宙法则、道德律令。盖所谓"举头三尺有神明"，一方面蕴含着宇宙法则"莫显乎隐""莫见乎微"的玄幽之意，一方面也预示着天道大律实为无处不在、无时不有的普遍之则。

---

〔1〕 张岱年、方克立：《中国文化概论》，北京师范大学出版社，2004 年，第290 页。

〔2〕 段培君：《"人是万物的尺度"的文化阐释——兼论人本主义与理性主义的文化渊源》，《社会科学战线》1995 年第 3 期。

〔3〕 中国文化传统对人的重视并不意味着对民的漠视，或者说，这不过是强调了各安其位、各司其职的社会伦理要求。正是在此意义上，"君子谋道不谋食"，"君子忧道不忧贫"（《论语·卫灵公》），"百工居肆以成其事，君子学以致其道"（《论语·子张》），君子通过率先示范效应化导民风，即"君子之德风，小人之德草。草上之风，必偃"（《论语·颜渊》），由此进而达成"君子贤其贤而亲其亲，小人乐其乐而利其利"（《大学》）之淳风良俗。

"天道施，地道化，人道义。"（《天道施》）既要重视"天对人的全面给予"，更要注重"人对天的积极认同"，以实现"天道在人心的流行和落实"。[1]"事天不备，虽百神犹无益也。"（《郊语》）为此，在天地面前，须持守诚敬、敬畏之心，在天人之双向际与中明晰人之为人的主体性边界，在有为与无为之间寻绎最佳结合点。

先哲早就料到人欲之纵必然催生技术拜物教进而导致严重的后果，故一再重申"天地之行美也"（《天地之行》），"人理之副天道也"，"人生于天，而取化于天"（《王道通三》），这预示着董子对于天地法则之推崇，此亦彰显了中国传统对自然秩序的关注与重视。因为自然即合理，"自然就是本来状态，只有符合本来状态的才是合理的"。[2]所以，人的存在与发展不应背离人的生命价值乃至天地法则，"不顺天道，谓之不义"（《天道施》）。人须时刻省察、回归到人之为人与天地共在的生命时空点（初心、元态），顺时而作、应天而发。"恕于人，顺于天，天人之道兼举，此谓执其中。"（《如天之为》）对天地持守一份敬畏，不只是人对于天地大道的守护，更是在以身立天的终极使命中对人自身主体地位的光大与培固。《春秋》之所以贵微重始，就在于示人当通过省察天地人事，以求"修身审己，明善心以反道"（《二端》）而"遂人道之极"之目的。

这体现在董仲舒天人哲学之中。

第二节　类比思维境域董仲舒天人关系思想

天人哲学是儒学的基本问题，也是"儒家价值观的核心"[3]。董仲舒

---

〔1〕　庞朴：《一分为三论》，上海古籍出版社，2003年，第81、80页。

〔2〕　楼宇烈：《中国文化的根本精神》，中华书局，2016年，第28页。

〔3〕　丁为祥：《董仲舒天人关系的思想史意义》，《北京大学学报（社会科学版）》2010年第6期。

以天为原发境域，同时予之以仁义品格，进而在天人同构的范式中厘定了天人关系的三重维度：天人合一、天人感应以及天人合德[1]，从而型塑了天人际与的结构图式。相对而言，天人合一是天人关系的形式，天人感应是其机制，而天人合德为其核心。董仲舒援天正人，故在个体意义上，通过法天之道以涵养人的主体性地位；在整体意义上，以朝向理想社会的旨归而型构现实社会的良性秩序。

一、类比思维中董仲舒天人关系内涵

天人同构乃中国文化传统。董仲舒通过天人同构进一步充实了天人关系，形成了天人关系之外在形式、内在机制以及理论核心三重层次。天人合一作为外在形式包含两个维度：类别维度与联系维度。"天乃有喜怒哀乐之行，人亦有春秋冬夏之气者，合类之谓也。"（《天辨在人》）"以类合之，天人一也。"（《阴阳义》）皆类别维度之体现。

其中，天人之间不仅在数量关系意义上匹配、近同，而且"人之情性有由天者矣"（《为人者天》）。人就是天的副本，在此意义上，"人之绝于物而参天地"，进而在"天德施，地德化，人德义"之图式中，人得以与天地并立。（《人副天数》）可谓"身犹天""与天道一也"。（《深察名号》）

天人因同类而相动，即"天道各以其类动"（《三代改制质文》）。由是，类别维度转向联系维度。

天人因同类而使发生感应具有了可能性，天人因联系而使感应成为现实性。"气同则会，声比则应，其验皦然也。"同声相应、同气相求、同类相动。"类之相应而起"，"非有神，其数然也"（《同类相动》）。天人在际与中处于同频共振状态。《礼记·乐记》言："万物之理，各以类相动也。"《庄子·渔夫》亦言："同类相从，同声相应，固天之理也。"依此

---

[1]　韩星：《董仲舒天人关系的三维向度及其思想定位》，《哲学研究》2015年第9期。

逻辑，董仲舒将天人同类之间的感应式关联归结为"非有神，其数然也"的客观性。

此即天人关系内在作用机制，即天人因同类而相应。天人相应并非单向状态，而是一方面天导引着人，此即人法天以致其道；另一方面人反作用于天。故天人之间始终处于交互影响与作用状态。

人与天地流通往来、浃洽相应，型铸了"天人之际，合而为一"（《深察名号》）的一体谱式。"人之居天地之间，其犹鱼之离水，一也。其无间"（《天地阴阳》），这意味着天人之间彼此弥合互通与共在状态。"人之为人本于天"（《为人者天》），而"取化于天"（《王道通三》）。故天作为人之生成的原发境域，既是人之为人的先在条件，也是其化育成长环境。由是，人先天兼具了天地固有的元生机制。此即天人感应乃至际与、融合的内在深层动因。

"道之大原出于天，天不变，道亦不变"[1]，天道流行，亘古常在。故天、天道自然构成了天人际与境域中一以贯之的永恒常量，而人则为其中之变量。由是，形成了"美事召美类，恶事召恶类"（《同类相动》）之势态。人之正反两面不同动向致使天或应瑞而现，或以灾而起。

虽为灾异，但此乃"天意之仁而不欲陷人也"。故正确的态度是，"见天意者之于灾异也，畏之而不恶也，以为天欲振吾过，救吾失，故以此报我也"（《必仁且智》），进而"省天谴而畏天威，内动于心志，外见于事情，修身审己，明善心以反道"，观外以省内，察身以立道。这须从小处入手，防微杜渐，慎始以成终，即"贵微重始、慎终推效"（《二端》）。唯由是进路，方得以径入人以道行、天以瑞应的天人共彰之域。

无论天之灾异，抑或天之嘉瑞，均为天之于人的行为应致而已，即使灾异，亦"非天降命不得可反"，乃人君"所操持誖谬失其统也"。就此而

---

〔1〕（汉）班固撰，（唐）颜师古注：《汉书》卷五十六《董仲舒传》，中华书局，1962年，第2518—2519页。

言，"治乱废兴在于己"。[1]故法天以行道、尽己以合义乃人之为人的不二选择[2]。正如董仲舒对于"王"之解释："古之造文者，三画而连其中，谓之王。三画者，天地与人也，而连其中者，通其道也。"王道即天道，"取天地与人之中以为贯而参通之"。王者具足天地人之中道，故承天德以从事。(《王道通三》)

董仲舒天人感应思想基于天人同类、同类相应的前提下，以阴阳作用机制阐释了天人关系的合一状态，其中蕴含着深切的"人文思考"和"以天为则"[3]的价值取向，即于天人无间之域指向天人同心而合德。"君子贵建本而重立始"(《说苑·建本》)，这体现了董仲舒天人际与思想中重天本以立人极之意旨，"《春秋》修本末之义"，"遂人道之极者也"(《玉杯》)。无论天本，抑或人极，皆在于德。"圣人之道，同诸天地"(《基义》)，而"德在天地"(《正贯》)。故董仲舒一再强调"国之所以为国者德也"，"为人君者，固守其德"(《保位权》)。

《天地阴阳》言曰："天志仁，其道也义。"又《王道通三》："仁之美者在于天。天，仁也。""人之受命天也，取仁于天而仁也。"天施地化乃天之仁德，人取化于天而为仁。正所谓《中庸》言："诚者，天之道也。诚之者，人之道也。"天施地化作为其本自仁德，以其生生不息之机而展现，从而直接成为人之取法的良善样态。就形式而言，虽然人法天则地之择善固执存在着某种外在性，但人之所以择其善更在于人自身本有的善端。《汉书·董仲舒传》："性者生之质也。"[4]而"性比于禾，善比于

---

〔1〕 (汉)班固撰，(唐)颜师古注：《汉书》卷五十六《董仲舒传》，中华书局，1962年，第2500页。

〔2〕 学界多从术的层面解析董仲舒的灾异思想。然而，无论从董仲舒对于《春秋》之阐发，还是看其天论之意蕴，均指向道体。

〔3〕 楼宇烈：《中国文化的根本精神》，中华书局，2016年，第17、47页。

〔4〕 (汉)班固撰，(唐)颜师古注：《汉书》卷五十六《董仲舒传》，中华书局，1962年，第2501页。

米"，犹"米出禾中"，而"善出性中"也。故"性有善质"。(《深察名号》) 为此，天仁、人德同而通理、动而相应。如《礼记·礼运》所言："人者，其天地之德，阴阳之交，鬼神之会，五行之秀气也。"人以合天地之德而成"天地之心"。

"仁，天心"(《俞序》)，仁乃天之内在深蕴，而其外显之道则为大义[1]。故"春生夏长，百物以兴，秋杀冬收，百物以藏。故莫精于气，莫富于地，莫神于天"。而"天地之精所以生物者，莫贵于人"，之所以如是断言，在于"人受命乎天"而"独能为仁义"。正是在此意义上，故曰："天德施，地德化，人德义。"(《人副天数》) 人居于天地之间，顺承天地之德而为义。由是，铸就了与天地一体而为万物之本的地位，"天生之，地养之，人成之"(《立元神》)，"天地与人，三而成德。由此观之，三而一成，天之大经也，以此为天制"(《官制象天》)。

在天人际与图式，天人共情、仁义兼赅，天道即人道。故"《春秋》之所治，人与我也。所以治人与我者，仁与义也"。《春秋》就是调治人我关系，其基本法则即仁义。"以仁安人，以义正我，故仁之为言人也，义之为言我也，言名以别矣。"仁义呈现着不同指向，"仁之法在爱人，不在爱我。义之法在正我，不在正人"。进而言之，"我不自正，虽能正人，弗予为义。人不被其爱，虽厚自爱，不予为仁"。(《仁义法》)

"元字从二从人，仁字从人从二。在天为元，在人为仁。"[2]元者，"言本正也"(《王道》)。董仲舒以对天元本体的溯源，由"天文"而达"人文"，从而在终极意义上奠定了人之正义根基。故《竹林》言曰："正也者，正于天之为人性命也。天之为人性命，使行仁义而羞可耻，非若鸟兽然，苟为生，苟为利而已。"

---

[1] 这并非意味着"义"只是外在性体现。就其实质而言，仁作为统领，自然兼具了义之内涵。故义依然为仁之本体的外显。

[2] (清) 张玉书、陈廷敬：《康熙字典》(同文书局原版)，中华书局，1958年，第123页。

天地之道，义也。有序而至，应时而发。人者参天道以为治，审其处而慎出，仁义之至也。"故为人主之道，莫明于在身之与天同者而用之"，这意味着，为政者不应因情而背其性，务"使喜怒必当义而出，如寒暑之必当其时乃发也"（《阴阳义》）。如是，治道天道一也。

二、董仲舒天人际与为一思想之价值

天是董仲舒天人关系的结构本体，而"元"则是其生成本体，即天人宇宙图式的"意义的生成机制"[1]，其构成了天地人等诸相的核心、中枢，为天人一体谱式的终极动力之源。质言之，人、社会、存在以及价值意义等皆由元而出。董仲舒对天人关系的追本溯源，既表达着对现实社会的导引与关切，又型构着基于现实社会之上的理想社会模式，从而在价值取向方面完成对当下现实的超越，此即天人际与思想之目的——王道（圣人）政治。具体而言，政统从属道统，道统从属天统。此之谓"大一统"。

政统赖于天统，虽然在某种意义上发挥着"略以助政"（《论衡·卜筮》）的工具理性作用[2]，但就其本旨而言，此不但沿袭上古以来的文化传统，更出于时人内心的坚定信念，即使统治者也概莫能外[3]。为此，汉武帝面对当时的社会治理局面，"欲闻大道之要，至论之极"，如是言曰："盖闻五帝三王之道，改制作乐而天下洽和，百王同之。"汉武帝于先王之道亦持守着赞同态度。然而，面对"至乎桀纣之行，王道大坏"之颓

---

〔1〕 张祥龙：《拒秦兴汉和应对佛教的儒家哲学：从董仲舒到陆象山》，广西师范大学出版社，2012年，第77页。

〔2〕 周桂钿先生对相关观点进行了梳理，具体内容参阅周桂钿：《董学续探　董仲舒评传》，福建教育出版社，2015年，第162—163页。

〔3〕 蒋庆认为，统治者对于灾异而做出的罪己改过不应视为稳定政治、笼络民心的一时之计，而是出于宇宙和谐、天人同类相应的"生命信仰"。参见蒋庆：《公羊学引论——儒家的政治智慧与历史信仰》，福建教育出版社，2014年，第181页。

势，发出了"三代受命，其符安在？灾异之变，何缘而起"的追问，并就"何修何饬而膏露降，百谷登，德润四海，泽臻草木"[1] 进一步探源。

由是，一定程度上，天统之于政统的意义不应视为对于现实政治的外在性强加，即使天人感应灾异思想似也不应该简单地理解为借助天之神圣性以形成对政治权力的威慑。为此，《论衡》有言："'六经'之文，圣人之语，动言'天'者，欲化无道，惧愚者。"董仲舒"言君臣政治得失，言可采行，事美足观"，"虽古圣之言，不能过增"（《论衡·案书》）。

在儒家看来，天作为至高正义的化身，其命、令即天意，非出于无端之源，而源于民心所向、民意所指，"天视自我民视，天听自我民听"（《尚书·周书·秦誓》）盖为此意。在此意义上，君王作为天之所立，自然也当顺应民意。故《荀子·大略》有言："天之生民，非为君也；天之立君，以为民也。"董仲舒所谓"天之生民，非为王也，而天立王以为民也"（《尧舜不擅移、汤武不专杀》）即源于此。

同时，就政治权力而言，儒者的预期为权力拥有者即是美德与贤能兼备之人[2]，这就与董仲舒天人际与境域下的王道制式具有了相通性。职是之故，天统之于政统的意义与其说是通过天的尊崇以推崇人君之位，以天的神圣而神化人君之职，以天的威慑或惩戒以约束与匡正人君，不如说是以天之道义从正面意义上浸润、导引人君。因为董仲舒天人思想源于

---

〔1〕 （汉）班固撰，（唐）颜师古注：《汉书》卷五十六《董仲舒传》，中华书局，1962年，第2496—2497页。

〔2〕 在儒家看来，人君根本上就是有美德和贤能的人。就政治治理而言，儒家也认可硬性尺度特别是刑律和政令在社会治理中的必要作用。但相比于硬性标准，儒家将柔性的"德"及其相应的教化作为首要的治道，相信具有道德人格的君子、贤人特别是圣人就是理想的君王，他们能够造就出良好的社会生活和秩序。远古尧舜和"三代"圣王均证实了这一历史事实。为此，儒家将天下有道的盛世寄托于典范人格之上，这使其具有了贤能政治的特点。贤能政治观自近代以来饱受质疑和批判，其基本理由是无制度保证。但这是对传统儒家的过分要求。参见王中江：《权力的正当性基础：早期儒家"民意论"的形态和构成》，《学术月刊》2021年第3期。

《春秋》，此中，孔子并没有仅仅仰仗天威以慑人，而是欲人当自儆于天，故《春秋》中天人感应思想不同于《诗》《书》中的天罚思想[1]。这也与董仲舒"天数右阳而不右阴，务德而不务刑"（《阳尊阴卑》）之理路具有内在一致性。无视乃至否认这一点，就不能理解"天降下民，作之君，作之师"（《尚书·周书·秦誓》）之意蕴。这正是传统政治"政教合一，官师一体"[2]的治理模式。

故董仲舒通过五行说、类应说以及气化说型构起天人感应的理论框架，就其反对灾异的命定论而言，天人感应论并非完全荒诞不经的臆说，也包含着合乎理性的成分。特别是从汉代政治史来看，统治者因灾异而警惧反省、宽刑赦罪以改善政治治理，优化政治秩序。如是，天人感应论就不只是限制君权的学说，而是具有高度超越性、合理性与建构性的批判理论[3]

天人关系时刻处于相互交感、相互作用之中，从整体宏观角度看，天人之间同步共在，保持着统一与协调，以实现天地、人事等整个宇宙大系统的恒久和谐与稳定。在李泽厚看来，"天人之间的彼此交通感应、协和统一以取得整个结构的均衡、稳定和持久，这就是'道'"[4]。鉴于此，

---

[1] 参见蒋庆：《公羊学引论——儒家的政治智慧与历史信仰》，福建教育出版社，2014年，第172页。

[2] 余治平：《儒家圣王治理传统：政教合一、官师一体——董仲舒对古代中国"弥漫性宗教"建构之贡献》，《江海学刊》2019年第5期。孔子对此多有论述，如："为政以德，譬如北辰，居其所而众星共之。"（《论语·为政》）"政者，正也。子帅以正，孰敢不正？""子为政，焉用杀？子欲善，而民善矣。"（《论语·颜渊》）"其身正，不令而行；其身不正，虽令不从。""苟正其身矣，于从政乎何有？不能正其身，如正人何？"（《论语·子路》）董仲舒承传这一思想，并通过春秋公羊学之王道精神发扬光大。"天者其道长万物，而王者长人。"（《天地阴阳》）以此理路，是故"《春秋》之道，以元之深正天之端，以天之端正王之政，以王之政正诸侯之即位，以诸侯之即位正竟内之治，五者俱正而化大行"（《二端》）。

[3] 蒋庆：《公羊学引论——儒家的政治智慧与历史信仰》，福建教育出版社，2014年，第178—179页。

[4] 李泽厚：《中国思想史论》（上），安徽文艺出版社，1999年，第156页。

董仲舒建基于人之伦理秩序而又超越于此型构的天人境域中的王道思想，既映射着董仲舒思想的"人文理性特征"[1]，彰显着其深切的道德情怀，也包含着深刻的"审美意蕴"[2]。

首先，天人一体图式将天之本初仁义与人同化为一，在全新意义上型塑了人（王者）之为人的主体性地位。徐复观认为，董氏以前的天，与人保持着相当的距离，无论人格神之天还是道德法之天，概莫能外。虽人在道德的根源上乃由天而来，与天同质，因而具有某种平等性，但人之形气，毕竟与天存在距离，因而受形气之拘的道德，在实现上，除圣人之外，亦必与"纯亦不已"的天道天德存在某种程度上的悬隔，而有赖人的永恒追寻。然董仲舒把人与天从形体生理上等同而观之，由是，天人之间因无距离而成为超越空间的际与一体关系，其意义非常重大。[3]具体而言，董仲舒将人纳入天之端、元之域中，从而在根本意义上开启了从整体性、全面性角度认识人的视阈。鉴于人由元而生成，故人与生俱来兼具了天元之全部信息内涵，并以潜隐方式内在于人。这意味着天元之完善性以潜移默化方式对人产生着相应的影响与作用。进而言之，此构成了人待教而善，由"正人""善人"达至"君子"乃至"圣人"（《官制象天》）的先天条件。由是也预置了人的自由全面发展的基本前提。

同时，就天人关系而言，天的先在性意味着天的至上性与神圣性。实际上，天本身并不存在至上与神圣，只是人的后天介入进而在正反双重意义上作用于天，致使天以其自然必然性（道）产生着相应的应效或反应。人以道感，天以正应；反之，人背道而行，则天以灾现。为此，天之至上与神圣完全就是天人相互作用的结果，而天以其先在性本自涵养着中道之仁义，由此注定了即使灾异也是"天意之仁而不欲陷人"（《必仁且智》）

---

[1] 韩星：《董仲舒天人关系的三维向度及其思想定位》，《哲学研究》2015年第9期。

[2] 姚君喜：《董仲舒"天人感应"说的美学意义》，《甘肃社会科学》1999年第5期。

[3] 徐复观：《两汉思想史》（二），九州出版社，2014年，第369页。

的仁义展现。鉴于此，认可天的先在性，法天而行，则天的至上性与人的主体性同步确立，从而人天皆为"万物之本"（《立元神》），"人，下长万物，上参天地"（《天地阴阳》），"唯人独能偶天地"（《人副天数》），"惟人道为可以参天"（《王道通三》）等，均体现了借天言人、倚天立人。进而言之，天人际与境域下，天之于人的行为所产生的"感应－奖惩"机制，客观上在正反双重维度型构起了对人的主体性确立的潜在性永恒培固。正如李泽厚所言，"天人感应"之"天"受人的行为活动的影响而呈现或灾害或吉祥的反应，固然存在着神秘玄妙的成分，然而依然不能否认的是，其核心内涵却包含着对于人的主体能动性的重视和强调。[1]

董仲舒的天人哲学奠定了"中国文化的基本形态与发展道路"[2]。其直接效应是，人在天地之中始终处于"能动""主动""核心"的地位[3]，故"以人为本的人文精神是中国文化最根本的精神"[4]，而决定人的命运的根本因素是人的"德行"，即"以'德'为本"[5]，此中蕴含着"上薄拜神教、下防拜物教的现代理性精神"[6]。而董仲舒天人际与图式将人嵌入天之中，从而在全新高度挺立了人之为人的主体性地位，就此而言，天人关系思想集中反映了董仲舒学说的人文精神。一定意义上，中国文化就是成"人"之学，强调人之为人的价值和意义。董仲舒援天立人、以义正人，在根本意义上型塑了人的气象与格局。"唯天为大，唯尧则之"（《论语·泰伯》）烘托着尧之道德文章、功业洪烈，董仲舒以"天人之际"谱式，求天端、立人极，在终极意义上型构、呈现了人之原初样态。

---

〔1〕 李泽厚：《中国思想史论》（上），安徽文艺出版社，1999 年，第 160—161 页。

〔2〕 丁为祥：《董仲舒天人关系的思想史意义》，《北京大学学报（哲学社会科学版）》2010 年第 6 期。

〔3〕 楼宇烈：《中国文化的根本精神》，中华书局，2016 年，第 229 页。

〔4〕 楼宇烈：《中国文化的根本精神》，中华书局，2016 年，第 46 页。

〔5〕 楼宇烈：《中国文化的根本精神》，中华书局，2016 年，第 50 页。

〔6〕 楼宇烈：《中国文化的根本精神》，中华书局，2016 年，第 230 页。

其次，天人境域下的王道预期既强调通过建立度制规范以优化当时社会格局的思想，同时也指向了对现实社会的超越。董仲舒在回应武帝迫切闻知的治世之"大道之要，至论之极"时，即从"天人相与之际"切入，且"王者欲有所为，宜求其端于天"，方"德日起而大有功"。[1]由此，"奉天""奉本"成为王者治世理政的圭臬，从而形成了天道下的王道观，即王道"可求于天"（《基义》）。天以"爱利为意"，则王者以"爱利天下为意"（《王道通三》）。"奉天法古"（《楚庄王》）底蕴下王道之政并非粗线条勾勒，而是提出了具体的治理原则。如经济上，"天不重与"，因而"有大奉禄亦皆不得兼小利"和"调均"（《度制》），"不与民争业"；教化方面的"立太学""设庠序""置明师"以及德主刑辅；官吏任命上的"量材而授官，录德而定位"等。[2]诸如此类关于社会治理的诸多设计、规范以及原则，均在具体进路层面体现了改善当时社会现状的努力。

而王道政治更在于"六合同风，九州共贯"[3]之预期，即"以元之深正天之端，以天之端正王之政，以王之政正诸侯之即位，以诸侯之即位正竟内之治。五者俱正，而化大行"（《玉英》），"五者同日并见，相须成体，乃天人之大本，万物之所系"[4]。此中，唯以元统天、以天正王方得以成王道之治。"元者，始也，言本正也。"（《王道》）故《春秋》"谓一为元者，视大始而欲正本也"[5]。元作为事物万象的化运机制具有双重属

---

[1] （汉）班固撰，（唐）颜师古注：《汉书》卷五十六《董仲舒传》，中华书局，1962 年，第 2495、2498、2502、2498 页。

[2] （汉）班固撰，（唐）颜师古注：《汉书》卷五十六《董仲舒传》，中华书局，1962 年，第 2521、2503、2512、2513 页。

[3] （汉）班固撰，（唐）颜师古注：《汉书》卷七十二《王吉传》，中华书局，1962 年，第 3063 页。

[4] 《十三经注疏》整理委员会：《十三经注疏·春秋公羊传注疏》，北京大学出版社，1999 年，第 10 页。

[5] （汉）班固撰，（唐）颜师古注：《汉书》卷五十六《董仲舒传》，中华书局，1962 年，第 2502 页。

性：一是功能上化生，二是品质上仁正。由是，元之原初生生之机所主导生成之人、物皆内置着先天良正品性，从而为天地大化流行提供了条件。

王者法天体元而成其正。由是，王者"正心以正朝廷，正朝廷以正百官，正百官以正万民，正万民以正四方"。王者之正乃朝廷、百官、万民乃至四方之治的基础性条件。一旦"四方正，远近莫敢不壹于正，而亡有邪气奸其间者"，则同时意味着，"阴阳调而风雨时，群生和而万民殖，五谷孰而草木茂，天地之间被润泽而大丰美，四海之内闻盛德而皆徕臣"，风调雨顺、群生睦和，从而近悦远来，"诸福之物，可致之祥，莫不毕至，而王道终矣"[1]。此即体现了超越现实的理想诉求。

毋庸置疑，董仲舒的王道思想作为对理想社会的期盼建基于当时政体，但"天下为公"，以公天下而代替家天下始终是其一贯的价值诉求[2]。故以元正天、以天正王、以王道平天下成为董仲舒内心的坚守。"安民天予""害民天夺"，正道出了董仲舒天道图式下超越一姓一家而朝向公天下的王道情怀。

第三，天人之际境域深层理路在于人天共元、道以义合，从而在原初意义上预置了天正人义的本然谱式。"惟圣人能属万物于一，而系之元"，万物与人，殊相而同元，"元，犹原也，其义以随天地终始"。故元作为天地人生生之枢机，注定了元之于天地人的内在性、永恒性，正是在此意义上，元之为原，而"随天地终始"（《玉英》）。同时，元之始又具有"本正"（《王道》）之质性，由是，就原态本然而言，天人俱正。这正是《春秋》贵元重始之深意。《春秋》之于天人元本的阐发即映射着对人君政治治理的深度关切乃至以正为政之预期。

然而，现实社会治理时常与贤人政治存在距离。这意味着，现实社会

---

[1]（汉）班固撰，（唐）颜师古注：《汉书》卷五十六《董仲舒传》，中华书局，1962年，第2502—2503页。

[2] 参见徐复观：《两汉思想史》（二），九州出版社，2014年，第270页。

治理图式多围绕着良政善治左右摇摆，时而重合、时而偏离。鉴于此，历史的治乱兴衰、社会的风谲云诡、国家的繁荣凋敝等，均为人君治理的具象呈现。无论如何，社会治理状况的丰富性必然朝向良善治理价值中轴，或者说，历史呈现越多样，社会治理状态越丰富，其指向良善之治的态势就越明显，从而天人同构之中的"天道""人道"弥合程度就越大。

董仲舒深谙国家治理的复杂性乃至人君并非王者的现实性，是故董子在强调人之为人本具先天之正的基础上，又一再唤醒人君当以后天而成就先天。"天志仁，其道也义。"（《天地阴阳》）这是永恒不变的天道。故人君之行，无论以经为常，还是以权为变，均须以义为则。否则，一味剑走偏锋，只能是背道而驰，从而偏离正义。因此，《玉英》一再强调："人虽生天气及奉天气者，不得与天元本、天元命而共违其所为也。"唯有"承天地之所为"，"继天之所为而终之"，才能与天地"相与共功持业"。元乃何谓？天地何为？仁义也！为此，在国家治理中，为人君者之行持须"当义乃出"，譬如"暖清寒暑之必当其时乃发"（《王道通三》），"时无不时者"（《循天之道》）。

天人之际与以上探天元本正的原初理路，不仅以天人共元的原态追踪呈现了天人合一的本初谱式，更以天人合德的终极意涵映射了天人之际道以义合的人天共情。其中之要即对"元"的凸显。

"元"实乃董仲舒天人哲学之关键，为理解其整体思想的基本点。

第三节　董仲舒天人关系思想主旨

思想预期与社会现实总存在距离。具体到历史进程中的社会思想而言，"汉承秦制"的制度设计与"独尊儒术"的经典认同始终以"儒表"与"法里"的矛盾存在着间距。[1]但此并不能否认，在当时情况下，董仲

---

〔1〕　秦晖：《传统十论》，东方出版社，2014 年，第 144 页。

舒对汉武帝之于现实社会的终极关切，将之引入到上达天道的形上场域，从而型构了人与天之际与、互通的一体谱式。一则天涵摄人，"天、地、阴、阳、木、火、土、金、水，九，与人而十者，天之数毕也"（《天地阴阳》）；二则人映射天，"人受命乎天也"，"唯人独能偶天地"（《人副天数》）。天人在双向涵容与互动过程中渐进于德道。"天人之际，合而为一。同而通理，动而相益，顺而相受，谓之德道。"（《深察名号》）天人在"际与"之中搭建起了"通理""相益"的动感模式，这同时指向了天人际与之元生机制。

一、天人际与中的"元"生机制

在董仲舒天人哲学之域，将万物本原归结为"元"。《玉英》："元者为万物之本"，为此，"元"即天地人乃至万物赖以生成的原发机制，影响并作用着天、王、政等一系列人伦政事。"是故《春秋》之道，以元之深正天之端，以天之端正王之政，以王之政正诸侯之即位，以诸侯之即位正竟内之治。五者俱正，而化大行。"元具有鲜明的本体意蕴，是"意义、生命和存在者的发生本源"[1]，乃寓于天地大化流行过程或态势深处的"一"，发于时，成于宜。"天无常于物，而一于时。时之所宜，而一为之。"（《天道无二》）显性之天隐寓着无形之机，即"元"[2]。"元"作为

---

〔1〕　张祥龙：《拒秦兴汉和应对佛教的儒家哲学：从董仲舒到陆象山》，广西师范大学出版社，2012年，第72页。

〔2〕　对于天、元范畴及其关系，仁智并见。冯友兰认为，董仲舒所说的"元"即是"天"（参见冯友兰：《中国哲学史新编》中，人民出版社，1998年，第74页）；萧公权亦言："元与天地，实一事而两名。就其抽象之原理言则谓之元，就其具体之运用言则谓之天地"（参见萧公权：《中国政治思想史》，新星出版社，2005年，第198页）；有学者则认为将"元"解释为"天"不合理（参见刘国民：《董仲舒的经学诠释及天的哲学》，中国社会科学出版社，2007年，第271页）。另有观点从时间维度辨析"天"与"元"的关系："董子以'元'在天地之前，正老子'有物混成，先天地生'之旨。"俞樾则认为元不必在天地之前〔参见钟肇鹏：《春秋繁露校释（校补本）》，河北人民出版社，2005年，第323、322页〕。

"生成机制"，化生出人生、社会乃至历史的根本意义和存在。[1]故"元"就是"宇宙的终极本原"[2]。

天地宇宙因"元"而呈现着生机盎然、和合共生之势。"元者，气也，无形以起，有形以分，造起天地，天地之始也。"[3]《易传·文言》："元者，善之长也。"《易·乾·象传》："大哉乾元！"孔颖达疏："元大始生万物"，"以万象之物，皆资取'乾元'，而各得始生，不失其宜，所以称'大'也"。[4]正所谓"云行雨施，品物流形""各正性命""保合太和，乃利贞""首出庶物，万国咸宁"（《易·乾·象传》）之状。"元"之所以为大，在于重其时、贵其宜，其在生生不已、大化流形的运变之时，赋予万物以性命，成于万物以中正。正如《王道》所言："元者，始也，言本正也。"元生机制本自为正，由此在先天层面赋予了万物性命之正。

这意味着，元之所以为"善之长"，本具仁义天心。如王应麟云："人君之元，即乾坤之元也。元，即仁也。仁，人心也。"[5]元之化生机制作为天与人的终极始原，其发用自然就是天人同构势态——元之仁内在赋予天人之中，故元构成了天人际与为一的先天根据。

天道流行、生化育成，即元之仁。仁之基本特点就是生发、护持，以"增加生境的多样性"。[6]"仁之美者在于天。天，仁也。"天何以为仁？"天覆育万物，既化而生之，有养而成之，事功无已，终而复始"，一则化

---

〔1〕 张祥龙：《拒秦兴汉和应对佛教的儒家哲学：从董仲舒到陆象山》，广西师范大学出版社，2012年，第78页。

〔2〕 周桂钿：《董学探微》，北京师范大学出版社，2008年，第38页。

〔3〕《十三经注疏》整理委员会：《十三经注疏·春秋公羊传注疏》，北京大学出版社，1999年，第6页。

〔4〕《十三经注疏》整理委员会：《十三经注疏·周易正义》，北京大学出版社，1999年，第8页。

〔5〕 转引自（清）苏舆：《春秋繁露义证》，钟哲点校，中华书局，2015年，第65页。

〔6〕 张祥龙：《拒秦兴汉和应对佛教的儒家哲学：从董仲舒到陆象山》，广西师范大学出版社，2012年，第80页。

生养成，二则归以奉人，"凡举归之以奉人。察于天之意，无穷极之仁也"（《王道通三》）。"故春正月者，承天地之所为也。继天之所为而终之也。"（《玉英》）《春秋》之所以书"元年春王正月"，意在导引王者承天仁而为治。"是以《春秋》变一谓之元。元犹原也。其义以随天地终始也。"（《玉英》）《春秋》变一为元，则从根本意义上呈现了天地本仁的内在品性，从而在明示王道政治先天根基的前提下表达了对王道之治的企及与预期。正是在此意义上，"王者唯天之施，施其时而成之"，当政者承天道而为其治，不负天而从其事，是故"法其命而循之诸人，法其数而以起事，治其道而以出法"，通而论之，"治其志而归之于仁"（《王道通三》）。合天志即顺元机而成仁。

在《春秋》语境之中，元、春、王、政、诸侯等结成"前为后之法、后以前为则"的整体图式。《公羊传》疏："'元年春'者，天之本；'王正月，公即位'者，人之本。"《解诂》："即位者，一国之始，政莫大于正始，故《春秋》以元之气，正天之端；以天之端，正王之政；以王之政，正诸侯之即位；以诸侯之即位，正竟内之治。诸侯不上奉王之政，则不得即位，故先言正月，而后言即位。政不由王出，则不得为政，故先言王，而后言正月也。王者不承天以制号令，则无法，故先言春，而后言王。天不深正其元，则不能成其化，故先言元，而后言春。五者同日并见，相须成体，乃天人之大本，万物之所系，不可不察也。"[1]

诚如《汉书·董仲舒传》所言："臣谨案《春秋》谓一元之意，一者万物之所从始也，元者辞之所谓大也。"无论"一"还是"元"，皆为始生发萌之意，而元更是在此基础上，兼具张大本正之义。故"谓一为元者，视大始而欲正本也"。为此，元的引入，一方面强调了人君自正的先天性根据，另一方面型塑了人君以正导正的逻辑制式，即"《春秋》深探

---

〔1〕《十三经注疏》整理委员会：《十三经注疏·春秋公羊传注疏》，北京大学出版社，1999年，第10页。

其本，而反自贵者始"。元本因仁正而为贵，王者承先天而为政亦为贵。"故为人君者，正心以正朝廷"，人君天心则朝廷百官自是万民之范，万民正而天下正，即"远近莫敢不壹于正，而亡有邪气奸其间者"。人以德为事，天以福而佑，"诸福之物，可致之祥，莫不毕至，而王道终矣"[1]。

由此，"《春秋》大一统者，天地之常经，古今之通谊"[2]的深层动因即元。具体言之，"大一统"源于先天之元，成于王道之政，而达至四时之顺、六合之宁，即天人际与而为一自然生成。同时，鉴于元机本正，故直接规制了天人之内在品性即真、诚。

二、诚：天人际与的关键点

董仲舒天人思想纳有形、无形于一体，此中不具有"知识的意义"[3]这意味着，董仲舒天人关系思想超越了具象层面，故不应也不可能在知识论框架下去认识，而应在价值论域来把握。从中国文化史来看，天人哲学是先秦以降备受关注的"根本问题"[4]，于孔子而言，虽然其思想深层暗含着天人为一之倾向，但"只是引而不发"[5]。今人对天人关系虽然多以神学、唯心而视之，但在初民时代，天人关系完全是"真问题""元问题"[6]。甚至可以断言，"学不际天人，不足以谓之学"（《皇极经世·观物外篇》）。

天人关系实为大到国家关注重视、小到个人安身立命的文化情结，甚

---

[1] （汉）班固撰，（唐）颜师古注：《汉书》卷五十六《董仲舒传》，中华书局，1962年，第2502—2503页。

[2] （汉）班固撰，（唐）颜师古注：《汉书》卷五十六《董仲舒传》，中华书局，1962年，第2523页。

[3] 徐复观：《两汉思想史》（二），九州出版社，2014年，第364页。

[4] 张岂之：《中国思想学说史》（秦汉卷），广西师范大学出版社，2008年，第318页。

[5] 钱穆：《中国思想史》，九州出版社，2011年，第81页。

[6] 杨天保：《"究天人之际"——中国史学"宇宙本体论"的失落及其现代重构》，《人文杂志》2012年第1期。

至构成了标识文化源流的基本尺度。天在中国文化中即"绝对者",而"对'绝对者'的觉悟"是一种文化"成为本原性文化的标志性事件"[1]由此看来,华夏自古以来对天的聚焦本身就折射着"源发性"之文化意蕴。"古之天下亦今之天下,今之天下亦古之天下"[2],古今虽时间维度不同,但其中之"天下"并无二致。原因在于,天作为人生存发展的首要场域、"万物之祖"(《顺命》),从未曾变。故天作为万事物相之源出,构成了中国传统哲学的本体,一切均可以在天的框架下得到说明,从而成为传统文化基本范式。

《中庸》云:"诚者,天之道也。"在董仲舒看来,天之诚体现在春生、夏长、秋收以及冬藏等四时有序合宜的信实转换之中,此即天之志诚之意。"天之志"应时而作、随宜而发的具体表现为:"春气爱,秋气严,夏气乐,冬气哀。"四气发用不同:"春气暖者,天之所以爱而生之;秋气清者,天之所以严而成之;夏气温者,天之所以乐而养之;冬气寒者,天之所以哀而藏之。"(《王道通三》)乾坤造作、天地大化达到出神入化之境,可谓"惟天地之气而精,出入无形,而物莫不应,实之至也"(《循天之道》)。在此意义上,"莫精于气,莫富于地,莫神于天"(《人副天数》)的天地大化流行之势正是天之诚的外在彰显,即《大学》所谓"诚于中,形于外"。

"人生于天,而取化于天。"喜怒哀乐之情亦然,"喜气取诸春,乐气取诸夏,怒气取诸秋,哀气取诸冬"。四情合四时而发即为正:"正喜以当春,正怒以当秋,正乐以当夏,正哀以当冬。上下法此,以取天之道。"(《王道通三》)此中,情归于性,合天德而成其义。在此意义上,《中庸》言曰:"唯天下至诚,为能尽其性",尽其性即天之诚。如是,"则能尽人

---

[1] 黄裕生:《论华夏文化的本原性及其普遍主义精神》,《探索与争鸣》2016年第1期。

[2] (汉)班固撰,(唐)颜师古注:《汉书》卷五十六《董仲舒传》,中华书局,1962年,第2519—2520页。

之性；能尽人之性，则能尽物之性；能尽物之性，则可以赞天地之化育；可以赞天地之化育，则可以与天地参矣"。所以，"为人君者居无为之位，行不言之教"（《保位权》），正是天道之诚在人君国家治理之中的自然呈现。无论"立无为之位而乘备具之官"，还是"足不自动而相者导进"，抑或"心不自虑而群臣效当"，均为人君承天命以从事的大化流行使然，"故莫见其为之而功成矣"。（《离合根》）

人君为政当"与天同者而用之，使喜怒必当义而出，如寒暑之必当其时乃发也"（《阴阳义》），这意味着，人君以积极强勉之态而径入"诚之者，人之道"的法天境域，从而契合于"诚者，天之道"的本然情态。果能"择善而固执之"，则必然习于性成，在"不勉而中""不思而得"之域，展现"从容中道"的天之诚性。（《中庸》）故诚乃天人之本性。虽然"人之材固有四选"，即圣人、君子、善人以及正人（《官制象天》），但这并不排斥善人、正人等依然可以将诚之性发挥到极致的可能性，毕竟"性有善端"，"待教而为善。此之谓真天"。其中逻辑进路为，一方面，"天生民性有善质，而未能善"；另一方面，"为之立王以善之，此天意也"。鉴于此，"民受未能善之性于天，而退受成性之教于王"（《深察名号》），此即《中庸》所言"其次致曲"，虽先天未尽，然一念诚即念念诚，"曲能有诚，诚则形，形则著"，微而显，显而著，"著则明，明则动，动则变，变则化，唯天下至诚为能化"，诚由是而立。

董仲舒之言"善端"如王阳明之言"性"以及"良知"："性是心之体，天是性之原，尽心即是尽性。"[1]天即良知之性体，一以贯之，无时不在。"良知者，心之本体"，"无起无不起"而"未尝不在"。[2]"良知之发，更无私意障碍，即所谓充其恻隐之心，而仁不可胜用矣。"无论善端还是良知，皆在于通乎天理而一于诚。故王阳明认为，"心即道，道即天，

〔1〕（明）王阳明：《传习录》，萧无陂注译，长江文艺出版社，2015 年，第 11 页。

〔2〕（明）王阳明：《传习录》，萧无陂注译，长江文艺出版社，2015 年，第 129 页。

知心则知道、知天"〔1〕。而实现心与天道的转接与会通，则需要自身之功，由是，《中庸》言曰："诚者自成也，而道自道也。"亦如王阳明所言："必欲此心纯乎天理，而无一毫人欲之私，非防于未萌之先，而克于方萌之际不能也。"〔2〕所以，"心即理也"。无须外求，惟须纯乎天理，"只在此心去人欲、存天理上用功便是"。所谓绵绵用力、久久为功，去人欲之私，成心之正、诚。"去其心之不正，以全其本体之正。"通过格物之功，企及"存天理"之效，即"穷理"。"天理即是'明德'，穷理即是'明明德'。"〔3〕《中庸》云："诚者，物之终始，不诚无物。是故君子诚之为贵。"于心、良知处求其诚。"良知即是天植灵根，自生生不息；但着了私累，把此根戕贼蔽塞，不得发生耳。"〔4〕一旦良知"复得他完完全全，无少亏欠"〔5〕，则自然"鉴空衡平"〔6〕，"自不觉手舞足蹈，不知天地间更有何乐可代"〔7〕。正如《汉书·董仲舒传》所言君子之情状："明于天性"自然"安处善"，进而达至"乐循理"之域。〔8〕

至诚不息，则内外贯通、物我为一。此即《中庸》所言："诚者，非自成己而已也。所以成物也。成己仁也。成物知也。性之德也，合外内之道也。"董仲舒在《仁义法》中一再强调"以仁安人，以义正我"，乃至"质于爱民，以下至于鸟兽昆虫莫不爱"即为诚意之发用。所以，《中庸》申之曰："唯天下至诚，为能经纶天下之大经，立天下之大本，知天地之化育。"是故"夫人者，天地之心。天地万物，本吾一体者也"。此中关键

---

〔1〕 （明）王阳明：《传习录》，萧无陂注译，长江文艺出版社，2015 年，第 13—14、47 页。

〔2〕 （明）王阳明：《传习录》，萧无陂注译，长江文艺出版社，2015 年，第 136 页。

〔3〕 （明）王阳明：《传习录》，萧无陂注译，长江文艺出版社，2015 年，第 5、13 页。

〔4〕 （明）王阳明：《传习录》，萧无陂注译，长江文艺出版社，2015 年，第 206 页。

〔5〕 （明）王阳明：《传习录》，萧无陂注译，长江文艺出版社，2015 年，第 213 页。

〔6〕 （明）王阳明：《传习录》，萧无陂注译，长江文艺出版社，2015 年，第 76 页。

〔7〕 （明）王阳明：《传习录》，萧无陂注译，长江文艺出版社，2015 年，第 213 页。

〔8〕 （汉）班固撰，（唐）颜师古注：《汉书》卷五十六《董仲舒传》，中华书局，1962 年，第 2516 页。

即良知之诚。"世之君子惟务致其良知，则自能公是非，同好恶，视人犹己，视国犹家，而以天地万物为一体。"〔1〕

"良知本来自明"〔2〕，犹如先天之心、潜意识，人人皆有，只是以潜在的形式存在着，这是生命与天俱来的正能量；而后天之心则以显意识的方式表现出来，致使良知遭受染浊。然而，鉴于良知本然存有，因此，在潜意识与显意识之间往往存在如下情态："'潜意识'与'显意识'之不断冲突。此即先秦儒家之所谓天人交战，亦即宋明儒之所谓渣滓、障碍、夹杂。宋明儒所理想之'纯乎天理'，乃指一种最单纯最调和的心理境界而言。人心到此境界，其潜意识已全部融化，直从心坎深处到达外面行为，表里如一，全人格充实光明，更无丝毫掩饰伪装，或丝毫隐藏躲闪。即其全部的潜意识发展成全部的显意识，显、潜全体融合。此种理想的人格精神之圆满一致，即阳明所谓'良知之诚一'。"〔3〕至此，"从目所视，妍丑自别，不作一念，谓之明。从耳所听，清浊自别，不作一念，谓之聪。从心所思，是非自别，不作一念，谓之睿"。〔4〕即达致《中庸》所谓"聪明睿智达天德者"之天真意诚之情。

毋庸置疑，天人之间本自具备息息相通的"灵明"脉动，即元生之机。天人同心、万物同理，"道通天地有形外，思入风云变态中"。一定程度上，道之所以通，思之所以入，正是鉴于人天风云、日月山川之共同本具的"良知""善端"。荀子、董子强调人之贵，并非将人置于其他物相之上，而是申明了人之于其他物相的价值与意义——己立立人、己达达人，推己及人、推人及物，即由成己到成人，再到成物之相互共生共荣的和合之道。至此，天地人三才之间形成了"幸福着彼此的幸福，快乐着彼此的快乐"的大道并行而不悖的宇宙胜景。

---

〔1〕（明）王阳明：《传习录》，萧无陂注译，长江文艺出版社，2015 年，第 162 页。

〔2〕（明）王阳明：《传习录》，萧无陂注译，长江文艺出版社，2015 年，第 140 页。

〔3〕钱穆：《中国思想史》，九州出版社，2011 年，第 216 页。

〔4〕（明）王阳明：《传习录》，萧无陂注译，长江文艺出版社，2015 年，第 265 页。

所谓天人和合而一体，其基本前提即诚。"即是真实无妄，真实不虚。此一体，中国古人亦谓之天。天则必然是真实无妄者。故天只是一诚。"[1] 故"天也，人也，物也，性也，诚也，神也，其实皆一也。其机括则只在于一己之自尽而自成"[2]。天、地、人、物乃至"神"等因诚而融为一体，《中庸》所谓"诚者，天之道也。诚之者，人之道也"，即蕴含了天人因诚，或者说，人因守诚而达至天人一体之境。朱子注曰："诚者，真实无妄之谓，天理之本然也。诚之者，未能真实无妄，而欲其真实无妄之谓，人事之当然也。"[3] 在天人关系方面，董仲舒于人以十足的良善体认，"人受命于天，有善善恶恶之性"（《玉杯》）。人与生俱来承载着上天之"善善恶恶"之性，故以"诚之者"趋向天道，由此搭建了天人之际与的可能性。

唯有首肯天人之诚，"始可进而言中国思想之所谓天人合一"[4]。在"诚"之性能下，人道即天道，人天之间自然消弭了界域与分际而成为"天因人而彰，人因天而成"的统一体。再者，《中庸》谓"仁者，人也"，"仁"作为人之正"名"，"取之天地"，"事各顺于名，名各顺于天"（《深察名号》）。为此，人之"诚"绝非出于人性好恶而产生的道德期许，而是与天俱来的人之质性，即元机化生过程自然具备的先天之性。性者，"无所待而起，生而所自有也"，"天质之朴也"。（《实性》）这是人天之合的先天基础。在此意义上，天人于交互态势中生成着"天因人而灵动，人以天而荣光"的自然暗合。由是形成了天人之际与的现实性。

在中国文化之中，一则"人资诸天"（《王道通三》），天是人世生活

---

[1] 钱穆：《中国学术思想史论丛》（二），生活·读书·新知三联书店，2009年，第45页。
[2] 钱穆：《中国学术思想史论丛》（二），生活·读书·新知三联书店，2009年，第34页。
[3] （宋）朱熹：《四书章句集注》，中华书局，2016年，第31页。
[4] 钱穆：《中国学术思想史论丛》（二），生活·读书·新知三联书店，2009年，第44页。

的"真正凭依"〔1〕；二则天地之宇宙论又"建本于人生论"〔2〕。由此观之，"天人相与之际"是隐寓人心中潜在的思维定式。"以类合之，天人一也。"（《阴阳义》）"同而通理，动而相益，顺而相受"（《深察名号》），天人因同类而"相应相求"，结为一体。这意味着，天人之际与实为在彼此互通中建构起的人天互鉴涵容之境域，亦天亦人，即天即人。《王道通三》："天，仁也。""仁者，与物贯通而无间者也。"（《慎言·作圣篇》）又"'仁'为生意，故有相通、相贯"（《东西均·译诸名》）之义。天人无间，故天人同构成为传统文化基本特征，而天人合一乃至相应则是天人际与的典型表达。

董仲舒上承孔子进而以阴阳五行建构了天人一体图式。人身小天地，天地大人身。从现代科学来看，人作为"生物个体，无疑具有和整个宇宙相同程度的广延性"〔3〕。这意味着，人之个体承载着整个宇宙的信息。就理论而言，人之生存空间（天）既是人存在和发展的条件，也成为人之本身。其中存在密切相关性，如《立元神》所言："君人者，国之元，发言动作，万物之枢机。"为此，"所谓某一生物的环境就不仅是包含着整个宇宙，而且对这个生物本身来说，也成了不可缺少的一部分"。总之，虽然生命体及其所在环境在表象上完全是不同的两个事物，但实际上是"融合为不可分的一体"。〔4〕

董仲舒基于天人一体之域，铺陈展开了其国家治理思想。

---

〔1〕余治平：《唯天为大——建基于信念本体的董仲舒哲学研究》，商务印书馆，2003年，导言第2页。

〔2〕钱穆：《中国学术思想史论丛》（二），生活·读书·新知三联书店，2009年，第40页。

〔3〕［英］A. J. 汤因比、［日］池田大作：《展望二十一世纪——汤因比与池田大作对话录》，荀春生、朱继征、陈国梁译，国际文化出版公司，1985年，第12页。

〔4〕［英］A. J. 汤因比、［日］池田大作：《展望二十一世纪——汤因比与池田大作对话录》，荀春生、朱继征、陈国梁译，国际文化出版公司，1985年，第12页。

第二章 董仲舒国家治理思想的基本范畴

天是董子思想的基本范式。其中涵摄着奉天法古、天道、大一统、道义以及应天改制等国家治理思想的基本范畴[1]，分别对应着国家治理之指导思想、治道之源、核心理念、基本原则以及客观要求等。诸范畴作为董仲舒国家治理思想的相关律则，从属于董子的天道信仰，并映射着深刻的文化意蕴。为此，对董仲舒国家治理思想基本范畴的探究，既是对董仲舒之天及其天道信仰的探究与阐释，亦是对其中涵摄的文化内涵的深度发掘与呈现。

第一节 董仲舒国家治理思想相应律则

作为董仲舒国家治理思想的基本范畴，奉天法古、天道、大一统、道义以及应天改制皆与天联系在一起。这意味着，一则对天的把握构成了理解董仲舒国家治理思想相关范畴的基本前提，二则对天的厘定与阐释同时亦即在深层文化层面对其国家治理思想诸多范畴的内在洞察。

董仲舒哲学思想借助于阴阳、四时以及五行谱绘了天地人运作化生的内在一体制式。此中，天仁之生生不息、大化流行即"元"机之发用，其以"微而至远，踔而致精"（《天容》）之情势呈现着无形、精妙、超绝以

---

[1] 相应内容以《贵元重始：董仲舒"天人一"说再探》为题发表于《新乡学院学报》2024 年第 4 期。

及完美，从而天成为被尊崇的对象，在呈现着至为精要的形上义理的同时，亦潜然兼具了神之意蕴。故董仲舒天哲学因其玄幽而备受争议，甚至有人将其视为宗教神学，进而将谶纬之学的兴起与其联系在一起。这直接造成了董仲舒成为很难处理的一位大思想家[1]。但须肯定的是，董仲舒作为"群儒首"[2]与"儒者宗"[3]，塑造了汉代思想的基本特性[4]。一定意义上，这与董仲舒的天与天道信仰息息相关。董仲舒之天及其天道信仰构成了其国家治理思想的终极根据，并以深邃的元机化生理论为其国家治理之指导思想、治道之源、核心理念、基本原则以及客观要求等提供了逻辑支撑。

一、天道大义：国家治理的治道之源与基本原则

天道、道义作为董仲舒国家治理思想的治道之源、基本原则，直接源于其天学。董仲舒思想"以天为最高本体"[5]，其国家治理思想以此生成与开显。故探究董仲舒国家治理思想必然绕不开"天"。而对"天"的基本判断直接影响到对董仲舒整个理论体系之性质定位[6]。自20世纪50年

---

[1] 徐复观：《两汉思想史》（二），九州出版社，2014年，第271页。

[2] 刘歆之断言。参见（汉）班固撰，（唐）颜师古注：《汉书》卷五十六《董仲舒传》，中华书局，1962年，第2526页。

[3] （汉）班固撰，（唐）颜师古注：《汉书》卷二十七上《五行志上》，中华书局，1962年，第1317页。

[4] 徐复观：《两汉思想史》（二），九州出版社，2014年，第269页。

[5] 余治平：《论董仲舒的天本体哲学》，《上海交通大学学报》2002年第2期。

[6] 于此，林存光进行了梳理：任继愈认为，董仲舒说的"天"是"有绝对权威的至上神"，故董仲舒之学说就是"宗教神学"。在冯友兰看来，董仲舒关于天和天人感应的学说基本上就是"神秘主义的虚构"。林存光认为，董仲舒所致力于创立的学说即"天的宗教"。（参见林存光：《董仲舒的天人之学及其政治含义再解读》，《政治思想史》2012年第3期）董仲舒赋予"天"以神秘性和宗教性，建构了"儒学神学化"体系。（参见王杰、顾建军：《汉代神权政治的重新确立——董仲舒与儒学的神化》，《现代哲学》2012年第3期）从孔子到董仲舒，就是从儒家到儒教的过程。（参见何卓君：《董仲舒"天人之际"论初探》，《复旦大学学报》1963年第1期）

代以来，学界对董仲舒之"天"的主流判定即"神"。虽然其中也有学者对之予以辩驳与澄清，但时至今日，董仲舒之"天"的神之论调依然存在。[1]一定意义上，现代新儒家所倡导或主张的"儒家的宗教性"也构成了判定董仲舒"天"之神论的助缘。[2]不过随着社会进步与发展，对董仲舒之"天"及其思想的认知日趋客观与理性。[3]但是，囿于董仲舒哲学思想鲜明的天人特色，特别是将政治秩序与伦理秩序锁定于"天"之本体，从而使儒学义理在获得了超越的本体论支持的同时，某种程度上削弱了其人文主义精神特质，反而赋予儒学以"神文"色彩。[4]这意味着，研究董仲舒国家治理乃至其整体思想，须直面其天及"神"之意蕴。一定程度

---

[1]　有观点指出，董仲舒所言"神"大体包括三类，其中之一即"鬼神"。典型体现为："天者，百神之大君也。事天不备，虽百神犹无益也。"（《郊语》）鬼神即与"天""人格神"具有相通性。（参见陈正夫：《董仲舒自然观的唯心主义实质——与李民先生商榷》，《江汉学报》1963 年第 8 期）董仲舒之天是有生命、有意志、主宰天地万物的自然神、人格神、至上神。（参见曾振宇：《"法天而行"：董仲舒天论新识》，《孔子研究》2000 年第 5 期）

[2]　杜维明特别强调儒家精神所具有的"超越的向度"和"即凡俗而神圣"的宗教性。（参见杜维明：《东亚价值与多元现代性》，中国社会科学出版社，2001 年，第 40、124、192 页）据此，林存光认为，现代新儒家"正努力发展一种对儒家宗教性的新的认识和体验"。（参见林存光：《董仲舒的天人之学及其政治含义再解读》，《政治思想史》2012 年第 3 期）

[3]　董仲舒学说是多维度的，虽然其中一个重要面向是政治神学，但由此不能否认，董仲舒儒学思想代表了汉代社会的知识理性。（参见张荣明：《论董仲舒的政治神学》，《天津社会科学》2003 年第 4 期）董仲舒所说的天并非一种超越的天（参见成中英：《董仲舒政治哲学的形上基础及其现代诠释》，《衡水学院学报》2015 年第 3 期），也绝不会是"超越的神"（参见余纪平：《论董仲舒的天本体哲学》，《上海交通大学学报》2002 年第 2 期）。故董仲舒的"天道观实质上是儒家的德治主义政治观"。（参见吴光：《董仲舒的思想命题及其当代价值辨析》，《衡水学院学报》2012 年第 6 期）从天人关系角度看，董仲舒宗教性的"天人感应"与哲学性的"天人合一"最终指向人伦道德性的"天人合德"，并集中反映着其"人文理性特征"。（参见韩星：《董仲舒天人关系的三维向度及其思想定位》，《哲学研究》2015 年第 9 期）

[4]　张平：《政统与道统之间：董仲舒思想探要》，《社会科学论坛》2013 年第 7 期。

上，这既有助于厘清董仲舒哲学思想中"天"之本义，更可以通过释解其"神"之内涵进而彰显其天及道义的内在精神。

在董子，天乃整体复合型范畴，包括天地人、阴阳以及五行，即天之"十端"："天有十端，十端而止已。天为一端，地为一端，阴为一端，阳为一端，火为一端，金为一端，木为一端，水为一端，土为一端，人为一端，凡十端而毕，天之数也。"（《官制象天》）"凡物皆有大统一为之始，必有条理十为之终。一之与十，终而复始，道尽是矣。"[1] 天之十端，交互影响，泛应曲当，终而复始，即为天道。又"元，天端"[2]，故天地人、阴阳以及五行，作为天之十端，皆统之于元。进而言之，如果说天地人为有形之在，那么，阴阳、五行则为寓于有形之在中的无形之化。统而论之，天地以及人的运化之功即通过阴阳五行而进行。由是，"元"作为天之生生之机，致广大而尽精微：天地宇宙，大化流行，均为生生不息；微细芥子亦于极深研几的玄幽妙境中运化萌生。天之十端[3]，实为一元[4]。元内在于天地人之三本[5]，表现为阴阳、五行之属性，呈现着生生之活力，备具仁正良性之品质——应时而动展其宜，随处而发成其化，无为而为、自然天成。此即天及天道之大义精神。一定意义上，天乃结构或形

---

[1] 康有为：《春秋董氏学》，楼宇烈整理，中华书局，1990 年，第 125 页。

[2] 钟肇鹏：《春秋繁露校释（校补本）》，河北人民出版社，2005 年，第 444 页。

[3] "端"为何意？有注者云："'端'，点也。"见钟肇鹏：《春秋繁露校释（校补本）》，第 490 页。然而如果同时联系《汉书·董仲舒传》："臣谨案《春秋》之文，求王道之端，得之于正"，"正者，王之所为也。其意曰，上承天之所为，而下以正其所为，正王道之端云尔。然则王者欲有所为，宜求其端于天，又"端，直也"（《说文解字》），因此，从整体语境来看，"端"同时具有"正""直"之义。

[4] 康南海有言："孔子系万物而统之元，以立其一，又散元以为天地、阴阳、五行与人，以之共十，而后万物生焉，此孔子大道之统也。"康有为：《春秋董氏学》，楼宇烈整理，第 125 页。

[5] 之所以说"元"内在于天地人，是因为其为天地人的自含功能，含藏内有，深而幽隐，故《春秋繁露·二端》言曰："以元之深正天之端"，"'深'，乃极深研几，穷极事物之奥秘"。见钟肇鹏：《春秋繁露校释（校补本）》，第 341 页。

式，元为功能或内容。董子以对隐匿于万事物相、人以及天之中元生机制的揭示，展现了天内在运化、生发之根基，从而其天哲学真正确立。

"道之大原出于天，天不变，道亦不变"[1]，道何以不变？在于元生机制之恒定不变。元乃"本正"（《王道》）。故天道即正道，"天志仁，其道也义"（《天地阴阳》），以义为道，义者宜也。其发用即中和，表现为自然化生之完美。《王道通三》有言："物莫不应天化。"万物均为应天而化生，即"春生夏长，百物以兴，秋杀冬收，百物以藏"（《人副天数》）。天之化生气机在四时流转过程中彰显与呈现，其状态达至相当精微、神妙的程度："莫精于气，莫富于地，莫神于天"（《人副天数》），可谓"微而至远，踔而致精"（《天容》）。其中的玄幽、微妙与高超近乎不可思议，"其道难理"（《天地阴阳》）。但此正是元机化生——自组织系统——的神奇之处。天元自然化生机制造就了天地之大美[2]。

就基本含义而言，董仲舒之天首先体现为玄幽深妙、广大精微的生化之义[3]，其深奥莫测程度远远超出了人的理解能力。因此，天无疑具有

---

[1] （汉）班固撰，（唐）颜师古注：《汉书》卷五十六《董仲舒传》，中华书局，1962年，第2518—2519页。

[2] 中国自然宇宙观的最大特征，就是将自然本身视为美善价值之源泉。参见唐君毅：《中国文化之精神价值》，九州出版社，2021年，第76—77页。

[3] 关于天的内在意蕴，有观点认为，天的属性包括道德超越义、自然生化义以及神性主宰义，而道德超越义与自然生化义是在神性主宰义的基础上实现的。离开了神性主宰义，天的其他属性"根本无法成立"，即"天的神性主宰义统摄了其道德超越与自然生化的含义"。然只有"在自然生化的过程中，天的神性主宰义与道德超越义，才一并通过自然生化的过程得以落实、得以显现出来"。参见丁为祥：《董仲舒天人关系的思想史意义》，《北京大学学报（哲学社会科学版）》2010年第6期。又董仲舒之天的独立性和独特性，体现在具有绝对权威的"神秘"含义，此不仅是活跃在董仲舒天人之学真正核心处的一种宗教性经验，而且使董仲舒思想备具了独有的特性和色彩。唯有首先确立天的绝对威权的"神秘"之义，才能更好地理解其道德与自然的含义以及董仲舒天人之学的宗教意蕴。参见林存光：《董仲舒的天人之学及其政治含义再解读》，《政治思想史》2012年第3期。实际上，天之"神性""神秘"皆基于自然生化这一前提，否认此点，必然导致对董子天学思想的误读，进而将其引向神秘主义。

了神的色彩。或言之，如果可以将天划分为自然之天、道德之天以及神性之天，那么，自然之天为道德之天与神性之天的基础。舍此，道德之天与神性之天因失去物质前提而不可存在。故所谓"天者，百神之大君"（《郊语》），就是对基于自然之天完美乃至神奇化生机能所展现的道义精神的推崇与敬重。天因其道义而须效法，因其化生之神奇而成为被尊崇的对象。进而言之，无论孔子所言"畏天"，还是基于"畏天"而对天的祭祀，目的都在于使人莫忘来处，复归天地本心，言行举止当从"端""始"微细、无形以及未萌之际契入仁正道义之轨，以契元机之理。

在此意义上，董仲舒思想中的天"神"观带有鲜明的"自然－人文"向度：就"自然"[1]层面而言，一则董仲舒天之"神"是从"自然"维度立论的[2]，这与《易传》重自然之生化存在着相通性，天之生生之道是天"神"观念形成的现实基础；二则董仲舒之天当然受到古代朴素宇宙论影响，而以天帝百神为主导乃古代宇宙论之基调[3]。就"人文"层面而言，一则周公弃上古先民朴素的天帝主宰世运观，"首创人文的历史观"，这奠基了中国传统文化的基本调式[4]；二则秦汉间儒家言鬼神，实为"德性"的，而"非人格"的，故董仲舒之天神论即为"德性的宇宙论"，其深层内涵只不过意欲阐明以至诚之德性达至天人合德的理想进路[5]；三则肯

---

〔1〕 "自然"包括两层含义：一是天地生生之自然；二是基于前者之上引申之意，即自然而然。

〔2〕 苏舆在释解《立元神》篇有言，此篇"颇参道家之旨"，而道家即以自然生化为基本要义。（《春秋繁露义证》，第169页）同时，梁启超亦指出，孔子"最崇信自然法"。（参见梁启超：《儒学六讲》，天津人民出版社，2018年，第191页）董仲舒作为孔子思想的承继者，以自然立论自在情理之中，正如《基义》所言，天"弗作而成"。

〔3〕 钱穆：《中国学术思想史论丛》（二），生活·读书·新知三联书店，2009年，第18页。

〔4〕 钱穆：《中国学术思想史论丛》（一），生活·读书·新知三联书店，2009年，第101、102页。

〔5〕 钱穆：《中国学术思想史论丛》（二），生活·读书·新知三联书店，2009年，第25、28、31页。

定天神意味着人不私其精神为自身所独有，此即人之主体精神的外在化、客观化，一定意义上，天神乃人对自身以及天地自然的超越而形成的某种对象性的精神凝结，虽有神之意、无神之形，却具道德性。其中，天神固然至上，但人未必渺小、卑微，质言之，天之神意可由人而左右[1]。在此意义上，所谓天神，只不过从古代中国人之社会、政治、伦理、文化之"实际生活中之亲和仁厚之情"中产生，源于人而指向人，可谓中国人文化生活之"本根"。董仲舒哲学思想于神化的底蕴中同样承传着"孔子重全面人文精神"之脉络，成为"真有文化内容"的思想呈现。[2]

董仲舒对于天之崇敬充其量乃一种类宗教情结。这样说的意思是，董仲舒学说根植于中华传统文化土壤，而中华文化传统根本不存在完全意义上的宗教模式，但这并非意味着中华文化传统不具信仰。时至今日，人们每每遭遇不幸或惊叹于某种闻见，均会情不自禁地发出"我的天啊"之感叹，正映射了深深镶嵌于其内心的天道信仰，这种不由自主、自然而然的表现方式恰恰反映了天及其天道信仰的内在性、本然性。其基本动因在于天之非神之神。非神即天并不是具有确定性形象的神祇，即使有形有像亦类人；而神的一面则意味着天的自然化生之奇——无论如何皆合于时、契于地，即成其宜，天道正义！"君子大居正"（《春秋公羊传·隐公三年》），此正是天道、道义为人所推崇的深层原因。

中国文化之天学思想，既有神化之韵，又内在于人。孔子发天人合一之义，进一步强化了此等逻辑，使人不复外人而求天。[3]董仲舒将天元制

---

[1] 于此，徐复观认为，董子之天人，二者居于"平等的地位"，相互影响。甚至可以断言，相较于周之前，人完全受天的制约，处于被动地位，董子思域中人决定天的意义更重。进而言之，董子之天的宗教意蕴不在于强调天之神韵，而是重在说明人之价值与责任。参见徐复观：《两汉思想史》（二），九州出版社，2014年，第370、371页。

[2] 唐君毅：《中国文化之精神价值》，九州出版社，2021年，第21、24、25、26、27、47页。

[3] 唐君毅：《中国文化之精神价值》，九州出版社，2021年，第42页。

式内置于人，从而在天人共元的图谱中彰显了人的至上性、超越性。在此意义上，人不一定有其位，但必然有其德[1]。《易传·乾·文言》有言："夫大人者，与天地合其德，与日月合其明，与四时合其序，与鬼神合其吉凶。先天而天弗违，后天而奉天时。"人之所以为人，乃在于合天地之德。或言之，人就是天的化身，"天之副在乎人"（《为人者天》）。人源天而生，自是内在备具了天的信息域，"在人者亦天也"（《如天之为》）。具备此条件者，乃圣人与王者[2]。

这意味着，虽然人天共元，但鉴于人之后天时有脱离先天[3]，故其须法天地而行。所以人君须"谨本详始，敬小慎微"，"执无源之虑，行无

---

[1] 在董仲舒，人多指有德者，且与生俱来，具有鲜明的先天性。基于此，《实性》言曰："圣人之性不可以名性，斗筲之性又不可以名性，名性者，中民之性。"圣人与斗筲者，其性如孔子所言"唯上智与下愚不移"（《论语·阳货》），内在本有，不可移易。故《深察名号》篇强调："名性，不以上，不以下，以其中名之。""其中"者，民也。中民之性，待教而善。此正是"天之生民，非为王也，而天立王以为民也"（《尧舜不擅移、汤武不专杀》）之意。王者即有德者，具天地之德而行之。故《四时之副》言"圣人副天之所行以为政"。董仲舒据此一再强调人君须"奉天而法古"（《楚庄王》）。

[2] 《官制象天》指出，根据"天之时固有四变"，以此类推，人之材，可分为"四选"，即圣人、君子、善人以及正人。由此以下者，"不足选也"。而"尽人之变合之天，唯圣人者能之，所以立王事也"。既"尽人"又"合天"者，乃圣人。另，《汉书·董仲舒传》言曰："天之所大奉使之王者，必有非人力所能致而自至者，此受命之符也。"这意味着，无论圣人还是王者，皆秉先天、合其元。

[3] 唐君毅从人与自然关系角度阐释了由天人一体到天人相分的过程。儒家对人与自然之间的关系，从情之直接感通角度切入，从而形成对所感自然之"一统体的觉摄"。此中，人当初不夹杂任何一己之欲，实无我物之辨，浑然不二。之后，人依赖超越的心觉能力之流露与展开，从而推开此"统体之觉摄与其内容"而予以客观化，此即"主宾之展开"，但此时"人之心觉，复支持此所客观化者，而奉承之"，换言之，就是"对客观化之自然而奉承之以礼之关系"。由此可见，人的观念以及智性活动后起于人与自然之间的直接一统体的感通关系，虽然观念以及智性的产生在人与自然之间造成了"为观念所间隔之间接关系"，但鉴于人对客观化之自然以礼相待，从而在人与自然关系方面，儒家形成了以情为介体，天人会通的"哲学意识"与"艺术意识"。（参见唐君毅：《中国文化之精神价值》，九州出版社，2021年，第132—134页）这意味着，人与自然或天的基本或首要关系为一体感通之样态。

端之事"正折射了人君之为当类于天元之机的要求。(《立元神》) 此中，人君参天地而成其化，近于"天地之精"(《天地阴阳》) 同而化之的妙境。也正是在此意义上，《重政》篇强调，人唯与"天元本""天元命"，才能于合乎天则之中"其道相与共功持业"。此即强调唯人道合乎天道大义，才能达至国家治理的最佳状态。故董子言天必及人，就在于倡导人当契合天及其道义精神。

"天地与人，三而成德。由此观之，三而一成，天之大经也，以此为天制。"(《官制象天》) 天人不仅因形似而同类，更因同心而同德，所以人作为"天之继"(《循天之道》) 者，"同而副天"(《人副天数》)。在此意义上，人顺应天道大义而成为"天地之心"(《礼记·礼运》)，由是径入天人一体之域，这构成了秦汉新儒家天人合德的生动表征。天地大化，生生不已；至诚之道，弥纶天地，融通物我，通贯时空，寓于天人而为一，成就物我而赞化。[1]总之，天地万物之理，皆备具于至诚之性中；而参赞化育之道，亦未出于至诚之性外。[2]此即"以身度天""察身以知天"[3]之意蕴。

因此，天及其道成为国家治理的根本源泉，其道义精神进而成为国家治理的基本原则。这同时意味着，天元良正化生之功、大义之为最终指向

---

[1] 钱穆：《中国学术思想史论丛》(二)，生活·读书·新知三联书店，2009 年，第 31 页。

[2] 陈生玺等译解：《张居正讲评〈大学·中庸〉皇家读本 (修订本)》，上海辞书出版社，2013 年，第 109—110 页。

[3] 《春秋繁露·郊语》。在这一点上，唐君毅指出，第一，人如果确实顺其性情之自然，不违初心而应天命，即尽其心，知其性，达其情，以诚感发，则与自然万物以及他人而相通，故人可由知性而知天。第二，人源于天而生，由是在天人之间自然存在着与生俱来的联系通道，通过人之行为与性情即可知天。第三，人之行为之所施，性情之所流行，即人之生命之展现。自是反观，人有生命，则天非为块然之物质；人有精神，则天亦乃精神之体量。因此，天地作为一切人"生命精神之本原"，其自是一大"宇宙生命""宇宙精神"。参见唐君毅：《中国文化之精神价值》，九州出版社，2021 年，第 315—316 页。

人，由天道而及人道。或言之，天元之机构成了"天人一"的内在根据，从而在理论层面既为建构完善的国家治理模式提供了支持，也明确了天之道义作为国家治理基本原则何以可能。

二、奉天法古：国家治理之指导思想

"《春秋》之道，奉天而法古。"据《春秋》，国家治理的指导思想就是奉天法古。以譬喻言之，治国理政如果不能保证奉天法古，犹如"虽有巧手，弗修规矩，不能正方员（通'圆'，笔者注）。虽有察耳，不吹六律，不能定五音。虽有知心，不览先王，不能平天下"。"天"与"古"就是国家治理所当遵循的规矩，这绝非无端之根由，而是先王经验之总结。"然则先王之遗道，亦天下之规矩六律已。"先王遗留治国之道自然亦成为理政之准绳。"故圣者法天，贤者法圣，此其大数也。""法圣"即"法古"，而圣者法天，故"奉天而法古"归根结底就是以天为则。这是古今国家治理的基本大法。故曰："所闻天下无二道，故圣人异治同理也。古今通达，故先贤传其法于后世也。"（《楚庄王》）

先王治国之效达到了"政之至"[1]的程度，堪称后世国家治理的范本，成为其中的不二法门。是否遵循先王之道构成了治乱之分的首要前提。鉴于此，《春秋》"善复古，讥易常"，意在"欲其法先王"。（《楚庄王》）

囿于法古即奉天，故董仲舒强调奉天法古，其目的在于强调为政者作为国家治理主体代表当法则天地，从而抵近至为完美的良政善治。大体而言，奉天包括两个方面：一是承天之命、顺天而为，二是以天为则、道法自然。

---

[1] 出自《韩诗外传》。转引自（清）苏舆：《春秋繁露义证》，钟哲点校，中华书局，2015年，第14页。

人君皆为天命所托，所谓"必有非人力所能致而自至者，此受命之符也"[1]。人君受命于天，"天之所大显"，正如"事父者承意，事君者仪志"，为人君者自当承天志以从事。(《楚庄王》)"宜事天如父，事天以孝道"，唯有如此，方不辜负"天意之所予"。(《深察名号》)

人君不但生命源于天，而且受命于天。其身、命自天的双重逻辑进一步强化了人君与天的内在联系，在与天为一的基础上，而成为"天之子"(《尧舜不擅移、汤武不专杀》)，从而搭建起人君与天人伦代际图式。《五行对》有言："父之所生，其子长之；父之所长，其子养之；父之所养，其子成之。"天子人君对天之所为，"皆奉承而续行之"。(《五行对》)此中，人君以天志为己志，奉天而作、应天而为，成为代天立心的"天之继"(《循天之道》)者。

进而言之，人君之所以承天而不能违天，就在于天即道。此即其二，以天为法、以道为则。如果说天的首要意涵为化生之功，那么，其道则为寓于化生功能之中的至上之大义。以天道为法就是效法天道之义。

天之化生表现在两个方面：一则人与万物皆源于天，天乃人之为人以及生存与发展的先在性条件，故天的先在性同时注定了其至上性；二则天作为生生不已的化生之域，本是自然而然的流变样态，应时而作、有度有节，一切生化过程、境相呈现均在时措之宜的态势中进行[2]。就局部时

---

[1]　(汉) 班固撰，(唐) 颜师古注：《汉书》卷五十六《董仲舒传》，中华书局，1962年，第2500页。《符瑞》亦有言："有非力之所能致而自致者。"

[2]　君王治理的最高境界即如天元化育之功，自然而然，无为而无不为。这正是董仲舒一再强调"奉天法古"的原因。一定程度上，《立元神》篇名并非意味着将天元标立为神，而是重在彰显天元化生功能之神妙绝伦——"神者所以就其化也"——并标立为法，君人则之。该篇多次重申：君人者作为"国之元""国之本"，"其要贵神"，"其化莫大于崇本"，"崇本则君化若神"。另多有学人根据"天者，百神之大君"(《郊语》) 之判断，而将天视为"神"。实际上，如果不拘泥于文字相，而结合整体语境考量，此句之意应为，天乃宇宙生生之统领、总开关，其意通于"万物之枢机"(《立元神》)。故郊祭之意旨并非尊天神之天，而为尊天道之天。

空点位看，虽然其中也偶尔展现某种现象之偏，有失中正之嫌，但从全局整体时空看，过程的多样性恰是趋向致中和、成大美的必然之路[1]。由是，天地作为自组织系统完全按照其内在法则与制式自发运行，其外在表现却是始终趋向并保持着某种平衡态，以臻于完美——其情态本身就超出了人的认识水平，天之神韵因此而生。故《人副天数》曰"莫神于天"[2]。

概而言之，神之意有三：在功能层面，因元之深而注定天化育之功之隐幽、玄微、精妙，即神奇；由此进而导致在认知层面，天道之"难理"，即神秘；天之神奇、神秘及其相对于人的先在性地位，特别是天作为人与万物之祖的客观事实，同时注定了天之神圣。无论神奇，还是神秘抑或神圣，统而论之，皆天之大义。

此构成了"奉天法古"的内在动因。而"奉天法古"一旦作为国家治理的指导思想，自然带有必然要求之意，而呈现着某种外在性。原因在于，于天而言，义乃本然，而于人而言，囿于后天生存样态逐渐脱离先天[3]，以至于在身不由己氛围中渐行渐远，甚至"找不到北"。因此，"我是谁？我从哪里来？我要到哪里去"成为人类永恒的主题，而"认识你自己"同时亦定格为千古之警语。在此境域，天之本然成为人之茫然，即外在必

---

[1] 《循天之道》言曰："中者，天地之所终始也；而和者，天地之所生成也。夫德莫大于和，而道莫正于中"，"天地之道，虽有不和者，必归之于和"，"虽有不中者，必止之于中"。这就体现了天地运行化育的中和之境，此同时指向了大美状态，即"天地之行美"（《天地之行》）。

[2] 神者，"变化莫测"之谓。见钟肇鹏：《春秋繁露校释（校补本）》，第801页。《易传·系辞上》亦有言："不疾而速，不行而至"，"阴阳不测之谓神"。

[3] 在本初意义上，天地之性人为贵。此"贵"意味着，天地人"三位而一体"，故如果说天自有其神韵，那么，人亦应同天共元而光辉，唯此，人方不失为"天地之心"。然轴心时代，《道德经》指出："大道废，有仁义。"不能坚守天地之道，则极易导致社会关系准则的蜕变，即"失道而后德，失德而后仁，失仁而后义，失义而后礼"。其中特别值得重视的是，老子认为，礼的出现实为"忠信之薄，而乱之首"的端倪。社会关系准则变化同时折射着人心的变异。

然，人受天之必然性左右与支配。

为此，在天地自然面前，人对于"天行""天容"乃至"天神"最为理智的应对之为即"敬畏"。《春秋繁露》中《郊语》《顺命》篇先后两次借用孔子"三畏"之语强调对天的敬畏之心，就深层而言，意在要求人通过谨慎与畏敬之心以奉天，在合乎天道大义中实现以情动天的目的。如《孟子·尽心上》所言："尽其心者，知其性也；知其性，则知天矣。"

不忘初心，方得始终。所以，正如饮水须思源，而人之生命存续、发展应回溯人之为人本于天[1]。一定意义上，元、始作为天地之本原，映射着宇宙之初心，此即"贵元重始"之深层动因。元乃天之本，始为古之原。在国家治理方面，"贵元重始"的必然逻辑体现即"奉天法古"。

在生物界，以植物生长样态为例，与地上显性部分之形态相对应，必然存在着体量大体相当的地下隐性部分——根系。植株长势状态与地下根基状况息息相关，因此，地上部分枝繁叶茂、蓬勃生长的同时，植物体也在强化着自身的生命之源——根系在同步节律中生生不已，从而在培元、强本以及固基中以壮大自身。所以，植物的生长表现为显性的地上部分与隐性的地下部分两个方面，并且唯有培元固本，方得以枝繁叶茂。人们常说"叶落归根"，这何尝不是植物自身与天俱来强化根基最为原始、本初的方式?! 初级的植物以其自然必然性展示了其心系本根的天性，方式虽属本能，但其中折射出的信息却为至要之天道。

实际上，天从来就与人不曾分离。换言之，就生命个体而言，人的

---

[1] 南怀瑾先生解释"慎终追远，民德归厚"之观点，不同于宋儒。他认为，"终"就是结果，"远"即为"远因"。故"慎终追远"之通俗表达则是，人要想好的结果，须从好的开始入手。(参见南怀瑾：《论语别裁》，复旦大学出版社，2008年，第36页) 人之为人最佳起点当属"天端"，就此而言，人欲获得理想的生命存在与发展格局，应回归生命之初心（元），才能在返本中实现开新之势态。

一生就是天地宇宙诞生演化过程的经典浓缩版。如果说十月怀胎展演了从单细胞到高级哺乳动物出现这一地球生物系统的整体发展与变迁之过程，那么，从出生爬行到直立行走，从肢体语言到口语表达，以及后天学习步入社会等，则映射了从人类产生直到人类文明定型的历史阶段。总之，人的生命成长史同时展现或回放着天地宇宙的演变史，此即天人一也。

《顺命》言曰："父者，子之天也；天者，父之天也。无天而生，未之有也。"树高千尺总有根，人走天涯莫忘本。人之本根展现在两个维度，一是血缘之亲，二是天本之域。二者相较，血缘之亲当然从属于天本之域。如果说"生，事之以礼；死，葬之以礼，祭之以礼"（《论语·为政》），以孝道方式体现了对血缘之亲的本体奉侍或追忆，那么，对于天本之域的敬畏构成了传统文化的中心主题。

是故《郊祭》强调，天子不可不祭天，如同为人之子不可以不事奉父辈。因此，每至新岁之首，须供奉上天。这不过是"行子礼""行子之道"而已。（《郊祭》）事天如父成为人之为人内心不可移易的深层心理，每当"新天赐至"，君子必躬亲以荐之，竭其诚、尽其敬，以感念上天之恩赐。此中本无神，只是行"美义"。故君子之于天，其基本态度与持守准则为，"畏之而不敢欺也，信之而不独任，事之而不专恃"（《祭义》），即一则君子在敬畏天而不欺天的场势中，同时不自欺，呈现着自身的真实情性；二则相信上天但又并非唯天是从，而是时刻坚守着自身的主体意识；三则事奉上天而不完全依赖于天，展现着天命在身的德性自信。一言以蔽之，以义为上。

在儒家看来，天道非处于自身之外，尽己之诚，为人之道，为其所当为，自然情通他人及万物，从而达至由己及天之境域。故人之仁心仁性，即为天心天性之直接呈现，天道实现于人道。[1] 此即《易传·系辞下》之

---

[1] 唐君毅：《中国文化之精神价值》，九州出版社，2021年，第308—309、313页。

言："以通神明之德，以类万物之情。"

此即"奉天法古"何以可能。如果说天道以其自然方式展现了其周流运化之至善与完美，那么，"奉天法古"之要义即人君当以天为则、以古为法，尊天道而成人道，由此而达至国家治理的理想状态。

三、应天改制：国家治理的客观要求

道义乃天或天道的内在之理，故在国家治理指导思想方面即奉天法古。与之相应，在国家治理具体操作层面则需要应天改制。这是天元机制于"天人一"之域，人事顺应天道的必然应现。其中，应天是前提，改制是应天基础上的改制，故改制依然遵循着天道之大义。其中，"王者有改制之名，无易道之实"（《楚庄王》）。

具体而言，"受命之君，天之所大显"，鉴于此，"物袭所代而率与同，则不显不明，非天志"（《楚庄王》）。在此境域，人君已经不是纯粹的独立个体，而实是上天在人世间的主体代表，承载着天命。既然如此，人君自当顺天之志而为之，故通过改制而实现天之显明当政人君的目的。此中，改制亦具有了道义之意蕴。

之所以如是断言，改制亦于"天人一"氛围中契合着天道枢机。或言之，天道枢机非外在于人的超然存在，而是作为超越性与内在性的统一实则为人所备具。

相对于基督教特重上帝的超越性而忽视其内在性，在中国文化境域，天心之仁，"遍覆于自然万物而无所偏私"，皆内在于万物之中。[1]就此而言，万物各得天之性而非独其私。这意味着，一则就具体物相（当然包含人）言之，天（性）有内在性，二则就万物言之，天（性）不为某个物相所私有。故天（性）即内在性与超越性的统一。

---

[1]　唐君毅：《中国文化之精神价值》，九州出版社，2021年，第321页。

天地之性人为贵。一方面，人承天性而生，不仅形体与天近似，而且情志与天相通，从而具备了内在之天，此即《深察名号》所言"身犹天也"；另一方面，人承天心而为仁，辅相万物成其性，从而兼具了超越之天，此即《天道施》所云"天道施，地道化，人道义"。人即天的内在性与超越性的统一。人因其天之内在性，故守仁义而重礼节，"人有父子兄弟之亲，出有君臣上下之谊，会聚相遇，则有耆老长幼之施；粲然有文以相接，欢然有恩以相爱"，"生五谷以食之，桑麻以衣之，六畜以养之，服牛乘马，圈豹槛虎"；[1]人由其天之超越性，故属万物于一而归于元，此即"君人者，国之本也。夫为国，其化莫大于崇本，崇本则君化若神，不崇本则君无以兼人"（《立元神》）。

归根结底，于人而言，其天性的内在性与超越性统一于元。董仲舒一而再、再而三地将人与天比附[2]，实际上目的就在于将人提升到天的高度与层次，以使人复归于天道的至上性、超越性地位。天的至上性与超越性恰恰就体现在天元之化生机制中。

"天地与人，三而成德。由此观之，三而一成，天之大经也，以此为天制。"（《官制象天》）天地化育因其自然性质，故其德性处于潜隐状态，人的介入在成就万物而彰显天地之德的同时，亦使天的自然向度兼具了人

---

[1] （汉）班固撰，（唐）颜师古注：《汉书》卷五十六《董仲舒传》，中华书局，1962年，第2516页。

[2] 如《王道通三》有言："天常以爱利为意，以养长为事，春秋冬夏皆其用也。王者亦常以爱利天下为意，以安乐一世为事，好恶喜怒而备用也。然而主之好恶喜怒，乃天之春夏秋冬也，其俱暖清寒暑而以变化成功也。天出此物者，时则岁美，不时则岁恶。人主出此四者，义则世治，不义则世乱。是故治世与美岁同数，乱世与恶岁同数，以此见人理之副天道也。"人主"使好恶喜怒未尝差也，如春秋冬夏之未尝过也，可谓参天矣。深藏此四者而勿使妄发，可谓天矣"。此即"人资诸天""天道一同于人身"（苏舆：《春秋繁露义证》，第324页）。又《春秋繁露》反复提到"行天德者谓之圣人""圣人配天"（《威德所生》），"在人者亦天"（《如天之为》），"为人主者，予夺生杀，各当其义"，此之谓"配天"。（《天地阴阳》）

文色调。无论自然向度还是人文向度，在元生机制的涵摄中，均体现着应时而化、因地制宜的必然性。鉴于此，改制虽然体现着人为因素，但人为背后折射着深层的天道枢机之理。进而言之，人及其改制即天道枢机发用的内在逻辑之映现，故改制自是应天化而为之。

是故作为王道前提下的改制更化，王道与王制为两层结构。前者为根本，后者乃结果。王道为体，王制是王道发用的制度性、机制性设计与落实。故"改正朔，易服色，以顺天命而已"[1]。王道是不变的，但其具体制度及其机制却可以改变："必徙居处、更称号、改正朔、易服色者，无他焉，不敢不顺天志而明自显也。"当然改制之中亦有不变："若夫大纲、人伦、道理、政治、教化、习俗、文义尽如故，亦何改哉？"其中基本的为政纲要、社会伦理、人文教化等，作为一以贯之的永恒之道自当承袭，"故王者有改制之名，无易道之实"（《楚庄王》）。王道与王制具有辩证统一性。王者可以改制，却不是改变"道"。董仲舒划分了道与制两个层次，在为现实国家政治治理提供了理论根据的同时，更为具体政治制度及其机制的设计提供了优化可能，即将国家治理模式两重化，从而避免了制度僵化，既为政治治理提供了充分的制度改革与机制完善之空间，也保障了根本制度的连续性、稳定性。

是故王者必受命而后王，继而"改正朔，易服色，制礼乐，一统于天下，所以明易姓，非继人，通以己受之于天也"。应天改制在映现着"奉天法古"指导思想的同时，既彰显着一以贯之的至上天道，又呈现着与时俱进的更化精神，乃守与变的统一。其指向在于"作科以奉天地"（《三代改制质文》）。

---

[1] （汉）班固撰，（唐）颜师古注：《汉书》卷五十六《董仲舒传》，中华书局，1962 年，第 2518 页。

第二节　董仲舒国家治理思想之核心

董仲舒"大一统"思想既有着深远的历史渊源，又折射着深邃贞正的天元"道体"意蕴。值得重视的是，董仲舒以对天地自然的深度洞察，开掘提炼出隐匿于其中的内在"元"生自组织机制，其通贯时空而使"天下一"。形上层面，"元"生生之机以潜在方式赋予人、物等以仁、正品性，这为君王嵌入了先天元性机质，从而使王道政治具备了前提条件；形下层面，在"天不变，道亦不变"图谱中，"天元"之本以恒定势态对万事物相乃至现实政治秩序进行着基源性的价值匡正与导引，客观上以"同声相应同气相求"的信息场域型构着统于一元之格局。由是，历史演进过程中，无论具体朝代更迭还是现实政治制度等或主动或被动之"更化"与调适，实则应现着"天元"根基自然必然性的隐性作用力。董仲舒"大一统"实乃"大元统"，其对"天下一"之宇宙律令的推崇直接型塑了国族一统政治建制，至今其文化余蕴仍在发挥效力。

一、董仲舒"大一统"思想渊源

董仲舒"大一统"思想源远流长[1]。《尚书·尧典》："钦明文、思安安，允恭克让，光被四表，格于上下。克明峻德，以亲九族；九族既睦，平章百姓；百姓昭明，协和万邦。"尧之德行盛大，构成了九族、百姓乃至万邦的中心标的，从而形成了"大一统"制式。之后，这一制式不断延续发展。到周，武王追思先圣，"乃褒封神农之后于焦，黄帝之后于祝，帝尧之后于蓟，帝舜之后于陈，大禹之后于杞"。同时，封功臣谋士等。（《史记·

---

[1] 董仲舒"大一统"理论的主体为先秦儒家思想，同时吸纳、融合墨家、法家以及阴阳家等思想，顺应了诸家思想的"合流"之势，乃学术思潮演变的必然结果。参见梁国楹：《董仲舒"大一统"理论的思想来源》，《山东师范大学学报（人文社会科学版）》2009 年第 5 期。

周本纪》）周公"封建亲戚，以蕃屏周"（《左传·僖二十四年》）。周代采取"分片包干"的方法，将土地及其人民分封给先王之后、功臣谋士以及亲戚，交由他们进行管理。其中，周天子与分封国就形成了一统关系状态。春秋时期，五霸率诸侯尊周；战国七雄并立而秦实现统一，"车同轨，书同文"（《史记·秦始皇本纪》），这均为对大一统之承传。[1]

春秋时代，礼崩乐坏，"礼乐征伐自诸侯出"（《论语·季氏》），社会分崩离析，故即使局部统一也值得肯定，是以《论语·宪问》有言："管仲相桓公，霸诸侯，一匡天下，民到于今受其赐。"孔子将期盼天下一统观念付诸笔端而见于《春秋》之中，即"元年春王正月"（《春秋·隐公元年》）。《公羊传》释之："元年者何？君之始年也。春者何？岁之始也。王者孰谓？谓文王也。曷为先言王而后言正月？王正月也。何言乎王正月？大一统也。"这是"大一统"思想的最初表达。孟子沿袭"大一统"之思想理路，提出"定于一"（《孟子·梁惠王上》），"国君好仁，天下无敌"（《孟子·尽心下》）的思想。继之，荀子有言："隆一而治，二而乱"（《荀子·致士》），"一天下"（《荀子·非十二子》）。

董仲舒"大一统"论不仅与之一脉相承，而且将之发扬光大。"大一统"甚至被称为董仲舒学术思想与政治哲学的核心[2]，故在董仲舒的思想体系中占有非常重要的位置。洞察了董仲舒"大一统"论即把握了其整个学术思想的关键。由是，诸多学人对董仲舒"大一统"内涵进行了探

---

[1] 参见周桂钿：《董仲舒研究》，人民出版社，2012年，第112—113页。

[2] 如，大一统论是董仲舒建立的汉代新儒学的核心内容。参见周桂钿：《董仲舒政治哲学的核心——大一统论》，《中国哲学史》2007年第4期。再者，大一统说是董仲舒王道学的核心思想。参见谢遐龄：《董仲舒大一统学说是王道学核心思想》，《德州学院学报》2019年第5期。更有加强型表达："大一统"被认为就是董仲舒政治哲学乃至全部学术的核心与关键。参见余治平：《"天下一致"的理想与追求——作为董仲舒"大一统"学说的精神基础》，《德州学院学报》2020年第3期。

讨〔1〕。然综观相关观点，或由于没有把握"一"之本义而失之偏颇，不够中肯；或虽锁定于"一"而未尽其义，尚待深入。〔2〕之所以如此断言，是因为均未触及"大一统"之核心点，以及"大一统"何以为"天地之常经，古今之通谊"。进而言之，"一统"并非静态存在，而是生生不已的

---

〔1〕 其一，本义论。"统正"，才是公羊学所"大"之"一统"，才是大一统思想最初的真正含义。参见陈静、朱雷：《一统与正统——公羊学大一统思想探本》，《中国哲学史》2020 年第 6 期。其二，本位论，即"立国本位论"。大一统者，"乃由国家整部全体凝合而形成一中心"，或"由四方辐辏共成一整体，非自一中心伸展其势力以压服旁围而强之使从我"。参见钱穆：《中国传统政治与儒家思想》，九州出版社，2010 年，第102、108 页。其三，基源论。一者，元者，基也；统者，始者，源也；大者，古人今人共同尊崇也。参见任锋：《大一统与政治秩序的基源性问题：钱穆历史思维的理论启示》，《人文杂志》2021 年第 8 期。其四，训诂论。大者，以……为重为大。汉许慎《说文解字》：统，纪也。又云，纪，别丝也。段注云："别丝者，一丝必有其首，别之是为纪；众丝皆得其首，是为统。"所以，"一统"不是化多（多不复存在）为一，而是合多（多仍旧在）为一；此"一"非简单地合多为一，而是要从"头"、从始或从根就合多为一。此即"一统"的本义。参见刘家和：《论汉代春秋公羊学的大一统思想》，《史学理论研究》1995 年第 2 期。其五，政治论。董仲舒大一统政治观的基本内含包括政治大一统与思想大一统。政治大一统是要建立起统一的君主独尊的中央集权制国家，而思想大一统则要"罢黜百家，独尊儒术"。参见汪高鑫：《试论董仲舒的大一统政治观》，《辽宁教育学院学报》1997 年第 4 期。其六，实质论。董仲舒"大一统"实质即中央集权制。参见周桂钿：《董仲舒政治哲学的核心——大一统论》，《中国哲学史》2007 年第 4 期。亦有观点认为，其实质是天地人三才贯通之道。参见杨柳新：《董仲舒"大一统"王道政治思想的文化诠释》，《衡水学院学报》2020 年第 2 期。另有本体论、端始论等。参见汪高鑫：《论董仲舒对〈公羊传〉大一统思想的发展》，《淮北煤炭师范学院学报（哲学社会科学版）》2004 年第 5 期，以及谢遐龄：《董子大一统学说是王道学核心思想》，《德州学院学报》2019 年第 5 期。

〔2〕 客观而言，甚至一度造成理解上的扭曲与误读。典型表现即"梁启超论题"进路——政治上的君主专制与文化上的意识形态专制，也就是"专制主义论式"。造成这种曲解的原因在于，囿于晚近中国之情状，作为新的认识坐标，西学的引入演化成为极具颠覆性的思想冲击力，从而在反思传统的前提下，虽也有对传统的理性判断，但其主流对"大一统"的认知超出了中国经学的义理范畴，以某种反叛式的解构消弭了"大一统"的内在真义。参见任锋：《大一统与政治秩序的基源性问题：钱穆历史思维的理论启示》，《人文杂志》2021 年第 8 期。

动感地带。不能理解如是情实，必然对董仲舒"大一统"说及其整个思想体系之理解造成遮蔽或误读。所以，本着正本清源之理念，对董仲舒"大一统"思想从"天元"之本层面展开基源性追问。某种意义上，这既是对学界相关研究的学术回应，更是从思想析解方面进行的文化考量。唯此，公羊大家董仲舒的王道信念乃至整个思想体系方得以确证。当然，也有益于新时代中国特色社会主义政治文明建设。

董仲舒哲学思想以天为法，以古为则，于应对汉武帝"欲闻大道之要，至论之极"[1]的策问中，表达了其"大一统"理念。

其一，"臣谨案《春秋》之文，求王道之端，得之于正。"据《春秋》援引王道而归于正。"正次王，王次春。春者，天之所为也；正者，王之所为也。"由是呈现出"天－王－正"图式。"其意曰，上承天之所为，而下以正其所为，正王道之端云尔。"此谓"王者欲有所为，宜求其端于天"。[2]

董仲舒言即据《春秋》，彰显着强烈的公羊家法精神。其中，自"王道"入手，径直追问其端倪而得之于"正"[3]，随之以"正次王，王次

---

[1] （汉）班固撰，（唐）颜师古注：《汉书》卷五十六《董仲舒传》，中华书局，1962年，第2495页。

[2] （汉）班固撰，（唐）颜师古注：《汉书》卷五十六《董仲舒传》，中华书局，1962年，第2501—2502页。

[3] 颜师古注："谓正月也。"（汉）班固撰，（唐）颜师古注：《汉书》卷五十六《董仲舒传》，中华书局，1962年，第2502页。在此，颜氏将王道之端"正"视为改正朔之正，原因有二：一是对"求王道之端，得之于正。正次王，王次春"以及"正者，王之所为也"这几句话以形式逻辑理解；二是认为这几句话即"春王正月"之表达。如此判断若成立，那么，王道之"端"即末端，而非端首。尤须注意的是，如果联系后续之言，则颜氏之断就存在异议。也就是从"上承天之所为"至"宜求其端于天"来看，阐述了两点：一则王者之所以上承天之为而下正其所为，意在养护与培固王道之端以为正罢了（正朱子所谓"制于外所以养其中"——一定程度上，为外在性）；二则如果说前者似反映着某种底线思维或标准，那么后者即以对王道精神之本根的开显而呈现出对王道本然的殷切期待与强烈呼唤（王道之端在天——当然天至中至正，此即内在性）。再者，结合"正五始"，则王道之端何以"正"、王道之正何以发用自然更加明了了。

春"之间接援引呈现了《春秋》经之"春王正月"之大义。本段落意指为："大一统"即王道，而王道之端在于天；天之品性乃正；王者法天而立正道。就此而言，王道即天道、正道。

其二，"臣谨案《春秋》谓一元之意，一者万物之所从始也，元者辞之所谓大也"。董仲舒非常注重"一""元"，"谓一为元者，视大始而欲正本也。《春秋》深探其本，而反自贵者始"。《春秋》张本正始，"故为人君者，正心以正朝廷，正朝廷以正百官，正百官以正万民，正万民以正四方"。依此进路，"四方正，远近莫敢不壹于正，而亡有邪气奸其间者"。具体言之，"是以阴阳调而风雨时，群生和而万民殖，五谷孰而草木茂，天地之间被润泽而大丰美，四海之内闻盛德而皆徕臣，诸福之物，可致之祥，莫不毕至，而王道终矣"。[1]

董仲舒基于公羊学视角，引《春秋》释解"一元"：一即"万物之所从始"，故"一"则从序数转化为"始生"之意。正如《说文解字》释"一"为："惟初太始，道立于一，造分天地，化成万物。"清段玉裁《说文解字注》据引《汉书》曰："元元本本，数始于一。"[2]将"元"之"本"意依"数始"而推至于"一"。故一即元。董仲舒又言"元"乃"大"之意，"元"何以谓"大"？颜师古注："《易》称'元者善之长也'。"[3]"元"为首善，故引申为大。首善何来？一则天地本大。《道德经》："吾不知其名，字之曰道，强为之名曰大。故道大，天大，地大，人亦大。域中有四大，而人居其一焉。"二则"天地之大德曰生"（《易·系辞下》），作为首善，天之"生生之德"即为大。又《说文·生部》："生，

---

〔1〕（汉）班固撰，（唐）颜师古注：《汉书》卷五十六《董仲舒传》，中华书局，1962年，第2502—2503页。

〔2〕（汉）许慎撰，（清）段玉裁注：《说文解字注》，浙江古籍出版社，1998年，第1页。

〔3〕（汉）班固撰，（唐）颜师古注：《汉书》卷五十六《董仲舒传》，中华书局，1962年，第2503页。

进也。象草木生出土上。"义为草木从土里长出来。[1]如是生生之元即具有"始"意。为此，是一是元，是元是一，"一""始"以及"元"就具有了相通之意。

之所以"谓一为元"，其志意在于通过"大始"而达到"正本"之目的。何以正本？"《春秋》深探其本，而反自贵者始。"意欲正本，须"深探"本正之源，这要求"反自贵者始"，此即董仲舒"贵元重始"说[2]。需强调的是，"贵元重始"并非董仲舒主观上对"元"外在强加赋予其以"大""始""本"乃至"正"之义，而是"元"之"大""始""本"以及"正"具有客观的、深邃的自然性基础。这意味着，元首先属于自然范畴，在此基础上进而引申转用到政治哲学领域。故自然哲学为其基本底色。否则，在"贵元重始"框架中，"元"作为王道大义之源，如果其自体非正、非仁、非义，就只是一个"始"[3]——王道之始，那么，作为政治学范畴，元自体不义，何以正己？自身不正，何以正人？自性不仁，何以爱人？毕竟政治者，正己而后正人者也。

---

[1] 参见何金松：《汉字文化解读》，湖北人民出版社，2004年，第115页。

[2] 黄开国认为，董仲舒通过对《春秋》"元年春王正月公即位"的解释，提出了贵元重始说。其中，最重要的概念是"元"。董仲舒以始训元无疑有开始、起始、开端的时间含义，但始并不只是一个纯粹的时间概念，而是有确定性内涵，即王道之始。这是董仲舒以"始"训元之最根本内涵。然由于董仲舒特看重元年对王道的初始意义，故对元作出了极尽夸大的论说。参见黄开国：《历代公羊学异议》，《贵阳学院学报（社会科学版）》2015年第3期。

[3] 就元之"始"义而言，即时间维度。在公羊学境域中，基于此而形成了"时间政治"。何休《解诂》释"大一统"曰："统者，始也，总系之辞。"一句话将时间、礼制、王政以及天地万物等涵摄其中，纳存在论与本体论于同源，视政治学与哲学为一体，从而"释放出无比开阔的解释空间"。参见余治平：《"五始"的时间政治建构与道义价值诠释——以公羊学"元年春，王正月"为中心》，《同济大学学报（社会科学版）》2021年第4期。由是可见，余治平教授所言自是蕴含了"元"的自然哲学之本义，虽含而未发，但呼之欲出。

"政莫大于正始"[1]，董仲舒开"正五始"之先河[2]，"以元之深正天之端，以天之端正王之政，以王之政正诸侯之即位，以诸侯之即位正竟内之治，五者俱正而化大行"。(《二端》) 这与"为人君者，正心以正朝廷"[3]等，可谓异曲而同工。《春秋》将"元年春王正月"作为"书法"之例，就在于"正五始"。"五始"正，则王者德道正而功业成。《春秋》经"始元终麟"即为此意。

进而言之，"元"包括先天之元与后天之元，即天元与君元两个层面。"贵元重始"既贵先天之元，也重人道之始（君王）[4]。在"五始"中，"天地之始"与"人道之始"至为重要。其中，君王作为后天之元即人道设教的枢机与关键，可谓"牵一发而动全身"。相较而言，后天之元即君王为显性情态，而先天之元则处于隐性的基础性位势。

其三，"大一统"乃天地古今之通义，不可不察。面对思想文化领域异论殊方，法制数变，亟需"推明孔氏，抑黜百家"[5]而达致一统。这就将"大一统"从理念层面推至于现实之中。即如是言："《春秋》大一统者，天地之常经，古今之通谊也。"此即"大一统"之据。具体到当时社

---

[1] （汉）何休解诂，（唐）徐彦疏：《春秋公羊传注疏》（上），刁小龙整理，上海古籍出版社，2014年，第13页。

[2] 参见陈徽：《公羊"大一统"思想及其开展》，《安徽大学学报（哲学社会科学版）》2017年第6期。

[3] （汉）班固撰，（唐）颜师古注：《汉书》卷五十六《董仲舒传》，中华书局，1962年，第2502—2503页。

[4] 儒学特别强调人之贵，如"天地之性人为贵"（《孝经》）。董仲舒也沿袭了这一思想。《荀子·王制》："人有气、有生、有知，亦且有义，故最为天下贵也。"一定意义上，人之所以为贵，在于义，即"序四时，裁万物，兼利天下"。

[5] 人们多将"罢黜百家，独尊儒术"，特别是近百年来我国学术以及思想文化的不发达，与董仲舒联系在一起。实际上，董仲舒在对策中所言"诸不在六艺之科孔子之术者，皆绝其道，勿使并进"，旨在以德治移易刑治，为政治确立大经大法；而所谓"皆绝其道，勿使并进"，则指不为六艺之外的学说立博士。故董仲舒所言皆为针对性论说，并非全方位地彻底禁止诸子百家之流行。参见徐复观《两汉思想史》（二），九州出版社，2014年，第398—399页。

会思潮领域，"今师异道，人异论，百家殊方，指意不同，是以上亡以持一统；法制数变，下不知所守"，从而产生不良影响，董子遂建议"诸不在六艺之科孔子之术者，皆绝其道，勿使并进"。唯此，"邪辟之说灭息，然后统纪可一而法度可明，民知所从矣"。颜师古注："一统者，万物之统皆归于一也。"[1]国家上下以一为统而天下正。

综上三点，董仲舒于对策之中，一则表达了"大一统"超越于天下国家之具象形态，而为古今永恒之谱式，从而为汉武帝述绘了理当趋向的美好盛景；二则"大一统"实质乃王道，而王道之关键为君王心性与行持；三则君王之端本在天之正，王者法天而正立，由是，"王正则元气和顺、风雨时、景星见、黄龙下"（《王道》），即成王道。此三点中，前二者当属定论，第三点表征着作为"大一统"实质的王道之原及其化运逻辑。撇开天道对于王者之规制，仅从王者之正行风化作用而言，"其身正不令而行"（《论语·子路》），从而"天下归之"（《孟子·离娄上》），本是王道教化自然而然的必然取向[2]，此毋庸置疑。关键在于，天端之正何以化为王者之正？或者说，天端之正与王者之正何以形成关联？进而言之，

---

〔1〕（汉）班固撰，（唐）颜师古注：《汉书》卷五十六《董仲舒传》，中华书局，1962年，第2523页。

〔2〕董仲舒认为，"名则圣人所发天意"，故"名之为言真也"。而名各有"分"：其中，王者，"宜视天为父，事天以孝道"为其"分"；诸侯，以"谨视所候奉之天子"为其"分"；大夫，以"厚其忠信，敦其礼义，使善大于匹夫之义，足以化也"为其"分"。另"士者，事也，民者，瞑也"，士人"不及化，可使守事从上而已"。在"王者－诸侯－大夫－士－民"结构谱式中，王乃基础性因素。具体言之，王者，"皇也""方也""匡也""往也"，王意"普大而皇"，道则"正直而方"，进而德"匡铉周遍"，则"美黄"而"四方往"，故能"全于王"。成就"王者无外"（《公羊传·隐公元年》）之大一统境域。其中关键在于，作为"原"之君王，唯有比于元，方就其本分而所为立，得"中适之宜"，进而"道平""德温""众亲安"，于"离散而群"之中而"全于君"。（《深察名号》）王者君子在"黄中通理，正位居体，美在其中，而畅于四支，发于事业"中臻于"美之至"的王道事功。（《易经·坤·文言》）

"大一统"作为公羊学第一义，王者之"绝地天通"[1]是否存在着先天性根据？厘清如是问题，既是对"大一统"基源点之把握，也有助于理解"大一统"何以成为"天地之常经，古今之通谊"。

二、"元本"境域"大一统"意涵

《春秋》开篇即书"元年，春，王，正月"，《公羊传》曰："元年者何？君之始年也。春者何？岁之始也。""曷为先言王而后言正月？王正月也。何言乎王正月？大一统也。公何以不言即位？成公意也。"[2]"大一统"首见于《公羊传》，或言之，将"王正月"与"大一统"联系在一起，乃《公羊传》之独创。[3]而《公羊传》对《春秋经》开篇之解释，何休《文谥例》称之为"五始"。五始者，"元年、春、王、正月、公即位"[4]。《左传·隐公元年》孔颖达《疏》："说《公羊》者云：'元者气之始，春者四时之始，王者受命之始，正月者政教之始，公即位者一国之始。'"[5]而徐彦《疏》曰："元是天地之始，春是四时之始，王、正月、公即位者，人

---

[1] 之所以如此断言，在于董仲舒曾云："古之造文者，三画而连其中，谓之王。三画者，天地与人也，而连其中者，通其道也。取天地与人之中以为贯而参通之，非王者孰能当是？"（《王道通三》）王者贯而通三，故为"绝地天通"。

[2] （汉）何休解诂，（唐）徐彦疏：《春秋公羊传注疏》，刁小龙整理，上海古籍出版社，2014年，第6—13页。

[3] 汪高鑫：《董仲舒与汉代历史思想研究》，商务印书馆，2012年，第231页。

[4] （汉）何休解诂，（唐）徐彦疏：《春秋公羊传注疏》，刁小龙整理，上海古籍出版社，2014年，第8页。"五始"呈现着鲜明的时间之维。由是可见，"大一统"即典型的时间政治观。参见余治平：《"五始"的时间政治建构与道义价值诠释——以公羊学"元年春，王正月"为中心》，《同济大学学报（社会科学版）》2021年第4期。

[5] 《十三经注疏》整理委员会整理：《十三经注疏·春秋左传正义》，北京大学出版社，1999年，第39页。《礼记·礼运》中孔颖达疏与之略有差别："《春秋》书'元年，春，王，正月，公即位'，为五始。元者，气之始，则天地也。春者，四时之始，则四时也。王者，政教之始，则礼义也。正月者，十二月之始，则月以为量也。公即位者，即一国之始，亦礼义也。"参见《十三经注疏》整理委员会整理：《十三经注疏·礼记正义》，北京大学出版社，1999年，第700页。

事之始。欲见尊重天道，略于人事故也。"〔1〕表达虽有不同，但究其旨意，实质则并无二致。

尤须注重的是，元作为开篇首字，其义不可小视。何休对"元年者何？君之始年也"，《解诂》曰："变一为元，元者，气也。无形以起，有形以分，造起天地。天地之始也。"进而言之，"明王者当继天奉元，养成万物"。〔2〕徐彦援引《春秋说》云："元者，端也。气泉。"并注之曰："元为气之始，如水之有泉。泉，流之原"，"无形以起，有形以分。窥之不见，听之不闻"。〔3〕综观何休与徐彦之说，元从时间之维转为天地之始、原，其中根据在于：从文字学角度言，元从人、二会意，二为古"上"字，表示人体最上部位，本义是人头。《尔雅·释诂下》："元，首也。"又人降生时，头最先出，故引申为"始"。《说文·一部》："元，始也。"所训为引申义。〔4〕结合宇宙演化过程，其义尤为明显。某种意义上，无所谓时空，存在的只是演化、运行。或言之，时空只不过宇宙演化、运行的表现形式而已。在这一点上，元之始义或可看作宇宙演化过程中发于原始基点之起始，即时下所言宇宙大爆炸。而宇宙大爆炸肯定亦从属于更宏阔的相应系统演化过程中的某一环节。如是而论，宇宙之始亦为运化。故在宇宙框架内，元之始时间义与运化义息息相关，一体两面，统一于元宇宙演化过程之中。故其时间维度即运化维度之引申。为此，元之始（时间维度）、生（运化功能维度）以及原（本原维度）具有内在统一性。职是之故，公羊境域中，对"元"内涵之阐发绝非纯粹的主观臆测，实则折射着深邃的天

〔1〕 （汉）何休解诂，（唐）徐彦疏：《春秋公羊传注疏》，刁小龙整理，上海古籍出版社，2014年，第8页。

〔2〕 （汉）何休解诂，（唐）徐彦疏：《春秋公羊传注疏》，刁小龙整理，上海古籍出版社，2014年，第7页。

〔3〕 （汉）何休解诂，（唐）徐彦疏：《春秋公羊传注疏》，刁小龙整理，上海古籍出版社，2014年，第7—8页。

〔4〕 参见何金松：《汉字文化解读》，湖北人民出版社，2004年，第293页。

地自然之理。

由是，元之原、生、始等多重含义均为天元在不同侧面的相应展现。其意义之丰富、内蕴之深邃同时注定了元于《公羊传》及其"大一统"中非同寻常之位势。于此，在董仲舒相关思想中可见一斑。

《重政》篇有言："惟圣人能属万物于一而系之元也，终不及本所从来而承之，不能遂其功。"纳万物而归于元，非圣人不能为。由此可见元之深奥。乃至为万物"本所从来"之大体，故唯有系元之本，才能"遂其功"。"是以《春秋》变一谓之元，元犹原也，其义以随天地终始也。"《春秋》变一为元，意在视元为"原"。故"元者为万物之本。而人之元在焉。安在乎？乃在乎天地之前"。人、天地以及万物皆本于元。是故"人虽生天气及奉天气者，不得与天元本、天元命而共违其所为也"。由于人源于天，人之行持须与天元而复命。否则，即逆天悖元。"故春正月者，承天地之所为也。继天之所为而终之也。其道相与共功持业。"鉴于天人一体图式，王者当承天而为，此谓与天"共功持业"。

其中，围绕着"元"主要表达了以下要义：一是作为万物之所系，元为万物之本、原，具于天地万物之中，且与天地万物终始相随。结合以上论述，可以断言，元即内在于万物且与之共始终的天之生生不息运化之机。故元非有形具象之在，而为无形化生之机。二是人天共元。《为人者天》书曰："为生不能为人，为人者天也。人之为人本于天。"这是说，人之所以为人，在终极意义上，乃天之大化所致，而大化之天即元。故人之元即天之元。再者，"人之元在焉。安在乎？乃在乎天地之前"。特别是，"天地之元奚为于此，恶施于人？"更是以反诘方式表达了元于人之先天内在性，或人对于先天之元的自然分有。二句皆反映了人天共元之义。所谓"人身小宇宙，宇宙大人身"即为此意。三是人之后天须"与天元本"，即奉天归元，趋向先天而契合"元"，才能"继天之所为"以成其道，如是人道、天道相应为一，从而达致"天不言，使人发其意；弗为，使人行其中"（《深察名号》）之天人际与态，以为"共功持业"。否则，人不得

"与天元命"，则人或远道或背道，势必导致与天"共违其所为"。是故《春秋》大其元，目的在于使君王虽身处后天而体证并成就先天，即于"以元之深正天之端，以天之端正王之政，以王之政正诸侯之即位，以诸侯之即位正竟内之治"的逻辑中，达致"五者俱正而化大行"（《二端》）的盛世图景。同理，董仲舒在《俞序》开篇即强调，孔子作《春秋》，旨在"上探正天端王公之位，万民之所欲，下明得失，起贤才，以待后圣"。由是可见，董仲舒对于孔子面对礼崩乐坏局面可谓感同身受，虽然如是，但依旧在坚信天端之元在政治秩序建构中的先在性、决定性作用的同时，尤为相信天心之仁对圣人贤才的感召与圣贤之应答，并于之充满期待。而当下之要为"引史记，理往事，正是非"，以待"见王公"之志意（《俞序》）。此亦天端元正之映现。

在董仲舒哲学思想中，"天人一也"（《阴阳义》）。即人即天，人天共元。《春秋》贵元重始，就在于元之"本正"（《王道》）。元的内在品性即正。俯仰环视天地之间，万象物事，无一不正焉，正是天元之机的外在体现。在此意义上，董子云："天地之行美也。"（《天地之行》）又《循天之道》言曰："一岁四起业，而必于中。中之所为，而必就于和，故曰和其要也。和者，天之正也，阴阳之平也，其气最良，物之所生也。"四时流变，必于中和。"诚择其和者，以为大得天地之奉也。"和作为天地运化之应现，自有其内在动力，在由不和而和、不中而中的过程中，在根本意义上，皆源于天元之正。故"中者天之用也，和者天之功也"等（《循天之道》），均为天元之机本正的外在发用而已。无人之功，皆天之成。

虽然"天地之气"，在相对意义上分为"阴阳""四时"乃至"五行"，但实则为一。（《五行相生》）其中，无论"气"还是"阴阳"，抑或"四时"以及"五行"，皆为天地之元在某个维度的自然展现。故"元"并非不可捉摸、与天地无关的他在，而是与天浑然一体的化生功能性机制。天之功能即元，元之所依即天。

故元生机制于人、物在自然而然的运化之中潜在预置了元之仁、正品性，这构成了王道政治的先天根据。董仲舒之所以强调"天性君子"[1]，原因亦在于此。《王道》篇有言："王者，人之始也。王正则元气和顺、风雨时、景星见、黄龙下。"这意味着，在"大一统"之域，人心、王者之心即天心，由此型构起了由"五始"之正而通向大化流行的王道政治秩序。其中，王道"大一统"呈现着鲜明的"自性原型"[2]性质。所谓"一日克己复礼，天下归仁焉"（《论语·颜渊》）即为此意[3]。从发生学角度看，王道政治实质上即以内在品性——仁——为前提，在天人一体之仁的生生机制中于宏大的天地之域进行着由内及外、由近及远的自组织过程。从"王"到"竟内"乃至"王者无外"，既可视为相对独立的三个自组织系统层级，也可看作由"王"而始至于"竟内"，进而最终抵达"王者无外"一体式自组织整体。无论如何，其中一个基本事实是，或微观之体，或宏观之域，均为自治式、自组织结构系统，并且因其内在性、仁本性、自足性以及自组织性（皆为元之发用）而呈现着强烈的"人格"样态。从纵向层面的"天人一"到横向意义的"天下一"，丰富多彩的具象世界无不映现着先天之生机勃发的"元"心大体。从天道层次反观人类历史演化过程，无论族类还是国家之间，抑或生命个体乃至社会整体之内，以及山川自然及其空间延展之中，均以某种自然必然性在域内、域外以及域内外之间发生着物质、能量与信息的交换，以实现相应单元或层级系统

---

[1] 即"明于天性，知自贵于物；知自贵于物，然后知仁谊；知仁谊，然后重礼节；重礼节，然后安处善；安处善，然后乐循理；乐循理，然后谓之君子"。此正道出了洞明天性之君子的完善状态。参见（汉）班固撰，（唐）颜师古注：《汉书》卷五十六《董仲舒传》，中华书局，1962 年，第 2516 页。

[2] 参见罗建平：《"统"的大一统原型及其当下意义》，《社会科学》2009 年第 3 期。

[3] 《孝经·圣治章》亦有言：君子之为君子，"言思可道，行思可乐，德义可尊，作事可法，容止可观，进退可度，以临其民。是以其民畏而爱之，则而象之。故能成其德教，而行其政令"。这就是在"政教合一，官师一体"传统社会，仁人君子法则天地而率先垂范的榜样效应。

乃至整体系统的信息传递而达至一体联动式的平衡态，即趋向一统。其间或血雨腥风，壮怀悲烈[1]；或风平浪静，惠风和畅，各种情状不一而足，然贯通其中者乃元体自性之外在发用。故以天元之体的宏大视域观之，人、天作为"自性原型"系统，以永恒的自组织方式由微至大、由隐渐显、由近及远，以某种叠加效应发生着递进式信息传递，在或明或暗的演化之中呈现着细致入微而又广博宏大的天元生机[2]。或言之，无论宏观领域还是微观细节，万事物相在天元生机"同声相应，同气相求"之同频共振中自然发生着趋同归宗之效应，故宇宙之中物相虽千万，而皆归于一。这同时意味着，伴随着天元自性同频效应的整合力在深度上增强，在广度上拓展，人际、族类以及天地之间融合、通贯性将日益增进，从而最终在"天人一"之体量规模方面渐次扩大。就理论层面而言，其直接体现即大一统之情态。

董仲舒对《公羊传》大一统之阐释，"最具特色之处"即体现在对"元"的形上发挥方面，在此意义上，董仲舒哲学思想即"'元'本体论"。故"元"成为董仲舒大一统论的形上根源。[3]由是，"一统"或

---

[1]　对于各种灾异，董仲舒如是说，灾为"天之谴"，异乃"天之威"。凡灾异之本，皆源于国家之失。一般而言，假如国家之失刚刚开始萌芽，那么天出灾害以谴告之；如果谴告之而不知悔改，则现怪异使人君惊惧，如果依然不知畏恐，则殃咎乃至。"以此见天意之仁而不欲陷人也。"（《必仁且知》）如是观之，天元仁心之表现绝非孤立、单一的温情、抚育、赞美以及呵护等。究其实，无论人世间的爱恨情仇，还是自然存在之变幻莫测，均为天元仁心的多样性、丰富性之外在体现。故不论天人之现象界如何，其事相皆天元体之中、正之发用，在此意义上，不应以主观蠡测而忽视乃至拒斥天元仁心投射于外在层面的多重向度矛盾体。毕竟并非矛盾体消弭了天元仁心，事实上，正是矛盾体以全面客观的势态展演着天元本然之仁。

[2]　此即《天容》篇所言："天之道，有序而时，有度而节，变而有常，反而有相奉，微而至远，踔而致精。"序时、度节、变常等皆于"微而至远，踔而致精"情势中演进，这均为天之道——元之发用的自然展现。元之运化特点为"微"（微妙）、"远"（深远）、"踔"（高超）以及"精"（精微）。可谓之神。

[3]　汪高鑫：《董仲舒与汉代历史思想研究》，商务印书馆，2012年，第230—231页。

"一元"本是天地律则，万象由天元所成且统于元，虽散为万物而实统于一元。故"大一统"即"大元统"，也就是以天元之仁正、生生的自组织品性为宇宙运行最高法则与道德律令，其同时构成了君王"法天奉本"之根本依据。进而言之，之所以"天不变，道亦不变"，就在于天元之恒定品性。此亦"大一统"为"天地之常经，古今之通谊"的终极动因。可见，作为匡正人类社会的政治秩序，唯有以元为统——法天则地，方得以建构良性和谐的整体格局，此即"大一统"。

三、董仲舒"大一统"的文化深蕴

董仲舒"大一统"思想是在承继先贤相关理念的基础上发展形成的为政纲要。如果仅仅将其与汉代联系在一起，或确切而言，将董仲舒"大一统"只是视作对汉武帝"大一统"实践的具体设计，从而在逻辑上构成了为汉家王朝之统治提供理论支持的工具，[1]则未免失之中肯。

与此等观点相关联，多有历史学家认为"大一统"说是顺应战国以来统一趋势而产生的理论。实际上，就经学层面而言，公羊家主张"大一统"当为孔子所定一王大法之要义。故儒家"大一统"思想并非只是顺应历史发展潮流的产物，某种意义上，毋宁说是基于对历史发展过程与演进趋势的深度洞视前提下，素王孔子的伟大"制作"。[2]如是而言，"大一统"非为一朝而立，儒者亦非为一姓而生。这意味着，孔子基于特定之历史境域，深感"见之空言，不如行事博深切明"，故"因其行事而加乎王心焉"（《俞序》），于是作《春秋》，其苦心孤诣指向了为万世立法的王道

---

〔1〕 参见李大龙：《汉武帝"大一统"思想的形成及实践》，《北方民族大学学报（哲学社会科学版）》2013 年第 1 期。

〔2〕 参见李长春：《〈春秋〉"大一统"与两汉时代精神》，《中山大学学报（社会科学版）》2011 年第 3 期。

政治[1]。故孔子"大一统"非为一时一地之设计——尽管形成于特定时代，然而一旦形成，其精神则通贯古今，源远流长。

董仲舒"大一统"思想承孔子之志，发"天元本"之机，在基源性层面论说了"大一统"的内在根据，从而使"大一统"超越于具体历史政治之建制，形成通贯时空的永恒之大法。或言之，反观中国历史，在朝代不断更迭中，尽管存在着不同族类执政的家国建制，但无一例外地均彰显着"大一统"的文化印记。

就理论而言，"大一统"作为抽象、孤寂的逻辑不可能展演具体、鲜活的历史实际，而具象、生动的社会却始终烘托、彰显着"大一统"的逻辑。当然，逻辑（规律、道之层次，近似表现为体）与现实（历史情状、相之层次，近似表现为点）的脚步不一定同步而行、亦步亦趋、相映成趣——二者之间时常伴随着某种时空张力。或许，此即某种程度上的"时空错位"之情实。

这丝毫无碍于"大一统"超越现实历史而升华积淀成为一种文化制式。其基本要义在于重视家国、民族内在一体融合前提下的团结与统一，以此为标准观照中国各个历史阶段政府政治体制的具体样态与调试，而呈现出"国家与政府双重构造"之镜像。其中，先秦之大一统自始即端正其立国本源位势，家国、民族与文化之内在国民族类的融合凝结体成为大一统的内在旨意，而相应礼治仪范、制度规章则为其政府构成要素。自秦汉以降，家国、社会之大一统表现情状，则是先秦大一统规制及其内在精神在不同历史阶段因时损益调整中而呈现出来的具体形态。在此意义上，现代中国政治制度当为大一统传统脉络的现实展演。故从中国社会发展演进整个过程来看，与不同历史朝代相一致而建构的相应立国宪制，均在不同

---

[1] 《论语·为政》篇子张请教孔子十世之后的社会礼制规范是否可以预知，子曰："殷因于夏礼，所损益，可知也；周因于殷礼，所损益，可知也。其或继周者，虽百世，可知也。"虽然所论为礼制问题，但礼制的背后乃更深层次的政治文化系统。就此而言，礼制的承继实则政治文化之传承。

方面、于某种程度上显映着"大一统"的影像。[1]

西方的国族与政府皆经历了相应转变,而中国虽历经不同朝代,然其内在精神则基于根本之体而未变。[2]秦汉始,统一的形式由封建式转变为郡县式[3],无论性质还是功能方面,"大一统"样态更为优化与提升。如果说秦始皇代表着中国历史上第一个"郡县制"统一政府之开端,汉高祖则代表着中国历史上第一个"平民为天子"统一政府之始点,而汉武帝乃为中国历史上第一个"文治""士治"或"贤治"统一政府之肇始。钱穆先生称之为中国人开始建设"世界政府以后之三步大进程"。[4]其间只是于具体历史阶段相应而进行的政府自身建制的具体转换,绝不是国家大根大本之改变。是故中国自周代封建制大一统以降,伴随着基于不同朝代相应政府组织形式之更迭,其国族"一统"之统绪始终于存续发力中绵延未绝。[5]进而言之,未来世界如有世界意义之家国应运而生,概仿效中国传统郡县制,如是可谓中国文化史之"大进步""大光荣"[6]。

董仲舒之"大一统"思想即基于中国历史与现实之国族文化整体谱系

---

〔1〕 参见任锋:《大一统与政治秩序的基源性问题:钱穆历史思维的理论启示》,《人文杂志》2021年第8期。概而言之,"大一统"包括两个层面:理念抽象层面与现实具象层面。前者反映着"大一统"之本然,即王道政治应有的样子——此为中国历史存续与演进发展潜在的一贯逻辑;后者展现着"大一统"之实然,乃具体朝代立国宪制之建构方式与实现程度——兹即现实政治规制及其在社会存在领域的立体体现。

〔2〕 参见钱穆:《中国文化史导论》,九州出版社,2011年,第12—13页。

〔3〕 之所以"将大一统区分为封建式与郡县式",意在避免只关注秦汉以降之郡县大一统,而忽视乃至无视三代以周礼为特征的"封建式"大一统。这一区分既为秦汉以来郡县制大一统奠基了根本之源,亦为理解中国国族及其"历史文化精神"铸立之关键。参见任锋:《大一统与政治秩序的基源性问题:钱穆历史思维的理论启示》,《人文杂志》2021年第8期。

〔4〕 参见钱穆:《中国文化史导论》,九州出版社,2011年,第88页。

〔5〕 参见任锋:《大一统与政治秩序的基源性问题:钱穆历史思维的理论启示》,《人文杂志》2021年第8期。

〔6〕 参见钱穆:《中国文化史导论》,九州出版社,2011年,第105页。

当中：源于兹并作用于兹，成为其中强势内在驱动力[1]。

反观社会历史领域，与历史演进过程之升降相一致，钱穆先生厘定了其各自动因或表现，历史上升时期，其内在动因乃"生力""生原"，即其民族与国家历史所由推进之根本动力[2]，或称之为"全部潜在之本力"；历史低谷之际，其基本情状为囿于"病原"而现"病态"，此即历史演进过程中时而不免遭遇之顿挫与波折。纵观人类历史演进过程，其常态为曲线形之波浪，而非直线式之向前。故绝不能以一时之进退作为评价人我之标准，而应综而通览，以全面客观之方式理清乃至贞定"我民族国家数千年文化正统"以及"我全民族数千年文化本源"。[3]

细细品味钱穆先生言及的中国传统政治秩序之"生力""生原"论，实则指向了在超稳定性的"大一统"民族国家之政治传统秩序框架下，宏大的中国历史谱系于不同王朝更迭中而展现的具体而微的一体化演进图式[4]：其间，具体王朝体现为中国历史演化发展的形式与表象，而贯通于民族国家之"一统"精神熔铸为不可移易的内容与核心。"大一统"由是折射出其在中国历史变迁、前进过程中所具有的"基源性价值"[5]。就深层而言，"大一统"之基源即"统"。"统"指向"天之端"而归于

---

[1] 一定意义上，正是董仲舒等诸多思想家的登场，强力书写、塑造了有汉之文化形态，构筑了华夏又一思想高峰，其影响渐次融入中华民族文明之中，从而使汉文化成为中华民族传统的主流。

[2] 此处"生力""根本动力"并非马克思主义理论之历史唯物主义中的"生产力"范畴，而是特指中国传统政治秩序之"大一统"民族国家形态。

[3] 参见钱穆：《国史大纲》之"引论"，商务印书馆，2010年，第25—26、30页。

[4] 中国民族国家之"大一统"传统政治秩序乃共时性与历时性双重维度的辩证统一。共时性即空间范畴，彰显着某个朝代的大一统意象；历时性即时间向度，表征着传统中国作为民族国家之于大一统政治秩序的绵延存续。

[5] 参见任锋：《大一统与政治秩序的基源性问题：钱穆历史思维的理论启示》，《人文杂志》2021年第8期。任锋先生通过探究钱穆相关论说，将中华民族之大一统视为作用与影响中国历史存在与发展的根本动因，故将之定位于基源性层次。而笔者受其启示，亦以"基源性"为题，思考"大一统"之内在性、本源性根据。

元。于现实社会展现为众多组织乃至万端，而其中心皆统于一元。值得重视的是，中华民族国家之统自"人生性命之统"，国人谓之"道统"[1]。其中，"国统""人统"以及"道统"在"一统"之大框架中相互钩联、统合而为一，从而凸显出"元始"之要义。

如是而论，传统中华民族国家无论在起源还是发展过程中于不同时空境域，相应地产生、出现了多个中心模式，在特定时空，不同族类乃至由此而形成的各自中心模式之间，尽管存在着对立与矛盾，然而对立与矛盾并未瓦解乃至消除不同中心模式之间相互关系。事实上，经由对立而达成了统一，借助矛盾形成了一致。正所谓"不打不成交"而已。故一系列对峙、僵持乃至碰撞中始终凸显着大一统的内在动力制式。[2]历史上"分久必合，合久必分"只不过以某种自然必然性昭彰了"一统"涵摄下多中心模式合奏的命运共同体交响曲，过程悲壮，而实质则彰显着"元"统之域生生不已之活力，并导向和合中正之大局。是故传统中国往往务于"情"以"专为中心之禽"[3]。

元之机在根本层面于人预设了"人同此心，心同此理"的"一统"制式，并在历史演进过程中积淀形成了趋向"一统"的文化心理。着眼现实：时间向度，中国历史如是；空间向度，中国历史亦如是。回溯元典：在春秋公羊学视域，所谓通三统即以夏商周三代与天地人三才作为"元"之具象呈现，于循环交替中同时书写着源于一统而归于共生的和合一体逻辑。

董仲舒"大一统"思想寓于其王道政治之中。

---

[1] 参见钱穆：《晚学盲言》，生活·读书·新知三联书店，2010年，第433页。此中，性命之统、道统，自然与董仲舒"天元"制式中的"大一统"具有了相通性。

[2] 参见任锋：《大一统与政治秩序的基源性问题：钱穆历史思维的理论启示》，《人文杂志》2021年第8期，第80—89页。

[3] 参见钱穆：《国史大纲》之"引论"，商务印书馆，2010年，第23页。

第三章　董仲舒国家治理思想之王道政治

董学是王道学[1]。其王道思想既有来处，又为后世所承传[2]。董仲舒王道思想以上循天道、下导吏民的结构图式型构了政教一体、道统政统合一、以德立教的圣人政治治理模式。相对于先哲王道思想，董仲舒王道观既与"三才"相勾连，从而确立了王道的德性蕴含，更在于将王道与"三纲"联系起来，并通过天道阴阳予以论证和阐释，从而形成了其"新王道"理论。此标注了董仲舒王道思想的鲜明特色：其一，王道之根本在于"天"；其二，王道具体落实于"三纲"。董仲舒王道在对天的坚守中，

---

[1] 谢遐龄：《董子大一统学说是王道学核心思想》，《德州学院学报》2019年第5期。

[2] 一定意义上，"王道"乃中国文化一以贯之的思想。在儒家出现之前，即存在王道理念。这不仅可以从孔子一再称道的古代圣王之表述中得到确证，孔子整理的《五经》中亦有体现，甚至其中出现了"王道"概念。如《尚书·洪范》："无偏无党，王道荡荡；无党无偏，王道平平；无反无侧，王道正直。"虽然记录孔子言语的《论语》中并无"王道"之词，但其中体现着浓厚的王道思想。在孔子，王道具有鲜明的德政色彩。之后，以七十二贤人为代表的孔子弟子及其再传弟子从不同面向对王道思想进行了深化与推进。在春秋公羊学中，"王正月"经过公羊家的演绎阐释，王道甚至被视为其核心。孟子、荀子明确讨论了"王道"。在孟子看来，王道即先王之道，应该且能够落实。而现实中之所以没有落实，原因在于"是不为也，非不能也"（《孟子·梁惠王上》）。荀子通过《王制》篇区分了王道、霸道以及强道，认为王道之推行基于圣人教化与礼义规范两个方面，由是，荀子针对落实王道进行了具体设计。《史记·太史公自序》载司马迁记董仲舒之言："《春秋》上明三王之道，下辨人事之纪，别嫌疑，明是非，定犹豫，善善恶恶，贤贤贱不肖，存亡国，继绝世，补弊起废，王道之大者也。"亦为对王道之接续。其后宋明儒学家二程、朱熹以及王阳明等也在不同层面承传了王道思想。近现代以来新儒家同样续写王道传统，对现实政治产生了一定影响。

同时以"三纲"为抓手对现实社会秩序形成导引与匡正，并通过一系列基本要求、规范助推王道政治之实践。

第一节　董仲舒王道内涵及其品质

董仲舒王道观承孔子"三才模式"而发，并进一步提出了"王道三纲"制式。这意味着董仲舒王道思想包含两个向度，其中由"三才"到"三纲"之转换，蕴含着王道由法天以为仁到本天以立仁（人）的思想递进。与之相一致，即"元"机展露与开显——这同时赋予了王道之内在品性（仁正大义）与外在品质（无为而治）。在"元"机之正的统摄中，纵向层面，董仲舒之天备具了本然性根基，从而其天哲学乃至"天人一"得以确立；横向维度，"元"之机以"微而至远"内生之势融通于人事物相之中，借此天地人以及物共"元"品性之正而成"天下一"。董子王道观从"三才"到"三纲"之嬗变，于天地人之"元"的确认中从终极意义上证成了王道本正的先天根据，并由此建构了"天人一"与"天下一"完美统一的"王天下"图式。[1]

一、董仲舒"三才模式"中的王道意蕴

多有学人认为，董仲舒政治哲学旨在论证汉代政权合法性乃至为其服务的工具[2]。实际上，统观其理论框架，这只是基础与前提，而其根本

---

〔1〕　本部分以《从"三才"到"三纲"：董仲舒王道观之嬗变》《董仲舒"新王道"析解——兼论董子之"元哲学"》为题分别刊发于《扬州教育学院学报》2024年第2期，《乐山师范学院学报》（网络首发：2024年5月23日）。

〔2〕　如董仲舒看到儒道两家冀希凭借王者人格修养提升与完善以规制天子之权力的有限性，甚至近乎无效，于是，只好将其纳入到天这个形上法式之中［参见徐复观：《两汉思想史》（二），九州出版社，2014年，第270页］，用虚构的天的力量约束皇权，以此作为向当权派进行合法斗争的一种工具（参见冯友兰：《中国哲学史新编》第三卷，人民出版社，1985年，第7页）。这在君权至上的时代条件下，具有某种必然性，思想家唯有"借助超验的神化力量才能实现对现实政治的干预。"（参见杨国荣：《善的历程——儒家价值体系研究》，华东师范大学出版社，2009年，第164页）

指向则在于王者主导的天下一格局。忽略乃至否认这一点，则自然无法理解由其建构并至今发挥着强大影响力的大一统制式。董仲舒以其智识服务于汉而不限于汉，以平天下之远见谱绘了"以王道观为核心的治道思想体系"，而其王道观即出于传统"三才模式"理论架构[1]。

"三才"一词最早出现于《易传·系辞下》："《易》之为书也，广大悉备。有天道焉，有人道焉，有地道焉，兼三才而两之，故六。六者非它也，三才之道也。"《易》之内容涵盖广博而完备，宇宙之间万事物相及其运行法则无不寓于其中。而就其基本范畴而言，即天、地、人以及三者得以存续及其演化的内生、本然性之道。之所以天、地以及人处于同一结构图式之中，就在于三者之间于本然意义上即发生着交互一体的贯通作用力，由是，与天、地以及人分别相应的天道、地道以及人道自然形成了弥合为一的信息场域。

继而《易传·说卦》有言："昔者圣人之作《易》也，将以顺性命之理。是以立天之道曰阴与阳，立地之道曰柔与刚，立人之道曰仁与义。兼三才而两之，故《易》六画而成卦；分阴分阳，迭用柔刚，故《易》六位而成章。"此中表明，圣人循天、地以及人之本性，分别展现了其各自之道，即阴阳、柔刚以及仁义。同时，将天、地以及人三才两两叠加而成六爻之卦。《易传·系辞下》："爻也者，效天下之动者也。"故《易》六位之章意谓阴阳与柔刚作为宇宙造化之力，持续创生着天地万物以及人，并以自然而然的过程将阴阳、柔刚赋予其中而成天地万物以及人之性命之理，而人所备具的先天仁义之理则构成了性命之理的"最高表现"[2]。

---

[1] 韩星：《王道通三——董仲舒的王道观与政治理想》，《江汉论坛》2014年第10期。

[2] 参见王新春、丁巧玲：《邵雍三才之道视域下的易学思想建构》，《周易研究》2021年第6期。

如果进一步追问"三才之道"终极之原,《易传·系辞上》则从"太极"范畴进行了铺陈展开,从而开显了中国文化视域基于"太极"这一原动力及其衍生的整个序列体系:"《易》有太极,是生两仪,两仪生四象,四象生八卦,八卦定吉凶,吉凶生大业。"如果说八卦代表了天地、阴阳(均为两仪化生)、四时(阴阳之气交感、消息而成)之境域中运化而形成的万事物相,那么其生成基源则为阴阳之气混沌未分状态下的太极[1]。太极乃易道文化中宇宙的化生本根,《易传·系辞下》:"天地之大德曰生","生"即太极之体的必然发用。

概而言之,整个宇宙即为生生不息的过程、态势或状态。《易》以对此过程、现象概括与总结的同时,一定程度上,也折射了隐匿于其中的终极本体动力。如《易传·系辞上》:"《易》与天地准,故能弥纶天地之道。仰以观于天文,俯以察于地理,是故知幽明之故。"《易》即是对天地宇宙的理论抽象,将整个天地涵摄其中。俯仰之间,无论天文还是地理,抑或或显或隐形之体具,都映现着宇宙运化的深层动因,即"范围天地之化而不过,曲成万物而不遗,通乎昼夜之道而知。故神无方而《易》无体"。"《易》无体"意谓宇宙运化终极之原以无形方式存在着,从而其运化、化生之玄微幽妙则表现为"神无方",因"《易》无体"无形而其发用之广博,可谓"范围天地之化而不过,曲成万物而不遗,通乎昼夜之道而知",且其发用之度为"不过",即中正。何以不谓之神?

董仲舒"三才模式"王道观即基于上述场域:"古之造文者,三画而连其中,谓之王。三画者,天地与人也,而连其中者,通其道也。取天地与人之中以为贯而参通之,非王者孰能当是?"(《王道通三》)康南海认

---

[1] 参见王新春、丁巧玲:《邵雍三才之道视域下的易学思想建构》,《周易研究》2021年第6期。

为："孔子重王，三画连中通天地人，殆亦孔子所创矣。"[1]如是而论，董仲舒相关思想当承继孔子。

王道"三才模式"基本要义在于，一则天地之性人为贵，故人（或王）与天地并立。而人之所以能够与天地并立为三，乃在于其二，即人（或王）以贯通天地之道的方式与天地互参——自天道而人道，由人道达天道，在周流不息的交通互动之中，天人径入一之境域，从而人（或王）道即天道、中道、正道。苏舆引凌曙注："《说文通论》：'……王者，居中也，皇极之道也。'"[2]"居中"非位置之中，而为时位之中，为中正之道。在此意义上，人为天地立心，或曰"人者，天地之心"（《礼记·礼运》）。其三，天地人虽各自相有所异，然而三者并立自是涵摄着内在相契、相通乃至相同之处。否则，"天人一"根本就不具有可能性。进而言之，天地人相契、相通乃至相同之终极根据何在，"三才模式"并未触及。

然而，确定的是，"三才模式"境域中王道自是具足了与天地同感互通的德性品质。一定意义上，这体现着鲜明的应然性。如是而言，人类初始时期之王者呈现着鲜明的时空特征。联系人类演变史，王（王道）经历了由自然性向社会性、由生物性向人文性的转化过程[3]。这体现在"王"义之演变中。

何谓王？吴其昌认为，王之本义即斧。斧作为武器，其用在于征服天

[1] 康有为：《春秋董氏学》，楼宇烈整理，中华书局，1990年，第180页。
[2] （清）苏舆：《春秋繁露义证》，钟哲点校，中华书局，2015年，第320页。
[3] 梳理王者及其道的变迁史，在了解其本义（阴性主导）的基础上，更有助于以历时性的方式隐喻、说明即使完善意义上的王道亦兼具阴阳（只不过阳德为主，而阴刑为辅，故合天道），这体现着阴阳为一的共时性状态。进而言之，王者阴阳之道体现着历时性与共时性的统一，这意味着，在不同的历史时段，阴阳表现为不同的关系样态。同时，王道变迁史亦可映衬下文"元"机之潜在发用。

下。由此而引申开来，凡征服天下者称为王。斧形即王字。[1]在此意义上，王就是武力的代称，非以德服人、以理服人，而是靠拳头说事，枪杆子里面出政权，此王乃霸王，是道即霸道。联系人类早期智识未开，依然处于与天地自然混沌为一状态，其中遵循的只能是强者为上的丛林法则。这从伏羲氏画卦可见一斑[2]。

《易传·系辞下》："古者包牺氏之王天下也，仰则观象于天，俯则观法于地，观鸟兽之文与地之宜，近取诸身，远取诸物，于是始作八卦，以通神明之德，以类万物之情。"伏羲氏盖在渔猎时代以最为直观、形象的方式谱绘了天、地以及人之一体图式，从而以最为简易的六爻八卦呈现了当时宇宙场域天地人之自然生态，是故"《易》者，象也。象也

---

[1] 参见吴其昌：《金文名像疏证·兵器篇》，《武汉大学文哲季刊》1936 年第 5 卷。转引自何金松：《汉字文化解读》，湖北人民出版社，2004 年，第 297 页。又《易传·序卦上》有言："有天地然后万物生焉。盈天地之间者唯万物，故受之以《屯》。《屯》者，盈也；物之始生也。物生必蒙，故受之以《蒙》。《蒙》者，蒙也。"天地初开，万物萌生，故蒙。蒙者，"蒙暗险恶之义"。参见陈鼓应、赵建伟注译：《周易今注今译》，商务印书馆，2016 年，第 69 页。故斗争为常态，其首领自然而然鲜有德性。进而言之，周代文、武、周公均被视为道德楷模，然而，有观点认为，西周时代没有贤人，周代政治也并非后人所想象的那样讲道德，虽然周朝文、武、康三王之名反映着道德观，但事实上，周始终崇尚武力征服。参见侯外庐、赵纪彬、杜国庠：《中国思想通史》第 1 卷，人民出版社，1957 年，第 24、37、99 页。

[2] 根据谢祥荣考证，伏羲氏生活在从原始社会以渔猎为主渐次向以畜牧与初期农业为主的历史阶段，时值刚刚从自发生存状态进入具有初步自为活动的原始人群，获得生活资料以维持自身生存是摆在面前的首要问题。是故他们从将自身与自然界混为一体的思维定式出发，力图运用自身意志影响自然，从而使自然遂其心愿，以获得维持生命所需的生活资料。从八卦图看，此即直接影响先民当时生产生活乃至生存的八种物相——天、地、雷、风、水、火、山、泽，同时，先天八卦布局所体现的天地定位、山泽通气、雷风相薄、水火相射状态，就是先民意图使这八种自然力量发生作用以利于生产、生活乃至生存的根本愿望的直观体现。而能够完成这等规划与设计之人，必然是非常杰出的氏族或部落首领，其特征为：超强的体力、技巧与勇敢，高超的智慧、品性与巫术，从而成为被崇拜的英雄，并在其后演变传说中型塑为具有"圣王"性质的典型。参见谢祥荣：《周易见龙》，巴蜀书社，2012 年，第 7、10、15 页。

者，像也"（《易传·系辞下》）。六爻之间密切关联，成为一体，映照着天地与人通而未分、大朴不雕的生命共同体状态。如是谱式，如是王者，殊无怪也！

王者本义与完善意义上王道精神之反差与距离由是而现。

就逻辑而言，问题的存在同时蕴含并指向着问题解决之转机：《易传·序卦上》所阐释的人类群体由自然蒙昧向礼制规范演进过程即为明证，而包羲氏作八卦"以通神明之德，以类万物之情"，亦开启了体察万物、洞明性理、趋向文明、感天通德之志意与径向。依此进路，天道不远，王道可现。具体来说，伴随着人类从蒙昧无序态向秩序格局演化过程，同时即王道渐次开显之途径。这体现在两个层面，一则是实然，二则为应然。前者即现实世界的具象呈现，后者乃理论王国的抽象之在；前者属于现实世界发生的具体事相，表现为点，展现着动态性与多样性，后者属于理论王国本具的规律主线，体现为价值中轴（在董子语境中称之为天道），表现为静态性与单一性（天不变，道亦不变）；集点成线，故前者说明并指向后者，后者涵摄、潜在影响着前者，并依赖于前者而得到彰显。故具象的实然必然指向抽象的应然。这意味着，就深层而言，实然与应然并不矛盾，或言之，无论从宏大空间还是持续时间看，实然之点必然统一于应然之线。"一时胜负决于力，千古胜负决于理"即为此义。

如此说来，王之本义即基于当时具象世界的现象映现（属于形式）——其以立体形象的画面定格，并成为不可磨灭的历史伤痕，进而通过字形记录下人类蒙昧时期刀光剑影的惨痛印迹。好在人非短视者，或者说，人作为族群、类存在必然以超越个体之有限而呈现出整体之无限（这需要时间过程）——体力如是，脑力如是，智识更如是！依此逻辑，人类终究超越一时一事之视域局限，在相应的历史时点借助于生命个体而以"思衡千载，目接万里"之势触及终极之理——天地之大道（此即内容）。正是在此意义上，孟子固守着"五百年必有王者兴，其间必有名世者"

（《孟子·公孙丑下》）的坚定信念。此中，无论"王者"还是"名世者"，即通贯天地大道之君子（下节据此展开探讨）。

在现实之域，王道由实然向应然的转换当然需要一个过程，其中既是通过复杂现实实践对王道之认识发生发展以及深化的过程，更是以智识为导引渐次指向应然之王道的过程——也许这是一个永恒过程。然而历史业已证明，王道正是由实然渐次趋向应然的过程。故如果说古代早期"王者"只不过是"氏族联盟的盟主"，因而呈现着鲜明的某种自然原态品格，那么，自周代始王者名号中就具有了道德意义的字。王者与德性即联系在一起。并且，周始德孝并称，德以对天，孝以对祖。[1]

"皇天无亲，惟德是辅。"（《尚书·周书·蔡仲之命》）在周人思想中，虽然天依然带有某种至上人格神色彩，但天命已经由天转到有德之人。这一则体现了周人王者德性观，二则亦以隐寓的方式表达着天的道德倾向性。

至孔子，其基本着眼点在人世生活，故尽管也提到"天"，但其思想几乎没有涉及宇宙观中天道的内容[2]。进而言之，作为孔子核心思想的"仁"，已经超出了贵族君子专属范围，一定程度上，以一般道德律泛化成为国民大众的普遍心理属性，[3]而尚未以明确方式与天产生关

---

[1] 在侯外庐等著的《中国思想通史》中，列举了周代世王之系，并详细分析了其道德意涵。而从殷商诸王名称看，尚没有"道德字义的意识生产"，进而言之，殷代并没有"德"字。参见侯外庐、赵纪彬、杜国庠：《中国思想通史》第1卷，人民出版社，1957年，第88—93、63、80页。在殷代亦无天的观念。参见韩水法：《上古汉语神灵系统》，《孔学堂》（中英双语）2023年第3期。

[2] 参见侯外庐、赵纪彬、杜国庠：《中国思想通史》第1卷，人民出版社，1957年，第161页。然根据丁四新考证，郭店简《成之闻之》无论是孔子还是其弟子亲承师意所作，均表达了孔子本人的思想。其中就出现了"天降大常"之表达，而"大常""天常"即天地之间确定不易之道。参见丁四新：《三纲说的来源、形成与异化》，《衡水学院学报》2021年第3期。此亦可备一说。

[3] 参见侯外庐、赵纪彬、杜国庠：《中国思想通史》第1卷，人民出版社，1957年，第156、157页。

联[1]。就孔子天德观看，鉴于《易传》为孔子所作，那么，孔子之思自然涵摄了天地具德、天人合德的思想[2]，而《论语·尧曰》"唯天为大，唯尧则之"也映现着孔子的天人合德之义。

董仲舒王道观承续天人合德思想，将天地人纳入一体之域："天地人，万物之本也。天生之，地养之，人成之。天生之以孝悌，地养之以衣食，人成之以礼乐，三者相为手足，合以成体，不可一无也。"（《立元神》）其中，人（即王者）与天地神情互通、相得益彰，如是境域，天地绝非当下自然之义，实则备具着某种情感乃至超越性品格；人或王者亦不是脱离天地的个体之在，而是与天地息息相关的一统整体——"德在天地，神明休集"（《正贯》）恰恰道出了王者之德与天地互应进而形成至臻完美为一的情状。

尤须强调的是，董仲舒明确了天德即"仁"。"仁之美者在于天。天，仁也。天覆育万物，既化而生之，有养而成之，事功无已，终而复始，凡举归之以奉人。察于天之意，无穷极之仁也。"而王者"受命于天也，取仁于天而仁也"（《王道通三》）。苏舆释之曰："取天之仁以为仁，故知善由于性生。"[3]王者源天而为性，其仁则自先天而成。故在董仲舒看来，王道政治的核心为"仁义"，主体为"礼义"[4]，此即与董仲舒关于天之阳主阴从具有了一致性。

王之仁义寓于王之名号中。《深察名号》篇："深察王号的大意，其中

---

[1] 如是而言，孔子思想中业已兼具了天仁理念，只是以隐而未彰的方式存在着。如《礼记·乡饮酒义》言曰："东方者春，春之为言蠢也，产万物者圣也。南方者夏，夏之为言假也，养之、长之、假之，仁也。"一定意义上，此盖与"仁"字出现较晚有关。据侯外庐等人观点，"仁"出现在春秋时代，至早在齐桓公建立霸业之后。参见侯外庐、赵纪彬、杜国庠：《中国思想通史》第 1 卷，人民出版社，1957 年，第 93 页。

[2] 如《易传·乾·文言》有言："夫大人者，与天地合其德，与日月合其明，与四时合其序，与鬼神合其吉凶。"

[3] （清）苏舆：《春秋繁露义证》，钟哲点校，中华书局，2015 年，第 321 页。

[4] 韩星：《董仲舒的批判精神与王道构建》，《衡水学院学报》2020 年第 5 期。

有五科：皇科、方科、匡科、黄科、往科。合此五科，以一言谓之王。王者皇也，王者方也，王者匡也，王者黄也，王者往也。"苏舆引《白虎通·号篇》解析："皇者何谓也？亦号也。皇，君也，美也，大也，天人之总，美大之称也。""号之为皇者，煌煌人莫违也，烦一夫，扰一士，以劳天下，不为皇也。不扰匹夫匹妇，故为皇。"[1]其中"天人之总，美大之称"正折射出王者之仁的源发伟力，由是而成王道之良直方正、应天化地、至德淳美，感召四方而归往。"是故王意不普大而皇，则道不能正直而方；道不能正直而方，则德不能匡运周遍；德不能匡运周遍，则美不能黄；美不能黄，则四方不能往；四方不能往，则不全于王。"苏舆引《白虎通》："黄者，中和之色，自然之性，万世不易。"又云："美者在上，黄帝始制法度，得道之中，万世不易。后世虽圣，莫能与同也。"《通典》注云："黄者，中和美色。黄承天德，最盛淳美。"《易传·坤·文言》："君子黄中通理，正位居体。美在其中而畅于四支，发于事业，美之至也。"苏舆认为"美在其中"之意"正谓黄中"。[2]王者因其仁而至普大而皇、正直而方，进而德运周遍、四方归往以成王道。"故曰：天覆无外，地载兼爱，风行令而一其威，雨布施而均其德。王术之谓也。"

相较于孔子之"三才模式"，董仲舒不仅明确了天之德性，而且将之锁定于"仁"，从而使王道之仁具有了天道根据，并由此确立了"天人一"之位势。

二、董仲舒"王道三纲"的基本内涵

以董仲舒之见，王道作为儒家追求的政治理想，乃国家治理的"最高目标"。为此，董仲舒将阐发"王道"的政治主张，特别是把推行"王

---

〔1〕 转引自（清）苏舆：《春秋繁露义证》，钟哲点校，中华书局，2015年，第282页。

〔2〕 参见（清）苏舆：《春秋繁露义证》，钟哲点校，中华书局，2015年，第282页。

道"政治实践视为矢志不渝的历史使命。[1]针对汉武帝策问，董仲舒首先表达了对于时局的基本判断："至周之末世，大为亡道，以失天下。"更为严重的是，秦继之而"又益甚之"，大有"欲尽灭先王之道"的颓势，是以导致速亡。然其流弊存而未绝，"今汉继秦之后，如朽木粪墙矣，虽欲善治之，亡可奈何。法出而奸生，令下而诈起，如以汤止沸，抱薪救火，愈甚亡益也"[2]。当时现实状态在离道背德之不可逆转地递降式演变中发生并日渐成为主流之势，《道德经》言曰"失道而后德，失德而后仁，失仁而后义，失义而后礼"，难怪万章当时即言"至于禹而德衰"（《孟子·万章上》）。可见不无道理！故面对时局，董仲舒根据《春秋》之文，以"观天人相与之际"，提出"王道"之大义。

与孔孟之"心""德"前提下的"王道政伦"[3]有别，董仲舒新王道观的鲜明特色在于将"王道"与"三纲"联系起来，即"王道三纲"[4]。这意味着，董仲舒新王道观既承继了心性内圣之要，更在以君王为统纲的意义上通过建构"三纲"结构谱式进而由此自然而形成某种"度制"以保证王道思想的落实，从而将王道理念由理想转为现实实践，为汉代政治秩序良性运行提供保障。

一方面，董仲舒执守着"政者，正也。子帅以正，孰敢不正"（《论语·颜渊》）的王道为政理念："为人君者，正心以正朝廷，正朝廷以正百官，正百官以正万民，正万民以正四方。四方正，远近莫敢不壹于正，而

---

〔1〕 季桂起：《董仲舒"王道"观的国家治理思想》，《衡水学院学报》2023 年第 3 期。

〔2〕 （汉）班固撰，（唐）颜师古注：《汉书》卷五十六《董仲舒传》，中华书局，1962 年，第 2504 页。

〔3〕 周迪：《再论"王道政伦"概念之诠分与阐释——基于孔孟古典儒学与董仲舒新儒学的视域》，《海南大学学报（人文社会科学版）》2019 年第 5 期。

〔4〕 "三纲"说并非董仲舒的发明，其对"三纲"说的贡献体现在相关论证方面，并且一定意义上，其论证以及观点与孔子相契合。参见丁四新：《三纲说的来源、形成与异化》，《衡水学院学报》2021 年第 3 期。同时，虽王道思想古来有之，然而，将"王道""三纲"联系起来并称当为董仲舒一大发明。

亡有邪气奸其间者。"[1] 此即倡导与重视君王在社会秩序建构中主体性范导作用。

然而，董仲舒深知当时的社会整体环境，周之末"大为亡道"，而秦继之"又益甚之"，乃至"弃捐礼谊而恶闻之，其心欲尽灭先王之道"。由是，导致的严重后果至汉依然存在："习俗薄恶，人民嚚顽，抵冒殊扞"，可谓到了无以复加的程度。缘何以至此？董仲舒把脉问诊，指出其症结在于"教化废而奸邪并出，刑罚不能胜者，其堤防坏也"[2]，教化荒废进而礼义度制之"堤防"失效，最终导致社会整体失范。

面对如是境况，董仲舒开出方子："南面而治天下，莫不以教化为大务。立太学以教于国，设庠序以化于邑，渐民以仁，摩民以谊，节民以礼，故其刑罚甚轻而禁不犯者，教化行而习俗美也。"[3]所谓"建国君民，教学为先"（《礼记·学记》）即为此义，而在当时"政教合一，师帅一体"的时代条件下，教化主体第一责任人非王者莫属。故董仲舒进而指出："夫仁谊礼知信五常之道，王者所当修饬也；五者修饬，故受天之祐，而享鬼神之灵，德施于方外，延及群生也。"[4]

故董仲舒王道观分外注重王者身体力行、率先垂范的教化效应。此中，通过"渐民以仁，摩民以谊"潜移默化的氛围，渐次型塑起"节民以

---

〔1〕（汉）班固撰，（唐）颜师古注：《汉书》卷五十六《董仲舒传》，中华书局，1962 年，第 2502—2503 页。

〔2〕（汉）班固撰，（唐）颜师古注：《汉书》卷五十六《董仲舒传》，中华书局，1962 年，第 2503 页。制度规范作为保障社会秩序之"堤防"，其作用至为重大。如《新书·瑰玮篇》云："世淫耻矣，饰知巧以相诈利为知士，取犯法禁、昧大奸者为识理。故邪人务而日起，奸诈繁而不可止。罪人积下众多，而无时已。君臣相冒，上下无辨，此生于无制度也。"转引自（清）苏舆：《春秋繁露义证》，钟哲点校，中华书局，2015 年，第 221 页。

〔3〕（汉）班固撰，（唐）颜师古注：《汉书》卷五十六《董仲舒传》，中华书局，1962 年，第 2503—2504 页。

〔4〕（汉）班固撰，（唐）颜师古注：《汉书》卷五十六《董仲舒传》，中华书局，1962 年，第 2505 页。

礼"的制度规范。

这自然构成了董仲舒王道观的另一方面，即通过建立"度制""礼节"以复归"贵贱有等，衣服有制，朝廷有位，乡党有序，则民有所让而不敢争"（《度制》）的良性社会整体格局。而基本的"度制"与"礼节"即"王道三纲"。

"三纲"首先出现在《深察名号》篇："循三纲五纪，通八端之理，忠信而博爱，敦厚而好礼，乃可谓善。此圣人之善也。"此中，虽然没有将"王道"与"三纲"联系起来，但在董仲舒思想语境中"圣人"与"王"之内涵具有相通性。故其中自然蕴含了"王道三纲"基本思想。苏舆引《白虎通·纲纪篇》：三纲谓"君臣、父子、夫妇也"，"何谓纲纪？纲者张也，纪者理也。大者为纲，小者为纪，所以张理上下，整齐人道也。人皆怀五常之性，有亲爱之心，是以纲纪为化，若罗网之有纪纲而万目张也"。[1] 其中值得强调的是，"循三纲五纪"——遵守度制纲常——亦为助成王道的重要条件。或言之，纲常即礼义教化之根据，通过纲常教化以制于外而养其性，从而建构起"三纲"与王道之间的会通性。

《基义》篇则明确呈现了"王道三纲"内在意涵："阴阳二物，终岁各壹出。壹其出，远近同度而不同意。阳之出也，常县（悬，笔者注）于前而任事；阴之出也，常县（悬）于后而守空处。此见天之亲阳而疏阴，任德而不任刑也。是故仁义制度之数，尽取之天。天为君而覆露之，地为臣而持载之；阳为夫而生之，阴为妇而助之；春为父而生之，夏为子而养之；秋为死而棺之，冬为痛而丧之。王道之三纲，可求于天。"其中包含三组两两相对的范畴："天地－君臣""阴阳－夫妇"以及"四时－父子"，尽管名相各异，但共同的是均为阴阳关系。阴阳在天的统摄下呈现着不同的样态："亲阳"而"疏阴"，由是注定了"王道三纲"之君、父、

---

〔1〕 参见（清）苏舆：《春秋繁露义证》，钟哲点校，中华书局，2015 年，第 296 页。

夫相对于臣、子、妇的先天至要性位势。

然而，这并非意味着作为阴之属的臣、子、妇在地位上身微位卑、可有可无，在功能上非为主导、忽略不计，甚至将"三纲"理解为强加于臣、子、妇的绝对枷锁而为后人所诟病[1]。事实上，就阴阳相互关系而言，在天之境域，阴阳本非不同的两个事物，而是同一个事物的两个面向——两个方面不可分离也无法分离，故二实乃为一。否则，何以理解"阴阳无所独行。其始也不得专起，其终也不得分功，有所兼之义"的内涵？而"阳兼于阴，阴兼于阳"（《基义》）更是明确了阴阳之间阴中有阳、阳中有阴，无阴不成阳、无阳不成阴的内在至理。由是也直接规制了阴阳之间的相对性，即在特定之境域，阴即阳，阳即阴。故臣、子、妇之于君、父、夫恰恰类似方位格局中五行之土之于其他四行，无土则金木水火之方位不能立。正如《五行之义》所云："土者，天之股肱也。其德茂美，不可名以一时之事，故五行而四时者。土兼之也。"苏舆引《白虎通·五行篇》："四时为时，五行为节。故木王即谓之春，金王即谓之秋，土尊不任职，君不居部，故时有四也。"[2]"金木水火虽各职，不因土，方不立，若酸咸辛苦之不因甘肥不能成味也。甘者五味之本也，土者五行之主也。"苏舆引《月令正义》："土虽处于夏末，而

---

[1] 首先需要说明的是，被人所诟病的"君为臣纲，父为子纲，夫为妻纲"（实际上，其流弊非本义。只是秦汉以降，被统治者所利用而扭曲所致）非董仲舒所言，而出于《礼纬·含文嘉》。故将其直接归于或溯源于董仲舒，不仅是对董仲舒"三纲"本义的曲解，甚至构成对董仲舒本人的妄加指责。如果非要董仲舒承担某种责任，只能说董仲舒治《公羊春秋》始推阴阳，根据天道裁定了不同职分之位次。而其精神源于孔子，援引天道阴阳意在确定秩序，以时下言之，亦制度规范维持系统格局而已。苏舆引凌曙注："《五行志》：'周道敝，孔子述《春秋》，则乾坤之阴阳，效《洪范》之咎征，天人之道粲然著矣。汉兴，承秦灭学之后，景武之世，董仲舒治《公羊春秋》始推阴阳，为儒者宗。'《乾凿度》：'阳得正于上，阴得正于下。尊卑之象，定礼之序也。'"参见（清）苏舆：《春秋繁露义证》，钟哲点校，中华书局，2015年，第315页。

[2] 参见（清）苏舆：《春秋繁露义证》，钟哲点校，中华书局，2015年，第314页。

实为四行之主"，又引《白虎通》："土味所以甘何？中央者，中和也，故甘，犹五味以甘为主也"[1]，"五行之主土气也，犹五味之有甘肥也，不得不成"，苏舆注："不得土则四行不成，不得甘则四味不和。"[2] "是故圣人之行，莫贵于忠，土德之谓也。"由是观之，土贵和发中，以成金木水火之职为事，其用不可小觑；同理，臣、子、妇以辅君、父、夫为职分，低估甚至无视臣、子、妇之能，必然难成君、父、夫之功。故臣、子、妇之于君、父、夫，虽然地位有尊卑，职责有主从，但就双方作为成就事功之不可或缺性而言，彼此相互对等——一方的存在乃另一方存在的条件。

正是在此意义上，《基义》如是云："凡物必有合。合，必有上，必有下，必有左，必有右，必有前，必有后，必有表，必有里。有美必有恶，有顺必有逆，有喜必有怒，有寒必有暑，有昼必有夜，此皆其合也。"此即从普遍性角度以论"合"，随之由"合"的一般性论及具体性："阴者阳之合，妻者夫之合，子者父之合，臣者君之合。物莫无合，而合各有阴阳。""合"之深意乃融合，进而由分立之合及兼容之合——"你中有我，我中有你"，俗语谓"男人的一半是女人"，故《基义》续而言："阳兼于阴，阴兼于阳，夫兼于妻，妻兼于夫，父兼于子，子兼于父，君兼于臣，臣兼于君。君臣、父子、夫妇之义，皆取诸阴阳之道。"这里则从普遍性法则层面厘清了君臣、父子以及夫妇之间于职分上分立而在事功上为一之理。所谓"同心同德""心往一处想，劲往一处使"而已。苏舆引《白虎通·纲纪篇》：君臣、父子、夫妇，何以称三纲？"一阴一阳谓之道，阳得阴而成，阴得阳而序，刚柔相配"，故为三纲。显然，"王道三纲"与之后流行的"君为臣纲、父为子纲、夫为妻纲"之绝对化、片面化、简单化理

---

[1] 参见（清）苏舆：《春秋繁露义证》，钟哲点校，中华书局，2015年，第315页。

[2] 参见（清）苏舆：《春秋繁露义证》，钟哲点校，中华书局，2015年，第315页。

解存在着鲜明之别[1]，即强调君臣、父子以及夫妇各自范畴之二者内在的相互性与一体性，纲是基于君臣为一、父子为一以及夫妇为一的前提下，进而由此引出君臣、父子以及夫妇皆为纲：夫妇乃社会之纲，父子乃家庭之纲，君臣乃国家之纲[2]。当然彼此之间存在地位或责任上的主从之异——此乃位分所意谓，绝非出于主观好恶之感性的流俗设定，其中实则映现着客观中正的天道流行之律法。

《中庸》有言："为政在人"，"其人存，则其政举"。是故"王道三纲"的意义在于，以对君臣、父子以及夫妇之位分的德性匡正与价值导引而将整个社会规约其中，进而建构良性社会格局。就方法论而言，此即抓大放小，通过抓住主要矛盾，从而以最为简约的方式、较为直接的模式予以安顿社会秩序。之所以说简约、直接，在于君臣、父子以及夫妇作为三个方面形式上即统一于家庭关系之中，如《易传·象传·家人》曰："家人，女正位乎内，男正位乎外。男女正，天地之大义也。家人有严君焉，父母之谓也。父父，子子，兄兄，弟弟，夫夫，妇妇，而家道正。正家而天下定矣。"此中，以显性方式表达了"夫妇""父子"，同时以隐性方式涉及了"君臣"[3]。由是，形式上"三纲"之分立实则统一于至为微细

---

[1] 与此相关内容，丁四新教授则从郭店简《六德》篇的"六位""三大法"进行分析，并得出与笔者观点相通的结论，即认为夫妇、父子、君臣三大法的关键在于其相对、相关和相合之义。确切而言，在其意义域中，"夫"不能离绝"妇"，"妇"亦不能离绝"夫"；父子、君臣之相互关系亦然。合则互美，离则相伤。故"匹合"与"相对"是位分伦理的大义和根本所在，而此亦"三纲"说首要之义，并构成其"全部内涵生发和演绎的基干"。参见丁四新：《三纲说的来源、形成与异化》，《衡水学院学报》2021年第3期。

[2] 此说自如下引文引申而发。《说苑·辨物篇》云：以阴阳言之，"其在民则夫为阳而妻为阴，其在家则父为阳而子为阴，其在国则君为阳而臣为阴"。转引自（清）苏舆：《春秋繁露义证》，钟哲点校，中华书局，2015年，第342页。由是，夫妇、父子以及君臣分别构成了庶民社会、家庭以及国家之纲。

[3] 参见丁四新：《三纲说的来源、形成与异化》，《衡水学院学报》2021年第3期。

的社会单元——家庭之中。"正家而天下定"则指向了修为之君齐家乃至治国平天下之大势[1]，即"天下一"。

《说文解字》之"纲"说明了其在社会整体秩序构建中的关键性[2]。王道之"三纲"既明确了君臣、父子、夫妇之间彼此分立状态下位分的确定性——各尽其职，各负其责，更强调了各自范畴双方的一体性。故《基义》继而言之："君为阳，臣为阴；父为阳，子为阴；夫为阳，妻为阴。阴阳无所独行。其始也不得专起，其终也不得分功，有所兼之义。"苏舆认为，阴阳不易者也，君臣、父子、夫妇之伦，亦不易者也，并引《韩非子·忠孝篇》君臣、父子、夫妇之"三顺"为例证，进而得出结论："三纲之说其来已久，而其理则《易》已具之。"[3]就此而言，无论君臣、父子还是夫妇之间，其各自位分之确定性以及相互为一的合作性，当为人类社会现实所验明的基本公义、流行通理。《中庸》之所以言"君子素其位而行"正是据此天道逻辑，而王道"三纲"之出处《基义》篇——顾名思义亦可佐证这一公理。

"王道三纲"构成了董仲舒王道观的主要特征。原因在于：其一，董仲舒始终秉持着王道之核心与要义，即"仁"，此为王道理念的内在基因，一定意义上，因其完善而呈现着某种理想色彩；其二，董仲舒深知现实政治生态格局与完全意义上的王道政治存在着相当大的距离，因此，现实短板与缺陷须通过制度建设予以调整、规避乃至逐渐趋于完善，从而一再重

---

[1] 《同人》《大有》卦也暗喻了"修齐治平"之道。《易传·同人·象》："文明以健，中正而应，君子正也；唯君子为能通天下之志。"《易传·大有·象》则在更高位次论证了"天下平"或"天下一"之相："大有，柔得尊位大中，而上下应之，曰大有。其德刚健而文明，应乎天而时行，是以元亨。"

[2] 所谓纲，网纮也，即网之大绳。唯网在纲，则有条而不紊。参见段玉裁《说文解字注》，上海古籍出版社，1981年，第655页。

[3] 参见（清）苏舆：《春秋繁露义证》，钟哲点校，中华书局，2015年，第343页。

申礼制的重要性[1]；其三，鉴于上述两方面，同时结合阴阳体一关系思想，董仲舒提出了"王道三纲"之基本礼制。此中，就"王道""三纲"关系而言，如果说"王道"为阳，则"三纲"为阴，即"王道"为主，"三纲"为辅；而就"王道三纲"而言，君臣之纲则是其中关键性因素，父子、夫妻为从属性条件[2]。而无论哪方面，其基本要义在于通过型塑"位分伦理"[3]的方式强化为人者——君臣、父子以及夫妇践行与相应角色匹配的某种职分，以契合天道所赋予的性命之正，进而使其以率先垂范的示范性对整个社会形成范导效应，从而诱掖、建构起协调、有序、一统的良性秩序格局。

如是而言，"三纲"则因其为型构王道政治的基本抓手而具有了手段意义，由是，"三纲"可视为礼。"王者上谨于承天意，以顺命也；下务明教化民，以成性也；正法度之宜，别上下之序，以防欲也；修此三者，而大本举矣。"[4]故王道之"大本"，除了承天以顺其道、率道教化庶民之外，立"法度"之正以治世亦为董仲舒王道思想不可或缺的内容。"三纲"正谓基本之法度与礼制。清代苏舆通过解释《天道施》篇"夫礼，体情而

---

[1] 《天道施》言曰："夫礼，体情而防乱者也。民之情，不能制其欲，使之度礼。"又苏舆认为，《艺文类聚》三十八、《御览》五百二十三并引董生书曰："理者，天所为也。文者，人所为，谓之礼。礼者因人情以为节文，以救其乱也。夫堤者水之防也，礼者人之防也。刑防其末，礼防其本也。"这几句话或为"夫礼，体情而防乱者也"之后脱文。参见（清）苏舆：《春秋繁露义证》，钟哲点校，中华书局，2015年，第464页。

[2] 在王道思想框架中，君臣之伦当为主导性向度。一定程度上，君在君臣乃至父子、夫妇之伦中居于主导性地位。《孝经》诸多内容，如"天子章""三才章""孝治章""圣治章""广要道章""广至德章"等，均从君的角度论证了其在建构家庭伦理、社会伦理乃至国家政治秩序等方面的主导作用。在此意义上，君作为多重角色组合（在国为君，在家为父、夫与子）的统一性与主导性位势，导引、构型着君臣、父子、夫妇之间的和合一体性。

[3] 丁四新：《三纲说的来源、形成与异化》，《衡水学院学报》2021年第3期。

[4] （汉）班固撰，（唐）颜师古注：《汉书》卷五十六《董仲舒传》，中华书局，1962年，第2515—2516页。

防乱者也"，从而对董仲舒作礼之本意给予了中正说明："'体情'二字，最得作礼之意。学者不知此义，遂有以礼度为束缚，而迫性命之情者矣。""《礼·经解》：'夫礼禁乱之所由生，犹坊止水之所自来也。'《管子·心术篇》：'礼者因人之情，缘义之理，而为之节文者也。故礼者谓有理也，理也者明分以论义之意也。故礼出乎义，义出乎理，理因乎宜者也。'"〔1〕苏舆观点很明确：在说明礼之为理的前提下，指明了礼的针对性与指向性，分别为：一则"民之情，不能制其欲"，二则"人欲之谓情，情非度制不节"〔2〕。故为规避社会失序风险，礼制乃必然选择的不二法门。进而言之，凭借礼制以治乱或止乱是底线，而礼之指向更在于以限制"民之情"过度释放从而为助推生命个体自由乃至社会整体秩序提供保障〔3〕。

"君人者，国之元，发言动作，万物之枢机。"（《立元神》）"王道三纲"之关键为君，君之修持构成了家齐国治乃至天下平之枢机。而君何以能以其身性统率"三纲"，进而治国平天下，其根据何在？此即"谓一元者，大始也"（《玉英》）之指意。

三、"元"机之域董仲舒"王天下"图式

董仲舒王道思想深系于现实，同时，其公羊家身份以天道为圭臬，此决定了其王道价值指向远超越于现实之上。统观董仲舒理论整体，其以对天地人以及万物之本的追根溯源谱写了"天人一"与"天下一"互通的"王天下"格局。

董仲舒"王道三纲"明示："王道之三纲，可求于天。天出阳，为暖

---

〔1〕　参见（清）苏舆：《春秋繁露义证》，钟哲点校，中华书局，2015 年，第 464 页。

〔2〕　（汉）班固撰，（唐）颜师古注：《汉书》卷五十六《董仲舒传》，中华书局，1962 年，第 2515 页。

〔3〕　何谓自由？辜鸿铭如是言：自由就是"循规蹈矩"。参见辜鸿铭：《中国人的精神》，陈高华译，陕西师范大学出版社，2011 年，第 5 页。在此意义上，礼既是对个体生命自由的保证，也是对整体社会秩序的安置。

以生之；地出阴，为清以成之。不暖不生，不清不成。然而计其多少之分，则暖暑居百而清寒居一。德教之与刑罚犹此也。故圣人多其爱而少其严，厚其德而简其刑，以此配天。天之大数毕有十旬。旬，天地之数，十而毕举；旬，生长之功，十而毕成。"(《基义》)其中包含着如下含义：一是"王道三纲"之法则源于天，故"三纲"之要义与发用唯有在天的统摄中方得以说明与确证；二是天之道任阳而薄阴，依此逻辑，则德主而刑辅；三是天之大道包括十个方面，这十个方面之协调发用构成了天地生化养长之动力、伟功。由是可见，"王道三纲"可求之天即"十而毕举"之天，与之相应，"王道三纲"须在"十而毕举"之天得到根本确证，或言之，唯有在"十而毕举"之天的统摄中"王道三纲"在理论层面方得以证成。

"十而毕举"之天意谓何在？《天地阴阳》有言："天、地、阴、阳、木、火、土、金、水，九，与人而十者，天之数毕也。"可见，"十而毕举"之天即天地、阴阳、五行以及人[1]。进而言之，与阴阳、五行以及人并列之"天"当不同于"天之数"之天，确切而言，天地之天为整体"天之数"的一端，其与"三才"天地人之天属于同一范畴。

何谓整体意义"天之数"之天？其志意何在？

《重政》有言："元者为万物之本"，同时，《顺命》亦云："天者万物之祖，万物非天不生。"由是推论，天与元当为互通之范畴，甚至可以断言：天、元非不同的两个事物，而为同一事物的两个面向。何谓"元"？"元犹原也"(《重政》)，即天地万物之生生之原[2]。元就是天地的化生动力机制。而机制发用必然附着于有形之体，即功能必然存在于结构之中。元

---

[1] 苏舆引俞樾注释"天之大数，毕于十旬"即此。参见（清）苏舆：《春秋繁露义证》，钟哲点校，中华书局，2015年，第315页。

[2] 元，即生也，"生的本源"。《二端》篇"二端之所从起"所起之处即元，由是而"小大""微著"。参见爱新觉罗·毓鋆：《毓老师说春秋繁露》，陈絅整理，花山文艺出版社，2019年，第167页。元即萌生之机，至为关键，故《二端》言曰："不本二端之所从起，亦未可与论灾异也，大小微著之分也。"

之动力机制赖以生成的结构何在？《基义》所言"旬，生长之功，十而毕成"，《观德》云"天地者，万物之本"，《立元神》曰"天地人，万物之本"，而《顺命》则强调"天者万物之祖"。如是所论，无论"天地""天地人"还是"天"均从属于"十而毕成"，故"天、地、阴、阳、木、火、土、金、水、九，与人而十者"之"天之数"之天即元之动力生成最完备结构体。由是可见，"天之数"或整体"十端"之天与元即一体两面：结构意义上之"天"即功能意义之"元"。《春秋繁露》云："惟圣人能属万物于一而系之元"（《重政》），一则彰显了隐匿于不同万事物相（天地人等）之中共通之生机（既为本体之原，即"元犹原也"；亦为持续之生机，即"其义以随天地终始"，二则由前者推论自然得出人与天（天地人之天）同本于元，在此意义上"三才模式"下"天人一"[1]之关系得以确证。

当然，就天之生生之能而言，"三才模式"也已彰明。显性表达即"天地之大德曰生"（《易传·系辞下》），又《易传·序卦》："屯者，物之始生也。"《说文通训定声》引许慎释"屯"曰："象草木之初生"[2]，《易传·屯·象》："刚柔始交而难生"，在乾坤之场域，万物随之而渐盈天地，具有生命开始之意[3]。

---

[1]　如是判断在董仲舒传世文献《春秋繁露》中较为多见："天人之际，合而为一。""天有阴阳禁，身有情欲柜，与天道一也。"（《深察名号》）"以类合之，天人一也。"（《阴阳义》）"人之居天地之间，其犹鱼之离水，一也。其无间。"（《天地阴阳》）"惟圣人能属万物于一。"（《玉英》）"夫喜怒哀乐之发，与清暖寒暑，其实一贯也。""天地人主一也。"（《王道通三》）"喜怒之有时而当发，寒暑亦有时而当出，其理一也。"（《威德所生》）综上，或以类言，或以道言，皆一。然而当前学界对董仲舒政治哲学关注较多，而于天人哲学（或元哲学）研究还有待加强。实际上，天人哲学乃政治哲学之基础与方法论，对天人哲学研究之薄弱势必影响到政治哲学研究之致思理路乃至立论成果。究其因，一定程度上，也许与"元"之无形玄妙相关。如康南海言：孔子穷物理、创教本，故"系《易》立卦，不始太极，而始乾坤，阴阳之义也。元与太极、太一，不可得而见也，其可见可论者，必为二矣，故言阴阳而不言太极"。参见康有为：《春秋董氏学》，楼宇烈整理，中华书局，1990年，第127页。

[2]　（清）朱骏声：《说文通训定声》，武汉市古籍书店，1983年，第791页。

[3]　邹学熹、佘贤武主编：《易经》，四川科学技术出版社，2008年，第109页。

"三才"之"才"亦有生机之意。"草木之初也,从丨,上贯一将生枝叶,一,地也。""才者,引申为本始之义。"〔1〕《说文解字注》:"一谓上画也。将生枝叶谓下画。才有茎出地而枝叶未也,故曰将。草木之初而枝叶毕寓焉,生人之初而万善毕具焉,故人之能曰才,言人之所蕴也。"〔2〕草木虽然枝叶未形,然而因其生机而枝叶所形之意业已备具,同理,人之初尽管其年幼稚,但是因其先天之"能"(生或性)而"万善毕具",故人可与天地并为"三才"。

值得说明的是,《易传·系辞上》同样将天地生生之道以"易学"方式进行了表达,"一阴一阳之谓道。继之者善也,成之者性也"。天地之间阴阳两种力量之统一即道,于之承继发扬光大并充分内化为人之成可谓复归天地之性。具体言之,阴阳之力"显诸仁""藏诸用"而"鼓万物",天之仁即阴阳生生之外显,其发用则以隐性(或无形)方式而体现,这同时就是鼓动、生发万物的过程。故《易》称之为"生生",而其发用因无形、莫测而呈现"阴阳不测之谓神"的鲜明特征。由是,其生生之机因无形而成其大——"富有之谓大业",因不息而显其德——"日新之谓盛德"。天地之化的永恒性与广博性,《易传·系辞下》谓之"变动不居,周流六虚"。

"元"之机制与"易学"的生生意蕴表达如出一辙。然而,"王道三纲"框架中"元"之意涵不仅展露着天之生机,更在此基础上进行了拓展与发挥:一则开显了天元生机的"本正"品格,从而在根本意义上彰显了王道之正的先天制式;二则其原发生机统摄天地人乃至万物于一体,从而于形上层面明示了"天人一"以及"天下一"的本然之基,并在根本意义上确证了"天人一"与"天下一"的统一。总之,董仲舒以对"元"的深入阐释贞定了"天人一""天下一"的根本依据,从而将天人关系锁定于一个新高度。

---

〔1〕 (清)朱骏声:《说文通训定声》,武汉市古籍书店,1983年,第188页。
〔2〕 (汉)许慎撰,(清)段玉裁注:《说文解字注》,浙江古籍出版社,1998年,第272页。此中,"草木之初而枝叶毕寓""生人之初而万善毕具"虽未明示,实则隐含了"元"本之义。

《王道》有言："《春秋》何贵乎元而言之？元者，始也，言本正也。"苏舆引《说苑·建本篇》："孔子曰：'君子务本，本立而道生。'天本不立者末必倚，始不盛者终必衰。""是以君子贵建本而重立始。"又引《晋书·郭璞传》璞上疏曰："臣闻《春秋》之义，贵元重始。"[1] "元"在《春秋》以及董仲舒哲学思想中居于"本"之地位，董仲舒作为公羊学大家承传《春秋》大义，故重"元"以立始。而"元"之品性即"正"。天地万物自然生态演化之态势即"元"正发用最为直观的形象再现。"道，王道也。"苏舆认为，上"道"疑当作"正"。并以《对册》佐证："《春秋》之文，求王道之端，得之，于正。正次王，王次春。春者天之所为也，正者王之所为也。其意曰，上承天之所为，而下以正其所为，正王道之端云耳。"[2] 此中，既以对策之文佐证王道即正道，又论述了王道之正的终极之原，即"元"之正。这里对策之文乃对《春秋·隐公元年》"元年春王正月"的具体阐发。王之正即源于天的体现者"春"（春为四时之首，故代表天）之正。"春"何以为正？《四时之副》云："天之道，春暖以生，夏暑以养，秋清以杀，冬寒以藏。暖暑清寒，异气而同功，皆天之所以成岁也。"一年四季，春生、夏长、秋收、冬藏，当令而行即为正。春夏秋冬之所以有序而时（正）皆在于"元"生之机的自然发用，虽发用之相不同——生长收藏，但均受之于"元"正之机制。故《天道无二》有言："天无常于物，而一于时。时之所宜，而一为之。""故开一塞一，起一废一，至毕时而止，终有复始于一。"[3] 在"元"机作用下，四季往复

---

[1] 参见（清）苏舆：《春秋繁露义证》，钟哲点校，中华书局，2015年，第96、97页。

[2] 参见（清）苏舆：《春秋繁露义证》，钟哲点校，中华书局，2015年，第97页。

[3] 对于"复始于一"，苏舆注曰："贞下起元之理。"参见（清）苏舆：《春秋繁露义证》，钟哲点校，中华书局，2015年，第338页。其中，"开一塞一，起一废一"之"一"意指阴阳，开阳即塞阴，起阴而废阳，相对而言，春夏开阳，秋冬起阴，而开、塞、起、废之完美转运枢机即"元"。故下文承上而言"一者，一也"。

循环、周流不止，故"一者，一也"，"常一而不灭，天之道"。[1]

《玉英》篇则明确了"元"实为天端之正乃至"竟内之治"（亦为正的体现）的终极根据："是故《春秋》之道，以元之深正天之端，以天之端正王之政，以王之政正诸侯之即位，以诸侯之即位正竟内之治。五者俱正，而化大行。"何休对《公羊传·隐公元年》相关传文《解诂》："诸侯不上奉王之政，则不得即位，故先言正月，而后言即位。政不由王出，则不得为政，故先言王，而后言正月也。王者不承天以制号令，则无法，故先言春，而后言王。天不深正其元，则不能成其化，故先言元，而后言春。"[2]故《三代改制质文》有言："改正之义，奉元而起。"作为深层之元，其正"统致其气，万物皆应，而正统正，其余皆正"，是故"法正之道，正本而末应，正内而外应，动作举错，靡不变化随从，可谓法正也"。正之品性通过"元"之生机化运自然赋予天地人等诸人事物相之中，从而在根本意义上确证了王之仁正的先天质性。

"元"之机制"致广大而尽精微"（《中庸》），既为万事物相生成之原，又内在于天地万物之中，小无内而大无外，其机能之发"微而至远，

---

[1] 《天道无二》篇用整个篇幅以"一"表达了天"元"化运机制之精、微、专、妙，文字虽未明确提及"元"，但某种意义上，无"一"不"元"。故无论阴阳作为"相反之物"之"或出或入，或右或左"，均元生机制之发用而已。因此，"君子贱二而贵一"之"贵一"即贵元重始之义。（《天道无二》）其他篇章如："天地之气，合而为一，分为阴阳，判为四时，列为五行。"（《五行相生》）其中之阴阳、四时以及五行即"一"元发用之映现。进而言之，整本《春秋繁露》，一言以蔽之，即元；二言乃元、仁；三言无非元、仁、正。此为暗线，明线为：天；天人；天人一。明暗线互补为一蕴含于董仲舒传世文献中。徐复观将董仲舒学说称为"天的哲学"，乃基于明线或表层言之 [徐复观：《两汉思想史》（二），北京：九州出版社，2014年，第268页]；而从暗线或深层看，董仲舒儒家思想实为"元哲学"。就"元"之正而言，又一主要展现为常道前提下的权变，即"天之生有大经也，而所周行者，又有害功也，除而杀殛者，行急皆不待时也，天之志也"（《如天之为》）。

[2] 《十三经注疏》整理委员会：《十三经注疏·春秋公羊传注疏》，北京大学出版社，1999年，第10页。

踔而致精"——生发机制精微幽玄而生发效应周流六虚,其发用因时而宜、全力以赴、精一无遗,以其无形而成有形,是故"一而少积蓄,广而实,虚而盈"(《天容》)。"元"之生发机制因其无形、无声却又以因地制宜、因时而宜,在成天之中、达地之和的规制内展现着天地大化流行之象。《天地之行》言曰:"是以天高其位而下其施,藏其形而见其光,序列星而近至精,考阴阳而降霜露。高其位所以为尊也,下其施所以为仁也,藏其形所以为神也,见其光所以为明也,序列星所以相承也,近至精所以为刚也,考阴阳所以成岁也,降霜露所以生杀也。"其中,无论天"下其施""见其光",还是"近至精""降霜露",均为"藏其形"的"元"机所致,其情实堪比《中庸》引《诗·大雅·文王》"上天之载,无声无臭",进而断言:"至矣!"朱子释之:"盖声臭有气无形,在物最为微妙,而犹曰无之,故惟此可以形容不显、笃恭之妙。"[1]故《天地之行》续云:天之尊、明、承、刚以及成岁与生杀皆出于"藏其形"之"元",故"神"。在此意义上,可谓"天地之行美也"。(《天地之行》)而此"美"乃天以其无形之鬼斧神工造化的天衣无缝的完美生境,故"元"之枢机自然意谓玄奇神秘之意[2],

---

[1] (宋)朱熹集注:《论语·大学·中庸》,上海古籍出版社,2013年,第296页。

[2] "元"化生机制之玄奥与神奇导致的不易理解从相关古注也可见一斑。如《春秋·隐公元年》何休《解诂》作"元之气",而后又言"大不深正其元,则不能成其化"。参见《十三经注疏》整理委员会:《十三经注疏·春秋公羊传注疏》,北京大学出版社,1999年,第10页。按:此处何休《解诂》文引用的即董仲舒《玉英》相关文本,而原文为"元之深"。又清代董天工认为"深"字不妥,改为"大"。参见(清)董天工:《春秋繁露笺注》,黄江军整理,华东师范大学出版社,2017年,第88页。盖其原因或据《汉书·董仲舒传》:"臣谨案《春秋》谓一元之意,一者万物之所从始也,元者辞之所谓大也。谓一为元者,视大始而欲正本也。"而此中之"大",或通于大小之大,而实乃"推崇"之义。进而言之,上承数句继而有言:"《春秋》深探其本,而反自贵者始。"同样以"深"探本,即以"深"论"元"。值得肯定的是,钟肇鹏《春秋繁露校释》对"深"有关注释作了汇集,并以"首奎案"佐证于"深"为是,进而指出,"深",即"极深研几,穷极事物之奥秘"。参见钟肇鹏:《春秋繁露校释(校补本)》,河北人民出版社,2005年,第341页。

正如凌曙引《淮南子》云："天道玄默，无容无则。"[1]

《易传·系辞上》在阐述辞、变、象等理论根据时，以天下之"至精""至变""至神"而谓之，进而总结《易》之道："夫《易》，圣人之所以极深而研几也。唯深也，故能通天下之志；唯几也，故能成天下之务；唯神也，故不疾而速，不行而至。"由是言之，《易》作为对天地宇宙运化之道的高度概括与凝练，几近达到相当精深而细微的程度，其发用之外在表现为"不疾而速，不行而至"，无为而无不为，从而触及了天地之本，即"元"，故谓之"神"。

"元"机之"神"涵化天地人，统摄阴阳四时以及五行而周遍流布万事物相，从而纳"十端之天"而为一。"元"之机制予天德以施，予地德以化，予人德以义。（《人副天数》）由此型构了天地与人"三而一成"的"天制"之德。（《官制象天》）天人于"元"生生机制之域，人天共元，故天即人，人即天，是人是天而为一。故《立元神》强调："天地人，万物之本也。天生之，地养之，人成之。""三者相为手足，合以成体，不可一无也。"天地人自是为一而成"元"之体。在此意义上，人道（王道）即天道。如《保位权》所言："为人君者居无为之位，行不言之教，寂而无声，静而无形，执一无端，为国源泉。"故董仲舒之王道政治即通过君者合"元"机以自正，进而任贤德（人正）以合天元之心（天道）[2]，而达至天下一之局面，此即"王者无外"（《春秋公羊传·隐公元年》）。

"法天奉本，执端要以统天下"（《三代改制质文》）。这意味着，"元"作为"天""本"之"端要"，构成了"天人一"与"天下一"的内在法式。人法地，地法天，天法道，道法自然。（《道德经》）董仲舒哲学思想

---

〔1〕（汉）董仲舒撰，（清）凌曙注：《春秋繁露》，中华书局，1991年，第186页。

〔2〕正如《立元神》所言：治理之道在于"尊神"，而尊者在于"奉其政"，即正，故为尊须任贤德。无贤德则无以为政，故尊无人本而难成；神者在于同天道之化，无为而成，即仁，故为神须同心协力（同天地之心）。异于天心则非仁，故神之大化不可得。唯任贤与同心兼具，方"莫见其所为而功德成"。

虽有道家思想印迹，但其源于道家而高于道家之处就体现在"天人一"，即天人共元。于王者而言，这就不是形式上的以外在性方式法天，而是以人通天元、人契元机的内在性达至王道，以应天而化的方式建构起王者不言而声、无为而成、完善的自组织样态的社会治理模式。同时，"天下一"之王道政治就在于王者与天下人事物相的"元"正共情，王者发"元"之正而天下皆应，以对先天"初心"的唤醒而复归天地正道，从而型塑起"四海一家，中国一人"之局面。

一定意义上，董仲舒在汲取道、法以及阴阳等家思想基础上，特别是以对"元"的开显纳天地人以及万事物相于一，并在天的统摄中形成了具有相当涵容性的理论整体[1]，先秦儒学由是而发展与开新。其中，至为关键之处是以"元"论天，使其王道、大一统等思想范畴借此得以真正确立。其功甚伟！

进而言之，董仲舒儒学之"新"主要体现在三个方面：一是以"元"为基本范畴的理论统摄性，由此建构了相对自洽的系统性、完整性理论，在此意义上，其以"元"为本之思想整体可谓之"元哲学"[2]；二是对天的认识更具理性，在消弭神秘性崇拜的同时，重塑起对天的智性认知前提下的神圣性尊崇；三是明确提出"元"发之机中的天之仁正品性，并从理论上阐释了天道下贯人间的内在发生机制，进而铺陈了"天人一"与"天下一"的王道政治。

董仲舒王道政治的主体即明于天性之君子。

---

[1] 董仲舒将道家、法家以及阴阳家等思想汇通归一（不是简单机械式拼盘，而是在"元"机统摄中融合为一），以回到宇宙本然原态的方式审视天地整体，且锁定了其本根。不能不说这是一次儒学之提升——既有视域之宽，又兼及纵深之极。

[2] 干春松曾经讨论了"天""元"关系，认为"元"就是"天地秩序和人类道德生活"的形而上之是，唯有完成了对"元"的形而上建构，董仲舒的天道普遍性建构才真正完成。就此而言，与其说董仲舒的哲学是"天"的哲学，毋宁说为"元"的哲学。参见干春松：《从天道普遍性来建构大一统秩序的政治原则——董仲舒"天"观念疏解》，《哲学动态》2021年第1期。此说很有见地。

第二节　董仲舒王道制式中的天性君子

以儒学为主干的中国文化乃"君子之学"[1]。董仲舒王道政治的主体人格即君子。君子在"本天元"的生命复归中，于元之生生境域，承元之正，守元之仁，在"知仁谊"与"重礼节"的程式中，径入"安处善"与"乐循理"之境，逻辑上型塑了道德完美主义的君子形象，从而潜在地为庶民人格培育提供了范式与诱导。在天元涵摄中，君子品质复归于生命之本真，体悟生命原态的安然与自适，同时客观上导引社会渐次趋于整体良序。由是，董仲舒"天性"君子论自然备具了王道意涵[2]。

在董仲舒，人之材如"天之时固有四变"而分为四个层次：圣人、君子、善人以及正人（《官制象天》）。值得强调的是，董仲舒对君子人格的诠释与天联系在一起，使其君子内涵具备了先在性、至上性根基，以此建构起了天人一体图式的儒家君子范式[3]。这意味着，一方面，天的先在性

---

[1] 余英时：《中国思想传统及其现代变迁》，广西师范大学出版社，2004 年，第 137 页。

[2] 在《春秋繁露》中，多处从君子视角阐释王道思想。如："君子求仁谊之别，以纪人我之间，然后辨乎内外之分，而著于顺逆之处也。是故内治反理以正身，据礼以劝福。外治推恩以广施，宽制以容众。"（《仁义法》）君子之仁道恢宏广大、正己化人、推恩广施，正所谓王道之为。再者，"《春秋》之义，贵信而贱诈。诈人而胜之，虽有功，君子弗为也。是以仲尼之门，五尺童子，言羞称五伯"。（《对胶西王越大夫不得为仁》）以《春秋》之义论君子之为与弗为，从而映射了君子王道与霸道之别。本部分所论天性君子，正是董仲舒面对武帝策问，而从王者角度所作的回答，即"王者上谨于承天意，以顺命也；下务明教化民，以成性也；正法度之宜，别上下之序，以防欲也；修此三者，而大本举矣"。

[3] 在董仲舒传世文献《春秋繁露》中，"君子"出现的频率达到 70 余次。故学界颇为重视对其研究，主要观点包括："五常"君子论（参见孙君恒：《儒家君子"五常"的当今价值审视》，《衡水学院学报》2018 年第 6 期）、"循天"与"尚义"君子论 [姜国柱：《董仲舒的圣贤君子论》，《聊城师范学院学报（哲学社会科学版）》2000 年第 4期] 以及君子饮食养生论（唐艳：《董仲舒的君子养生观与饮食思想》，《衡水学院学报》2019 年第 6 期）等。

既是君子洞明天性品质的前提条件，也为天性品质下贯到其他民众提供了保证，这使得对庶民教化具备了可能性；另一方面，天的至上性直接决定了天性品质的完善与高远，囿于材质不同，从而使君子洞明天性品质的同时，在德性方面也拉开了与其他庶民阶层的梯度位次，这使得对庶民教化成为必需。董仲舒以对君子思想的"天性"设定，建构了完美的君子人格形象，即在"知仁重礼"与"处善循理"中径入"安乐"之境[1]。同时，君子道德主体人格的型塑潜在指向了对整体社会的影响与教化。职是之故，董仲舒君子思想与其王道精神内在具有了一致性、相通性。

一、董仲舒王道君子论内在旨归

中国哲学的基本特点即"天人之学"[2]，相对于孔子思想以隐寓的方式涵摄天，董仲舒以显性的天人观念，提出了与其思想一致的君子论说："明于天性，知自贵于物；知自贵于物，然后知仁谊；知仁谊，然后重礼节；重礼节，然后安处善；安处善，然后乐循理；乐循理，然后谓之君子。"[3]君子之谓君子，首先在于其仁义品格——鲜明的先天性、内在性[4]，一如"由仁义行，非行仁义也"（《孟子·离娄下》），正蕴含了"仁义在身"（《孔子家语·五仪解》）的君子风范。

"知仁谊"意味着明了仁义作为君子之持守在对待人我关系方面的基本要求，即"君子求仁义之别，以纪人我之间"，具体言之，"仁之法在爱

---

[1]　相关内容以《董仲舒君子论之天元端机及其王道意蕴》为题发表于《德州学院学报》2024年第1期。

[2]　张岱年：《中国古典哲学概念范畴要论》，中国社会科学出版社，1985年，第15页。

[3]　（汉）班固撰，（唐）颜师古注：《汉书》卷五十六《董仲舒传》，中华书局，1962年，第2516页。

[4]　正如《竹林》篇所言："善善恶恶，好荣憎辱，非人能自生，此天施之在人者也。"人之仁义的先天性在下文予以探讨。

人，不在爱我。义之法在正我，不在正人"。君子内修己以义，含章内映；外推人以仁，德厚流光。故君子"以仁安人，以义正我"。(《仁义法》)君子内以仁驻而外以安人，己以义正而外以宜应。因此，就人伦关系而言，"入有父子兄弟之亲，出有君臣上下之谊，会聚相遇，则有耆老长幼之施，粲然有文以相接，欢然有恩以相爱"；就人与其他生灵关系而言，"生五谷以食之，桑麻以衣之，六畜以养之，服牛乘马，圈豹槛虎"[1]，因其性而成其材，因其材而尽其用。统而论之，"亲亲而仁民，仁民而爱物"。(《孟子·尽心上》)仁以存内，义以方外。以"民吾同胞，物吾与也"(《西铭》)的仁义之心，推己及人，乃至万物，即"质于爱民，以下至于鸟兽昆虫莫不爱"。(《仁义法》)

"知仁谊，然后重礼节"，仁发乎内，故礼必见乎外，即"礼者，庶于仁、文，质而成体者也"(《竹林》)。仁为"礼之本"，礼"以仁为体"。[2]因此，"志敬而节具，则君子予之知礼"(《玉杯》)。仁之心志是君子知礼的内在条件，故"礼云礼云，玉帛云乎哉"(《论语·阳货》)正道出了仁为礼之质，礼乃仁之文的基本要义。仁作为礼节之内在本根，唯内以仁主，自然外以礼现。所以，"君子笃于礼"(《王道》)，"非礼而不言，非礼而不动"(《天道施》)。在此意义上，礼不但不应当被片面理解为对人的外在约束，相反，鉴于仁之存内，于礼之遵守自然成为心之所至、意之使然的自觉行动。进而言之，在此境域中，对礼法的遵守尽管带有某种程度的循规蹈矩色彩，但依然折射着循理守义之行。故礼节之于君子并非表现为某种外在性，恰恰是深植于心、展现于外的合宜而为。所谓"从心所欲不逾矩"(《论语·为政》)即为此意。作为对孔子仁义礼的承继与发扬，董仲舒思想如同孔子之学一样，具有"一种比其他任何事物都强大的

---

〔1〕（汉）班固撰，（唐）颜师古注：《汉书》卷五十六《董仲舒传》，中华书局，1962年，第2516页。

〔2〕（清）苏舆：《春秋繁露义证》，钟哲点校，中华书局，2015年，第53页。

力量"，使受其熏习的多数人生活在秩序与和平之中。[1]

"礼之所重者在其志。"（《玉杯》）君子之所以"重礼节"，还在于礼对仁德的外在培固，即"克己复礼为仁"（《论语·颜渊》）。朱子曰："仁者，本心之全德。""礼者，天理之节文也。"人于世俗之中不能不害于人欲，故"为仁者必有以胜私欲而复于礼"，而"本心之德复全于我矣"，此乃"制于外所以养其中"[2]。人心外在表现为情，情虽多源于外物而感发，但却是人性中本来即有，"情亦性也"（《深察名号》）。"变谓之情"，外物对人的影响往往是在不知不觉中完成的，不可小视，故曰"外物之动性，若神之不守也。积习渐靡，物之微者也。其入人不知，习忘乃为，常然若性，不可不察也"。所以，防微杜渐、从日用行常做起就是对治的方法。因此，君子"目视正色，耳听正声，口食正味，身行正道，非夺之情也，所以安其情也"（《天道施》）。此即"道之以正，所以安之"[3]的必要性，故"察视其外，可以见其内"（《玉杯》），君子内外合一、表里一致，在对礼的持守中达至以礼护仁、以礼安仁之心境。

是故君子以仁安其内，以礼制其外，自然由"安处善"而趋于"乐循理"之情态，从而在治身心于完善之本初的生命场域中，充分体证处善为安、循理而乐的人生安乐之境。

综上，君子以其自身修为达至"遂人道之极"的完善境界，而其中至要即"修本末之义"。（《玉杯》）《重政》有言："不及本所从来"，则"不能遂其功"。君子之所以内以仁主、外以礼现，进而处善为安、循理而

---

〔1〕 罗伯特·道格拉斯之语，转引自辜鸿铭：《中国人的精神》，陈高华译，陕西师范大学出版社，2011 年，第 131 页。同时，儒家思想中的道德与伦理作为君主专制框架下制度、法律与策略的基本前提，其"价值观念与意义准则"被成功地提升到了"绝对的高度"，从而形成了对君主专制的制约作用，使得制度、法律与策略具有了极富弹性的调节与整合能力，某种程度上矫正了因史治与法制过分严酷而导致的社会紧张局面。参见葛兆光：《中国思想史》（第一卷），复旦大学出版社，2019 年，第 248 页。

〔2〕 （宋）朱熹集注：《论语·大学·中庸》，上海古籍出版社，2013 年，第 139 页。

〔3〕 （清）苏舆：《春秋繁露义证》，钟哲点校，中华书局，2015 年，第 464 页。

乐，乃在于其通达天元本体之终极向度。元者作为"万物之本"，亦君子之为君子的"大命"之体。是故君子"谨本详始"（《立元神》），在"与天元本、天元命"（《重政》）中，契入"明于天性"之境域。在"绝于物而参天地"（《人副天数》）的位势中，径入"天人一"（《阴阳义》）之格局。

二、董仲舒君子"天性"论之端机

圄于董仲舒之天哲学指向现实王权政治，故多有学人将天以实用理性视之。究其实，天作为董仲舒思想的基础性范畴，自有其内在规定性——这正是王道政治的终极根据。鉴于此，董仲舒将"君子"与"天"联系在一起，从而"天性"构成了其君子德行涵化的基本点。

何谓"天性"？《人副天数》有言："天德施，地德化，人德义。天气上，地气下，人气在其间。春生夏长，百物以兴，秋杀冬收，百物以藏。故莫精于气，莫富于地，莫神于天。"无论"天施"还是"地化"，"春生"抑或"秋杀"，均展现了天之"性"，即生发机能。而生机具体外在表现为阴阳五行之作用。"天地之气，合而为一，分为阴阳，判为四时，列为五行。""五行者，五官也，比相生而间相胜也。"（《五行相生》）"官"即功能[1]。显然，作为动力源，阴阳五行乃天地之"气"与"一"的功能发用。

《重政》言曰："属万物于一而系之元"，又《春秋》之所以"变一谓之元"，一定程度上，就在于通过探究"元"之深意而为王道政治寻求内在理论根据，即"以元之深正天之端，以天之端正王之政"（《二端》）。何休《解诂》："变一为元。元者，气也。无形以起，有形以分，造起天

---

[1] 周桂钿：《董学探微》，北京师范大学出版社，2008年，第47页。

地。天地之始也。"〔1〕故"元"因具有"无形以起，有形以分，造起天地"之功能而与"天地之气"存在相通性，或者说，天与元在此意义上暗合、统一。

相对而言，元为天的内在属性、机制，天则为元的外在表现、结构〔2〕。虽然有言元"乃在乎天地之前"，但"前"非为绝对性的时间先后之义，而是强调"元"之生机的基础性、关键性地位。《春秋繁露》一再将人君比于天、拟于元，就是强调人君之行持须像天元生生机制一样因时而发、因宜而动，避免失范，这同时折射了元的功能性机制。故元、天之间非前后相继之序，而是"功能 – 结构"关系之统一体。正是在此意义上，故有言："元犹原也，其义以随天地终始也。"（《重政》）有是天即存其元，天之结构体同时即为元之功能体，体用不二，终始如一。故"元"作为天地化育之运机，发于天之端，流布于万物，即"援天端，布流物，而贯通其理"（《正贯》）。

因此，元作为"始"（《王道》）之义，虽具有时间内涵，但时间之义亦源于"元"之原、本之意。《重政》有言：元者，"原也"〔3〕，生物之原，"为万物之本""自无而之有"〔4〕。作为本体维度，元为生物、现象以及意义与价值的"发生本源"或"生成机制"〔5〕。故元"属万物于一"，

〔1〕 （汉）何休解诂，（唐）徐彦疏：《春秋公羊传注疏》，刁小龙整理，上海古籍出版社，2014 年，第 7 页。

〔2〕 "天、地、阴、阳、木、火、土、金、水，九，与人而十者，天之数毕也。"（《天地阴阳》）"十者"即结构之天，而其中的阴阳五行则为生生之元，即功能因的具体表现。

〔3〕 苏舆认为，"元"与"原"既具有相通性，又存在着区别——"元"是正本之义，"原"是不息之义。因此，就其相通性而言，"元"即生生不已之性能，此为"元"的首要之义，而正则为其生生机能的品性、特征。

〔4〕 （清）苏舆：《春秋繁露义证》，钟哲点校，中华书局，2015 年，第 67 页。

〔5〕 张祥龙：《拒秦兴汉和应对佛教的儒家哲学：从董仲舒到陆象山》，广西师范大学出版社，2012 年，第 72、77 页。

正道出了隐匿于万物诸相之中的内在动力：生生之机[1]。元之时间之维不过是其功能发用的起始乃至过程表现而已。

元者，"言本正也"（《王道》）。天作为完美自组织系统[2]，其元之内生机制基本特性就是"正"，可谓"天性"，与生俱来，始终如一，"随天地终始"（《重政》）。所以，元本之正的根本性决定了化生之过程以及应化结果的良正品质，故"正者，正也，统致其气，万物皆应，而正统正，其余皆正"（《三代改制质文》），"正"起于元、展现于运化过程而流布于万物，即"正一而万物备"（《盟会要》）。"正一"即正元、元正。《春秋》之道，之所以"以元之深正天之端，以天之端正王之政"（《二端》），就在于强调人君唯有"法天奉本"以及"奉元而起"，才能达至"正本而末应，正内而外应"的"法正之道"（《三代改制质文》）。正是在此意义上，"《淮南·齐俗训》：'圣人执一而勿失，万物之情既矣。'《诠言训》：'一也者，万物之本也。'《人间训》：'执一而应万物。'《邓析子·无厚篇》：'故明君审一，万物自定。'《说苑·杂言篇》：'君子正一而万物皆成。'"[3]君子契合"天施地化"元机之正而成道义，以至于"得一而应万，类之治"（《天道施》），即"贯通类而不差弐，故得一物之情而万物可治，所谓正其理则万事一

---

[1] 在《春秋繁露》中，气、精、神等与元具有某种相通性。如"惟天地之气而精，出入无形，而物莫不应，实之至也"（《循天之道》），"天地之化精，而万物之美起"（《天地阴阳》），"神者所以就其化也"（《立元神》）。何休即以气解元："元者，气也。无形以起，有形以分，造起天地。天地之始也。"苏舆注："气者，元也，胚胎于天地之先。"气、精、神，虽然名称不同，实则均指向于元"微而至远，踔而致精"（《天容》）的无形、精妙、神奇之生机。虽"其理微妙"，但"其数然也"。（《同类相动》）

[2] 《天地之行》开篇即言："天地之行美也。"于天而言，无论"高其位而下其施"，还是"藏其形而见其光"，抑或"序列星而近至精"，乃至"考阴阳而降霜露"，均为周而复始、始终如一、生长收藏的完美运化之道。正如《天地阴阳》言曰："天地之化精，而万物之美起。"

[3] 参见钟肇鹏：《春秋繁露校释（校补本）》，河北人民出版社，2005 年，第 303—304 页。

也"。[1] 人君效法天元端机之要义可见一斑。

此即"承天"以及"继天之所为而终之"之法要。君子在人天同元的场域中守持正道，以抵达人天相与"共功持业"之取向。《春秋繁露》一再强调"天地之元"以及"与天元"，旨在"大其贯承意之理"(《重政》)，以彰明元作为万物之"本正"的先天性、至要性、普遍性以及永恒性。此正是"谓一元者，大始"(《玉英》)之深意。

于天之品格而言，"元之正"表现为仁、义。"天志仁，其道也义。"(《天地阴阳》)《六书精蕴》有言："元字从二从人，仁字从人从二。在天为元，在人为仁。"王应麟亦云："元，即仁也。仁，人心也。"[2] 人之所以为人，"原其所自，无一不本于天而备于我"[3]。此即"人受命于天"，从而"得天之灵"而"贵于物也"。[4] 就先天而言，天元作为人的生命质性之原发境域，内在地赋予了人之仁义品格。质言之，君子之仁义品格源于先天之元对人之情性的基本预设[5]，"正也者，正于天之为人性命也。天之为人性命，使行仁义而羞可耻"(《竹林》)。故在此意义上，孟子云："仁义礼智非由外铄我也，我固有之也。"(《孟子·告子上》) 先天本有，自然天成，"为生不能为人，为人者天也"。其中，"人之血气，化天志而仁；人之德行，化天理而义"，故"人之情性有由天者矣"。(《为人者天》) 董仲舒强调人与生俱来之善质即为此意，"性有善质"(《实性》) 既是成就君子人格的基础，也是教化中民而为善的条件。此"天"即为元生机制的内在发用。就后天而言，囿于"人之为人本于天"，而"道莫明省身之天"(《为人者天》)，故君

[1]　(清) 苏舆：《春秋繁露义证》，钟哲点校，中华书局，2015 年，第 463 页。

[2]　参见 (清) 苏舆：《春秋繁露义证》，钟哲点校，中华书局，2015 年，第 65 页。

[3]　(宋) 朱熹集注：《论语·大学·中庸》，上海古籍出版社，2013 年，第 269 页。

[4]　(汉) 班固撰，(唐) 颜师古注：《汉书》卷五十六《董仲舒传》，中华书局，1962 年，第 2516 页。

[5]　《王道通三》有言："仁之美者在于天。天，仁也。"天之仁既化生万物，又养成万物，其中至要在于"人之受命于天也，取仁于天而仁也"。此意味着人之仁并非源于天仁外在强加，而是与生俱来的先天所赋。正如《如天之为》所言："在人者亦天也"。

子"生于天，而取化于天"（《王道通三》）。人法天，天化人，天人际与，合二为一，"人之居天地之间，其犹鱼之离水，一也。其无间"（《天地阴阳》）。这进一步促成君子奉元法天而为仁的成长进路。

君子正是在先、后天双重维度下，与天元会通而成为君子。故"明于天性"意味着，君子明了人天同元，在"与天元本"和"天元命"（《重政》）的生命复归中，实现同天共元。元之功用乃生机，元之性质乃中正，元之品质乃仁义。君子与天共元意味着，合元之体，发元之用，成元之正，为元之仁[1]。此中，君子洞明生所从来，性情所自，尽其心而养其诚，以契合于天元本性。其价值在于，本天元、具天心、行天道、成天德，在天人际与中达至天人合德之境域，从而径入"安处善"乃至"乐循理"之情态。是故"君子深造之以道，欲其自得之也。自得之，则居之安；居之安，则资之深；资之深，则取之左右逢其原"（《孟子·离娄下》）。君子以道为守，是道则进，非道则退，在"乐而不乱，复而不厌"（《天道施》）立身行道之中，本天之元，"默识心通，自然而得之于己"[2]，是之谓"德"，从而"得于心而不失"[3]，故"安固而不摇"[4]，在处善为安、循理为乐的体道中达至理得而心安之情境。

三、天元统摄下君子人格的王道内蕴

董仲舒在"人资诸天"（《王道通三》）的关系图式中申明"君子贵建

---

[1] 孟子曰："人之所以异于禽兽者几希，庶民去之，君子存之。"（《孟子·离娄下》）朱子释之曰：人与物均得天地之理与气，以为性与形，然而，"独人于其间得形气之正，而能有以全其性"，但是众庶不明此理而自弃，故名为人，而实则流于禽兽之物类。唯"君子知此而存之，是以战兢惕厉，而卒能有以全其所受之正也"。又孟子云："君子所以异于人者，以其存心也。君子以仁存心，以礼存心。"（《孟子·离娄下》）张居正释之曰：仁心人所同具，而君子独能存之，乃"其受性于天"。

[2] （宋）朱熹集注：《孟子集注》卷四《离娄下》，西泠印社，2003年，第21页。

[3] （宋）朱熹集注：《论语·大学·中庸》，上海古籍出版社，2013年，第26页。

[4] （宋）朱熹集注：《孟子集注》卷四《离娄下》，西泠印社，2003年，第21页。

本而重立始"（《说苑·建本》）。因此，其君子"天性"论打开了通往君子本真的通道。就表层而言，天、元等似乎带有某种玄幽色彩，但从深层来看，对天、元等形上理念的反思和观照，正是人文思想的必然表达，在本质上反映了人基于现实而又超越现实的至上追求。董仲舒对于君子的"天性"设定既为君子人格的生成提供了根本始基，同时也潜在指向了君子人格对于社会的范导作用[1]。

"元为万物之本，人与天同本于元"[2]，"元"构成了君子"天性"的"原发境域"[3]。元以其生生之机创生天地、化育万物，铸就君子人格及其道德品质，故董仲舒君子论在天元机制的先天统摄与后天涵化中挺立起君子的"道德主体"[4]人格。是故君子契合天元道体，在此意义上，无论"明德"（《大学》），还是"浩然之气"（《孟子·公孙丑上》），均为元生机制的仁正之性在君子生命气象中的氤氲与呈现[5]，而"明"明德、"善养"浩然之气，则是后天对先天仁正元生机制的体认与培固，盖所谓"其为气也，至大至刚，以直养而无害，则塞于天地之间"（《孟子·公孙丑上》）。故董仲舒君子论既注重原发"天性"之涵养——"贵微重始"，

---

[1]《汉书·董仲舒传》有言："天者群物之祖也，故遍覆包函而无所殊，建日月风雨以和之，经阴阳寒暑以成之。"又《王道通三》言曰："天覆育万物，既化而生之，有养而成之"，"察于天之意，无穷极之仁也。人之受命于天也，取仁于天而仁也"，故"唯人道为可以参天"。因此，君子"法天而立道，亦溥爱而亡私，布德施仁以厚之，设谊立礼以导之"。此正说明君子承"天命"或"天性"而化导群生，乃至引领与型塑社会公序良俗之义。

[2] 康有为：《春秋董氏学》，楼宇烈整理，中华书局，1990年，第126页。

[3] 聂春华：《董仲舒与汉代美学》，广西师范大学出版社，2013年，第121页。

[4] 牟宗三：《中国哲学十九讲》，吉林出版集团有限责任公司，2010年，第54页。

[5] 所谓"明德"，作为"本体之明"，自是"虚灵不昧"，不曾止息，君子得之于天，而备具"众理"以"应万事"。（参见朱熹集注：《论语·大学·中庸》，上海古籍出版社，2013年，第250页）何谓"浩然之气"？即天地之正气，而君子得之以生、得其所养，而又无以害之，从而径入"本体不亏"以及"充塞无间"之状。参见（宋）朱熹集注：《孟子集注》卷二《公孙丑上》，西泠印社，2003年，第7页。

"览求微细于无端之处"(《二端》);又强调后天性情、精神之培育:"和乐者,生之外泰也;精神者,生之内充也。外泰不若内充,而况外伤乎?"(《循天之道》)通过涵养心志,以达"明善心以反道",可谓"修身审己"而"慎终推效"(《二端》)。因此,君子自入生命本初之情境,故"其心舒,其志平,其气和,其欲节,其事易,其行道"(《必仁且智》),以道为法,以德为则,从而"外无贪而内清净,心和平而不失中正"(《循天之道》)。君子之心合元之体、为天之心,在体悟天人际与之本然态势中,感受"纯知轻思则虑达,节欲顺行则伦得,以谏争僴静为宅,以礼义为道则文德"的法道成德之情实,并渐次趋向于"至诚遗物而不与变,躬宽无争而不以与俗推,众强弗能入。蝘蜒浊秽之中,含得命施之理,与万物迁徙而不自失"(《天道施》)的基于现实而又超然于现实的生命完美之境。

这自然切入到生命之"原初体验"[1]。鉴于"天元"化生之机的永恒性、正向性以及合宜性,故君子之"原初体验"自然兼具了道德性[2](此实为"君子固穷"的根本动因)。其中,即使君子之身行在现实存在中依然难以避免某种工具性、窘困性,但源于人天际与、融通元生,君子之生命状态必然因天理之通达、理事之圆融而浸润着某种自足性。此即"君子素其位而行,不愿乎其外"(《中庸》)以及"不知命,无以为君子"(《论语·尧曰》)的内在动因。这当然并非意味着君子自身画地为牢、固步自封,就逻辑而言,在元生机制境域,一方面"人道义"(《天道施》),君子以其所处时空的相应要求而全身心投入其中,在位谋政,尽其职达其宜,彰显价值,充分展示与体验生命的现场感、获得感;另一方面,君子之为君子并非"完成时",而为"进行时",故"不知则问,不能则学"

---

〔1〕 聂春华:《董仲舒与汉代美学》,广西师范大学出版社,2013年,第121页。

〔2〕 之所以如此判断,在于宇宙秩序即为"道德秩序"(参见牟宗三:《中国哲学十九讲》,吉林出版集团有限责任公司,2010年,第73页)。而宇宙秩序的枢机则为仁正化生之天"元"。

（《执贽》），否则，"君子不学，不成其德"〔1〕，在朝向至上天元的道法复归中，终日乾乾，自强不息，不断超越自身、面向未来。

在此境域，"德道"君子"原初体验"乃是充满"乐感"的生命状态。这正契合了"以儒学为骨干的中国文化的精神"——"乐感文化"〔2〕。"万物动而不形者，意也；形而不易者，德也；乐而不乱，复而不厌者，道也。"（《天道施》）君子以天元仁德养其内，则必"诚于中"以自守，"形于外"而不易（《大学》），这也正是"乐而不乱，复而不厌"的中道状态。因此，天元原发机制于君子人格先期预置了通往生命本然的绝对动势，"学而时习之，不亦说乎"（《论语·学而》）正道出了由"天元－仁正－君子"内在统一，进而展现的君子原初"中正"完美的生存格调，至于"人知或不知"，无关本然，何愠之有？可谓"行中正，声向荣，气意和平，居处虞乐"（《循天之道》）之境。

先天元生机制内在发用与君子对元生之机的后天复归统一于"明于天性"的实践进路中，最终奠基了君子主体人格的生成〔3〕。子曰："一日克

---

〔1〕 （汉）班固撰，（唐）颜师古注：《汉书》卷五十六《董仲舒传》，中华书局，1962年，第2510页。

〔2〕 李泽厚：《论语今读》，江苏文艺出版社，2010年，第27页。

〔3〕 鉴于君子"明于天性"，返本归元，自然契入了源发性之端（即"元之深"），由是打开了一种普遍性与整体性的"超越性视野"（参见黄裕生：《论华夏文化的本原性及其普遍主义精神》，《探索与争鸣》2016年第1期），这就注定了君子由于具有超越性视野而达至超越性的生命状态，即在"以身度天"（《郊语》）的情势中，洞明天不仅在自身，亦在他者，实现由自身的特殊性与个体性转向超越自身达至面向他者的"万物一体"的普遍性与整体性。这同时指向了生命主体性的确立。只有在此意义上，《仁义法》所强调的"质于爱民，以下至于鸟兽昆虫莫不爱"才能成立。进而言之，君子主体人格的生成同时表征着自由的确立。李泽厚认为，董仲舒之"天人合一"宇宙模式强调了人只有在顺应（认识并遵循）此模式中才能在外在行动上获得与自然、社会相协调的自由（参见李泽厚：《中国思想史论》，安徽文艺出版社，1999年，第323页）。实际上，正如文中论证，董仲舒"天人合一"绝不是外在的或形式上的天人之合，更重要的是德行之合、心性之合，即天心、人心均以仁为心。如是而言，君子主体人格之自由实乃外在与内在双重向度的完美统一。

己复礼，天下归仁焉。"（《论语·颜渊》）作为君子人格的典型代表，王者[1]之"好礼义"与"重仁廉"之道德感召，以及"躬亲职此于上"而形成的社会风化之效即"万民听，生善于下矣"。此即"君之所好，民必从之"（《为人者天》）。其中，"处位动风化者"（《玉英》）之君子作为落实王道教化的中坚力量，其操守对于社会风气起着重要引领与型塑作用。这在古代"官师一体，政教合一"的传统治理模式下，尤为明显。《汉书·董仲舒传》有言：贤人君子之在列位者，"居君子之位，当君子之行"，唯此，则"近者视而放之，远者望而效之"，故"下高其行而从其教，民化其廉而不贪鄙"。君子言行举止、自身修持在潜移默化当中被民众赞赏与认可，从而对下民百姓形成示范性的教化与影响，其风范与导向作用不可小觑。在此意义上，君子即"民之师帅"，具有鲜明的范导性品格。庶民之于君子，"犹泥之在钧，唯甄者之所为；犹金之在熔，唯冶者之所铸"。在"上之化下，下之从上"的氛围中，社会良风习俗得以建构、形成。[2]君子彰显其德以示民，仁义以服之，民众"说而化之以为俗"，从而"不令而自行，不禁而自止"，效应之显"不待使之，若自然矣"（《身之养重于义》）。是故"贤能佐职，教化大行，天下和洽，万民皆安仁乐谊，各得其

---

[1] 君子与王者虽然是两个范畴，但二者依然存在交集。其一，《汉书·董仲舒传》多有其证，如从"王者上谨于承天意"，到"人受命于天"，进而推至孔子所言"不知命，亡以为君子"。逻辑上语义自然贯通，故王者即君子。其二，有观点指出，君子最早乃"政治人格"，而非"道德人格"，其意涵囊括了天子、诸侯以及大夫等成员。（参见郭萍、黄玉顺：《"君子"人格的政治哲学意涵及其时代转换》，载《社会科学战线》2021年第8期）

[2] （汉）班固撰，（唐）颜师古注：《汉书》卷五十六《董仲舒传》，中华书局，1962年，第2521、2512、2501页。《后汉书》亦指出君子行持对于"正俗"的影响："君子之所以动天地，应神明，正万物而成王化者，必乎真定而已。"君子成就王道教化的关键在于行事真切而符合实际，因此，"俗无奸怪，民无淫风。百姓上下睹利害之存乎己也，故肃恭其心，慎修其行，内不回惑，外无异望，则民志平矣。是谓正俗"。参见《后汉书》卷六十二《荀悦传》，中华书局，1965年，第2060页。

宜，动作应礼，从容中道"[1]。

因此，董仲舒一再强调，君王唯"与天元本、天元命"，即人君与天元汇通为一，人君之元亦天元之元，方能承"本所从来"而"遂其功"，"相与共功持业"而"化大行"。（《重政》）此即"以元之深正天之端，以天之端正王之政，以王之政正诸侯之位，以诸侯之即位正竟内之治，五者俱正而化大行"。（《二端》）与之相一致，《汉书·董仲舒传》亦曰："为人君者，正心以正朝廷，正朝廷以正百官，正百官以正万民，正万民以正四方。四方正，远近莫敢不壹于正，而亡有邪气奸其间者。"[2]在"人君"与"四方"关系图式中，二者搭建起了正相关关系。"人君"之正直接规制着"四方"之正，"人君"之正乃"四方"之正的先在性要件。在此意义上，"人君"主体人格的确立即"四方"良风习俗乃至社会秩序的生成。

现代科学已经证明，天地、自然生物以及社会具有鲜明的"同构特征"[3]。天元端机不但昭彰着天地人等同构之源，亦强调了其内在相通性。天地人以及社会因元而形成统一整体，或"生命共同体"，董仲舒以元之"始"型塑了天地人等诸相背后的一体图式。这意味着，天元规制中的君子人格构成了其他个体的存在范式，并在理论上为型构、影响其他个体提供了可能性，而"君子之德风"的先导性与示范性则在现实层面予之以涵化进路，其价值取向则在于从整体层面优化社会存在状态。相对于君子以对天元本体的复归而实现了生命对原初境域的本然体验，其对整体社会的影响则表现为"民情至朴而不文"（《王道》）的素朴情状与格局。

《史记·太史公自序》有言："夫阴阳、儒、墨、名、法、道德，此务为治者也"，所谓"务为治者"旨在"秩序之安顿"，此亦"政治或政治

---

〔1〕（汉）班固撰，（唐）颜师古注：《汉书》卷五十六《董仲舒传》，中华书局，1962年，第2508页。

〔2〕（汉）班固撰，（唐）颜师古注：《汉书》卷五十六《董仲舒传》，中华书局，1962年，第2502—2503页。

〔3〕赖泽民：《人类历史科学原理》，中央编译出版社，2006年，第229页。

哲学的主题"。[1]同时，"中国传统伦理就是秩序伦理"[2]，而儒家伦理即衍生于"追求秩序的情结"[3]，无论将董仲舒思想归属于政治哲学还是道德伦理，其旨归皆在以元之枢机规制、导引君子主体人格之确立，从而在逻辑上型塑了道德完美主义的君子人格形象，同时由于君子人格的范导作用而潜在地诱掖社会趋于整体良序。

"天地之性人为贵"（《孝经·圣治》），董仲舒以"天性"统摄君子，在昭彰着君子生身的先天根基的境域中，更加凸显了君子成就性命的"天元"动因，从而在至上层面铺陈了君子道德主体人格涵化的终极理据。如此而言，并非否认君子后天之行持与修为，而是说明，一方面，君子人格生成有赖于先天因素，这是"为生不能为人，为人者天也"（《为人者天》）内在之义，另一方面，君子后天之修为亦有鲜明的先天性意蕴[4]，否则，就无法得以"明于天性"。当然，"明于天性"并非普遍性之为，只是君子对于性命所自的高度洞察。职是之故，虽然董仲舒既说明"人之情性有由天者矣"（《为人者天》），但同时又强调："圣人之性不可以名性，斗筲之性又不可以名性，名性者，中民之性。"（《实性》）孔子有言："唯上智与下愚不移"（《论语·阳货》），因此，"上智"与"下愚"之性具有某种定型性，不可移易，唯独中民之性存在再造可能。君子作为"上智"范畴，身处现实社会依然可以保持自省、明了"天性"、道德自守，"出淤泥而不染"，于后天之维洞明乃至持守先天之道，成为"仁义在身"与"笃行信道"

---

〔1〕 东方朔：《荀子〈天论篇〉新释》，《哲学动态》2017 年第 5 期。

〔2〕 樊浩：《中国伦理精神的现代建构》，江苏人民出版社，1997 年，第 709 页。

〔3〕 张德胜：《儒家伦理与秩序情结：中国思想的社会学阐释》，台湾巨流出版公司，1993 年，第 2 页。

〔4〕 如有学者指出，成德为仁须基于两个方面：其一，源于先天的"生长倾向"，类于孟子所言"才"，此天生而有，可谓"先天而先在"；其二，完成于后天的"伦理心境"，即在社会生活和智性思维作用与影响下而形成的心理境域——虽非生而即有，产生于后天，但其作为"时间之叉"的存在物，依然具有"先在性"，可谓"后天而先在"。（参见杨泽波：《儒家生生伦理学对人性的诠释》，《孔子研究》2019 年第 3 期）

（《孔子家语·五仪解》）之君子，进而由此展开对于中民之性的影响与塑造，这潜在指向了有助于建构良性的社会整体秩序。由是，董仲舒之"天性"君子论在对形上"元"之端机的复归中自然烘托出了理想主义的王道精神。

第三节　董仲舒王道政治内在要求

董仲舒儒学思想作为天学统摄的王道学，相关研究成果较多[1]。王道政治作为儒家关于理想的人类社会生活的理论建构，主要意涵包括"王的德行与功业、王道的政治统治方式、王道政治的性与天道基础等，其核心精神是家庭、家族本位基础上的君主专制主义等级社会的伦理政治秩序系统"[2]。其中，"王的德行与功业""王道的政治统治方式"以及"王道政治的性与天道"作为三大方面，分别属于人文度制、伦理秩序以及天道君王三者。董仲舒王道政治涉及近三十个论域[3]，从属于人文、天道、君主、秩序、伦理、制度等六重维度，六重维度涵摄于人文度制、伦理秩序以及天道君王三个方面之中[4]。

---

[1] 相关研究成果大体分为以下视角：一是对儒家王道思想进行整体研究；二是以先秦、西汉、唐朝、宋明等断代为专题的研究；三是以孟子、荀子、董仲舒、王通、二程、朱熹、王夫之等为代表的专人研究；四是以《尚书》《论语》《诗经》《史记》以及春秋公羊学为专题的研究；五是以"王霸之辨"为主题的研究；六是与西方政治学的比较研究；七是与国际政治相结合的研究；八是与现时代相结合的"两创"研究；九是大陆新儒家有关王道政治理念的论争。这充分说明了儒家王道思想研究领域之宽广、涉及经典与思想家之众多以及研究历史跨度之巨大。

[2] 李祥俊：《儒家王道政治的历史渊源、理论建构与思想演进》，《当代中国价值研究》2017年第5期。

[3] 具体而言，包括民本论、人性论、德治、教化、奉天法古、独尊儒术、受命、尊君、任贤、权威、修养、大一统、正统、五正、调均、和谐、和平、太平、三纲、礼义、正义、仁义、道义、尊礼重信、封建、制官、守常、改制、存二王后等。

[4] 相关内容以《董仲舒王道政治思想的六重维度》为题发表于《衡水学院学报》2024年第2期。

董仲舒王道政治六重维度在天的统摄下构成一理论整体。其中，在人（民）视角，既主张以民为本，又强调君主为尊，实际上并不矛盾，就君、民之间深层关系而言，君主之尊基于以民为本的前提下，这意味着二者在天的框架中辩证为一；在纵向层面，天道的形上性投入、下贯到社会伦理关系之中，或言之，社会伦理关系最终在天道层次得到形上性确证与说明；而社会伦理关系须通过制度予以范约、塑型，并指向社会秩序。

一、王道政治之人文度制

人文度制包括人文、度制两个维度。在王道框架下，人文即王道对人（民）的关注和重视。几乎众多学者都指出了王道与人文之间的关系。有观点认为，董仲舒王道论"强调'明教化民''以民为本'"[1]。又有作者指出，董仲舒王道源于天道，天道是"本质"，即仁，而仁与"民意""民心"相互勾连。[2]这就突出了人文之于天道、王道的重要性。实际上，人文关怀是王道政治的基本要求[3]；君主行仁政，爱民、救民、利民，必须以德治国；以德治国必然要求行教化之道；而王道教化以人性论为依据。因此，董仲舒王道政治之人文维度具体表现在"民本—德治—教化—人性"的逻辑链条中。

（一）王道政治的人文维度

民本论。董仲舒从利民、爱民、救民等角度论述民本论，并推导出"因民受命""王者，民之所往"（《灭国上》）等思想。董子曰：五帝三王治天下，不敢有君民之心。"教以爱，使以忠，敬长老，亲亲而尊尊，不

---

[1] 李润和：《董仲舒的"王道"》，《衡水学院学报》2019 年第 2 期。

[2] 张欣：《"王体道"＝"王就是道"吗？——兼论董仲舒的王道思想》，《邯郸学院学报》2011 年第 2 期。

[3] 《尧舜不擅移、汤武不专杀》有言："天之生民，非为王也，而天立王以为民也。故其德足以安乐民者，天予之；其恶足以贼害民者，天夺之。"某种意义上，此从另一侧面揭示了人文向度下民为邦本之体现。

夺民时，使民不过岁三日。"利民、爱民之心之大显。"民修德而美好，被发衔哺而游，不慕富贵，耻恶不犯。"（《王道》）民心安乐而社会祥和。

董仲舒的天人感应理论及其受命学说，都借助于"民众"这个感应器予以体现。董仲舒曰："彼之所受命者，必民之所同乐也。"（《楚庄王》）这里解释儒家的"乐"，源于民众对先王的崇拜。董仲舒还举出舜、禹、汤、文王当王之时，民众以乐表达服从，说明了民意与"因德而王"之间的关系。所谓"王者，民之所往"，以同音互释揭示了民之于王的至要性。"君者，不失其群者也。故能使万民往之，而得天下之群者，无敌于天下。"（《灭国上》）此又以规范"君"与"民"的辩证关系的同时呈现了民之于君的本位意义。

人性论。王道理想是孟子"政治哲学的核心"，其践行基于"人的心性"之上。[1]这同样适用于董仲舒的王道思想。董仲舒的人性论是性质朴论，其中包含着待教而善的思想。

董仲舒曰："臣闻命者天之令也，性者生之质也"，"故尧舜行德则民仁寿，桀纣行暴则民鄙夭"。[2]董仲舒在提出"性者生之质"的同时，进而以"尧舜行德则民仁寿"隐寓了教化作为王道的应有之义。"质朴之谓性，性非教化不成"，教化乃王者之任，王者上谨于顺承天意，"下务明教化民，以成性也"。[3]这就由"质朴之谓性"而推论王之于民的教化天职。

进而董子又言："天生民性有善质，而未能善，于是为之立王以善之，此天意也。"将民之性与王道进一步联系起来，"王承天意，以成民之性为任者也"（《深察名号》），又一次把人性论引向王道论，从而在人性论层面突出了王道教化的必要性与合理性。

---

〔1〕 张美宏：《孟子王道理想的心性向度》，《管子学刊》2007 年第 1 期。

〔2〕 （汉）班固撰，（唐）颜师古注：《汉书》卷五十六《董仲舒传》，中华书局，1962 年，第 2501 页。

〔3〕 （汉）班固撰，（唐）颜师古注：《汉书》卷五十六《董仲舒传》，中华书局，1962 年，第 2515 页。

人之善性犹米之于谷，"继天而成于外也，非在天所为之内也"。待王教而为善，"王教在性外，而性不得不遂"（《实性》），再次说明了"性未可谓善"的理念，进而说明"王教"的重要性，并得出所谓性即"天质之朴"，而善成于"王教之化"，是故"无其质，则王教不能化；无其王教，则质朴不能善"（《实性》）的结论。

德治论。儒家把治理天下的方式归结为王道与霸道两种方式。秦朝二世而亡，即霸道治理失败的例证。儒家以此为鉴，强调王道政治就是以行仁政、德主刑辅为手段，突出德治、德教的重要性。

董仲舒提出"先王德教"[1]的概念，说明德治教化是王道的重要手段，认为秦"弃捐礼谊"，从而"其心欲尽灭先王之道"，[2]违背先王的道德教化。由是，董仲舒痛斥秦朝"师申商之法"而"憎帝王之道"，从而"非有文德以教训于下"之亡教，[3]主张王道就是通过张扬君王德性，彰昭其政治治理的德政效应，而不是诉诸强力乃至暴力。

教化论。董仲舒曰："夫万民之从利也，如水之走下，不以教化堤防之，不能止也。"民从利之心须赖于教化而止，"古之王者明于此，是故南面而治天下，莫不以教化为大务"。唯有王者之教方致习俗之美。[4]董仲舒认为王者"以教化为大务"，教化作为古代圣王的治国手段，是王道的具体落实。故王者继乱世，须"复修教化而崇起之。教化已明，习俗已

---

[1]（汉）班固撰，（唐）颜师古注：《汉书》卷五十六《董仲舒传》，中华书局，1962年，第2502页。

[2]（汉）班固撰，（唐）颜师古注：《汉书》卷五十六《董仲舒传》，中华书局，1962年，第2504页。

[3]（汉）班固撰，（唐）颜师古注：《汉书》卷五十六《董仲舒传》，中华书局，1962年，第2510页。

[4]（汉）班固撰，（唐）颜师古注：《汉书》卷五十六《董仲舒传》，中华书局，1962年，第2503页。

成"，其功甚大，使"子孙循之，行五六百岁尚未败也"。[1]董仲舒以此向汉武帝说明教化既是王者之责，亦为实现王道之途。

"臣闻圣王之治天下也，少则习之学，长则材诸位，爵禄以养其德，刑罚以威其恶，故民晓于礼谊而耻犯其上。""此亦教化之渐而仁谊之流，非独伤肌肤之效也。"教化之任，可谓大矣！王道在于明道，而明道则需要教化。没有了教化，王道就要断绝。为此，董仲舒把顺命、教化、正法作为王道的"三本"。[2]

教化之道何其大哉！王者"不能独以威势成政，必有教化"。具体表现为，博爱教以仁，不贵"难得者"而教以义，尊亲而教以孝，以此见"教化之功不大乎？"治道以教化为本。董仲舒要求"致其爱慈""敬顺其礼""力其孝弟"，而前提则是"教以仁""教以孝""教以弟"。（《为人者天》）治道寓于教化之中。

（二）王道政治的度制维度

郡国二元制、守常改制、存二王后是王道政治的基本框架，属于王道政治的度制维度。

郡国二元制。儒家推崇的王道处于邦国封建时代。儒家虽然讥世卿，但也支持封建。淳于越就建议秦始皇搞封建，结果被李斯所否定。西汉搞封建，先封异姓藩王，后封同姓藩王，大封功臣为侯，最终形成了封建－郡县二元制。

董仲舒提到"以王之政正诸侯之即位"（《玉英》）与"正朝廷以正百官"[3]，其中，"正百官"与"正诸侯"代表着官制与爵制。董仲舒经历

[1]　（汉）班固撰，（唐）颜师古注：《汉书》卷五十六《董仲舒传》，中华书局，1962年，第2504页。

[2]　（汉）班固撰，（唐）颜师古注：《汉书》卷五十六《董仲舒传》，中华书局，1962年，第2510、2515页。

[3]　（汉）班固撰，（唐）颜师古注：《汉书》卷五十六《董仲舒传》，中华书局，1962年，第2503页。

了"七国之乱",故强调对横行不法的藩王进行管理,提出"强干弱枝、大本小末"(《十指》)的主张,但也维护"亲亲之道",支持封建宗室,并且肯定分封诸侯的合理性。王者理天下,远者不能见,隐者不能闻,是故"割地分民""建国立君"(《诸侯》)。

董仲舒曰:"小国之大夫与次国下卿同,次国大夫与大国下卿同,大国下大夫与天子下士同。二十四等,禄八差。有大功德者受大爵土,功德小者受小爵土,大材者执大官位,小材者受小官位,如其能,宜治之至也。"此即董仲舒所设想的封建制。天子之国即是郡县官僚制:"天子地方千里,为方百里者百……三京口军以奉王家。""天子之国"相当于西汉中央下辖的郡县。至于"公侯方百里""伯七十里""子男方五十里""《春秋》合伯子男为一等,故附庸字者地方三十里"等(《爵国》),均为董仲舒对于爵位及其分封土地的相关设计,而非历史事实。

守常与改制。儒家的政治智慧,注重维护常道,也就是守常。守常与守正有一定的关系,但守常更强调常道在政治中的重要地位。如"禹继舜,舜继尧,三圣相受而守一道",何以如是?"道之大原出于天,天不变,道亦不变",是故无论夏继虞,抑或舜继尧,无救弊之要,因而无所损益。[1]董仲舒强调"天不变,道亦不变",此"道"意指人类社会的王道、政道。董仲舒还强调"继治世者其道同,继乱世者其道变"[2],而所谓的"继乱世者"还是要回到"王道"。守常是"拨乱反正",即是守正。董仲舒在第三策提出"《春秋》大一统者,天地之常经",更说明大一统王道政治的恒久性、常态化。

《春秋》借"善复古,讥易常",彰明法先王之意。然而,所谓"新王必改制者","非改其道,非变其理",只是耀显"非继前王而王",实则

---

〔1〕 (汉)班固撰,(唐)颜师古注:《汉书》卷五十六《董仲舒传》,中华书局,1962年,第2518—2519页。

〔2〕 (汉)班固撰,(唐)颜师古注:《汉书》卷五十六《董仲舒传》,中华书局,1962年,第2519页。

"受命于天"。既然"天大显已",因而"必徙居处、更称号、改正朔、易服色"。其深层意涵则为顺天命,"不敢不顺天志而明自显"。(《楚庄王》) 王道是"一"与"常",改制亦在其界域之中,"制"为动态,从属道;道乃静态,彰显于"制"。故"王者有改制之名,无易道之实",即守常。

守常与改制相表里,一体而两面。具体而言,鉴于"三王之道所祖不同",故于"所遭之变然"而进行调适,以"救溢扶衰"。[1]董仲舒认为王道存在改制更化的性质。王道与王制为表里结构。王道是不变的,王制是王道的具体落实与制度设计,须因时制宜。

存二王后。儒家提出了"存二王后"的思想。《论语·尧曰》提出:"兴灭国,继绝世,举逸民,天下之民归心焉。"孔子要求善待前朝,甚至认为《武》不尽善。《春秋》反对灭人之国。《公羊传·隐公二年》甚至提出"疾始灭"的观点,视灭国为"恶"。

何休针对"隐公三年"的"春王二月"明示:二月、三月皆有王者,二月乃殷之正月;三月为夏之正月。就表层而言,"王者存二王之后,使统其正朔,服其服色,行其礼乐",以显"尊先圣,通三统"之意。[2]就深层来说,"王二月"实则意味着周朝以存留夏商二朝之后的方式彰显其"王道"之大义。

董仲舒是最早提出"存二王后"思想的人,其以"正黑统""正白统"以及"正赤统"之"三正"分别述之:"听朔废刑发德,具存二王之后也"(《三代改制质文》),即黑白赤三统都要"具存二王之后"。这说明"存二王后"是三代的共同要求。可以说,董仲舒是发扬"存二王后"至为关键的学者。

"存二王后"彰显了现存王朝对于道体的坚守、道统的承传。王者之

---

〔1〕 (汉) 班固撰,(唐) 颜师古注:《汉书》卷五十六《董仲舒传》,中华书局,1962 年,第 2518 页。

〔2〕 (汉) 何休解诂,(唐) 徐彦疏:《春秋公羊传注疏》,刁小龙整理,上海古籍出版社,2014 年,第 57 页。

法绌王谓之帝，封其后以小国而奉祀之。"下存二王之后以大国，使服其服，行其礼乐，称客而朝。"因此，"称帝者五，称王者三"，意在"昭五端，通三统"。(《三代改制质文》) 实际上，"存二王后"理论并不限于二王后，甚至包含了五帝、九皇。这进一步高扬了王道"通三统"之于天道的大义意蕴。

二、王道政治之天道君王

奉天不仅是君主的责任，更是君主获得受命之途径。天与君在交互作用过程中，君获得天命，天则以君发其意而展其行。故天道构成了王道政治的先天性依据，君王则为践行王道的主体。

(一) 王道政治天道维度

奉天。"王者不可以不知天。"(《天地阴阳》) 知天乃奉天之前提。一定意义上，天之体现即阴阳、五行。故王者奉天即顺应阴阳与五行。于阴阳而言，天"近阳而远阴"，故王者"近天之所近，远天之所远"，从而"大德而小刑"。(《阳尊阴卑》) 王道就是要顺天、奉天，畏惧天命。因为天乃"百神之君"，故为"王者之所最尊"，从而"王者岁一祭天于郊"。(《郊义》) 君主通过祭天一方面表达尊天之意，一方面祭天也是王道政治的重要环节，甚至通过事天、尊天、祭天来确证自身政权的正统性、行为的合法性。

实际上，王者奉天关键在于与天共情而得其正。《王道通三》之"通三"即王道贯通天道、人道（人性）、地道（万物），由是，王道就是对人类社会秩序的最佳安排。其中关键在于王者之正，而"正"乃源于天。董仲舒据《春秋》之义，"求王道之端，得之于正"。如果说"正者，王之所为也"，而王者之正乃"上承天之所为，而下以正其所为，正王道之端云尔"[1]，王依据天道而正己，进而规范人间秩序。王道是天道在人间

---

[1] （汉）班固撰，（唐）颜师古注：《汉书》卷五十六《董仲舒传》，中华书局，1962年，第2501、2502页。

的反映。王道政治要求天子上承于天，故须祭天、事天乃至于按照天道以治国，实现天道与君主的合一。

法古。王道首先体现为古代圣王所行之道，行王道就要尊崇古代圣王，即法古。董仲舒称颂王者"思昔先王之德"，又言"天之所大奉使之王者"，乃"受命之符"，此中之"王"即古代圣王。其治理天下自有其王者气象，由少至长呈现着与天俱来的裁断之宜："少则习之学，长则材诸位，爵禄以养其德，刑罚以威其恶"，此即正。其效应自然为"民晓于礼谊而耻犯其上"。[1]圣王之治实则不治而治，此即法古之根据。

自周末以降，"时世之不仁，失王道之体"，孔子"明得失，见成败"，进而"缘人情，赦小过"（《俞序》）以著《春秋》，将王道治理范式寓于其中，即"托乎《春秋》正不正之间，而明改制之义"。以《春秋》表其意，"欲以上通五帝，下极三王，以通百王之道"，倡导通过法先王而达至"极理以尽情性之宜"的王道局面，使"天容遂"。（《符瑞》）

崇圣。法古与奉天相辅相成，法古即意味着奉天，而圣人与天互通，故奉天自然崇圣。"《春秋》之道，奉天而法古。"奉天法古为《春秋》大义，乃先王平天下之遗道。"圣者法天，贤者法圣，此其大数也。"（《楚庄王》）具体而言，"奉天法古"分为两个层次——"圣者法天"与"贤者法圣"，进而形成了"天—圣—贤"结构。贤即贤君，圣即圣王或圣人。

孔子即圣者典型。董仲舒强调："诸不在六艺之科孔子之术者，皆绝其道，勿使并进。"将"孔子之术"从诸子百家中提升，旨在于通过熄"邪辟之说"以实现"统纪可一"，从而彰明法度以使"民知所从"。[2]此

---

〔1〕（汉）班固撰，（唐）颜师古注：《汉书》卷五十六《董仲舒传》，中华书局，1962年，第2499、2500、2510页。

〔2〕（汉）班固撰，（唐）颜师古注：《汉书》卷五十六《董仲舒传》，中华书局，1962年，第2523页。

即后来所谓"罢黜百家，独尊儒术"〔1〕。其中尊儒术实际就是尊崇儒家圣人孔子。

受命。董仲舒提出了"王者受命"的思想。王者之所以"改正朔，不顺数而往"，实为"授受之义"（《二端》）内在要求。王者受天命而王。"何以谓之王正月？曰：王者必受命而后王。"（《三代改制质文》）此意谓王者受命的必然性。"人之得天得众者，莫如受命之天子。"（《奉本》）王者受天命以立王道，并成为整个政治系统的核心。

董仲舒的王道秩序之所以寄希望于天子，就在于天子接受天命。"唯天子受命于天，天下受命于天子，一国则受命于君。君命顺，则民有顺命；君命逆，则民有逆命。"（《为人者天》）这里把"五正"〔2〕具体化为"受命"过程，形成了"天—天子（君）—国（民）"这一逻辑链条。其中之要即"天子受命于天"。进而言之，所谓"新王必改制"，并非且亦不能改终极道理，而是通过改变具体之制以彰显"受命于天"（《楚庄王》）之意。天子受命于天即意味着承天元之正，以此类推，天下、家国形成了有序和合整体局面。

（二）王道政治君主维度

王道政治在现实中表现为君主政治。董仲舒通过屈伸之义指向既尊崇君主又匡正君主的统一。王道政治在张扬尊君卑臣中强调君主须任贤与修养君德。

屈伸之义。"《春秋》之法，以人随君，以君随天。"何以如是？一则

---

〔1〕 实际上，"罢黜百家，独尊儒术"非董子本意。近四十年来，"罢黜百家，独尊儒术"成为学界探究的焦点。诸多学者围绕其源流、内涵以及影响等方面进行了较为全面与深入的研究。到目前为止，对此问题的关注程度依然未减。具体内容请参阅丁四新：《近四十年"罢黜百家，独尊儒术"问题研究的三个阶段》，《衡水学院学报》2019年第3期；秦进才：《"罢黜百家，独尊儒术"源流考》，《秦汉研究》2022年第1期；林存光、陈林：《"罢黜百家，独尊儒术"之历史含义与意义辨析——与丁四新教授商榷》，《国际儒学论丛》2022年第1期。
〔2〕 "五正"虽然包括两种说法，但内涵相通，其义一也。具体见下文。

"缘民臣之心，一日不可无君"，然而，"一日不可无君，而犹三年称子者"，在于"为君心之未当立"，此即"以人随君"；二则"孝子之心，三年不当"，事实上，"三年不当而逾年即位者"，意谓"与天数俱终始"，即"以君随天"。其中，前者即"屈民而伸君"，后者乃"屈君而伸天"，二者实为《春秋》之大义。（《玉杯》）

此即"屈君而伸天""屈民而伸君"的结构语境。就表层而言，即一般所理解的民众要服从君主、君主要服从上天，从而以此方式限制君权。然而，从深层来说，其意则为[1]：人、君与天三者比较而言，无论如何，天（天伦）乃首要所在。在前任国君去世后，虽依"民臣之心，不可一日无君"，但继位者"犹三年称子"，其原因在于推崇天（天伦或天理）的首要性。此意味着其他一切活动要服从于天（天伦）。正如《论语·宪问》子张所问："《书》云：'高宗谅阴，三年不言。'何谓也？"子曰："何必高宗，古之人皆然。君薨，百官总己以听于冢宰三年。"所以，虽"一日不可无君"，但"孝子之心，三年不当"，此即"屈民而伸君""屈君而伸天"之深意。不过，如果说家是小天（天伦），那么，国（人民）则是大天（天伦）。为此，在家国同构的传统观念中，继位者虽"三年不当，而逾年即位者"，则就是"伸天"——伸"家国""人民"之天。其中在对天的张扬中，底层逻辑即对君王之正的价值构建与导引。

任贤制官。王道政治是贤能政治，要求君主与贤人共治天下。贤能政治是儒家的一贯主张。董仲舒更是把任贤作为王道的重要内容。其标准是，"大材者执大官位，小材者受小官位"，如是则"治天下如视诸掌上"。（《爵国》）

尧受命而求贤圣以治天下，是故有舜、禹、稷、卨、咎繇等辅之，"众圣辅德，贤能佐职"，由是"教化大行，天下和洽"。贤能佐职而万民

---

[1] 此说乃笔者得闻于季桂起教授。季教授结合"屈民而伸君""屈君而伸天"的原态语境进行分析，其得其中要义。

安乐。作为"民之师帅",郡守、县令首先要成为贤人,方得以施行王道。故培养贤人成为必需。而"养士之大者,莫大乎太学",太学乃"贤士之所关""教化之本原"。[1]教化育人成为王道的重中之重。

"王者制官"是董仲舒王道思想的重要内容。其中,"三公者,王之所以自持也。天以三成之,王以三自持。立成数以为植而四重之,其可以无失矣。备天数以参事,治谨于道之意也"。董仲舒申明"三公"是"王之所以自持",甚至把官制看作"备天数以参事,治谨于道之意"。依此逻辑,"天有四时,时三月;王有四选,选三臣","先王因人之气,而分其变以为四选,是故三公之位,圣人之选也"。象天以制官,企及"道必极于其所至,然后能得天地之美"的臻善境域。(《官制象天》)董仲舒把官僚制度体系与天联系起来,以本体化论证,从而在终极层面为官员选任提供了支持。

尊君卑臣。尊君卑臣源于天道。"为人君者,其法取象于天。"由是,"天执其道为万物主,君执其常为一国主",而"为人臣者,其法取象于地。故朝夕进退,奉职应对,所以事贵也"。官与臣实际是一体两面。官员作为君主的臣子就要"委身致命,事无专制",即要忠君、尊君。(《天地之行》)为人臣者须"比地贵信而悉见其情于主",而君主则"得而财之",以使"王道威而不失"。(《离合根》)

王道必然意味着君主的权威性。一定程度上,这并非出于主观型塑,而是基于王者承天立道之逻辑。进而言之,非以威而立尊,而是因内在之尊而现外在之威(目的在于立正道)。儒家推崇的舜帝就曾经通过"诛四恶""诛四凶"进而达至"天下咸服"局面,从而折射着舜帝的尊崇地位。董仲舒对楚庄王"专讨"以"实与而文不与"的说法,在表达"君弑贼讨"正义性的同时反衬了尊君崇王之意。

---

[1] (汉)班固撰,(唐)颜师古注:《汉书》卷五十六《董仲舒传》,中华书局,1962年,第2508、2512页。

故《春秋》反对诸侯行威与擅权。"诸侯强者行威，小国破灭。晋至三侵周，与天王战于贸戎而大败之。"（《王道》）此即批判了晋国危害周王室的权威。在此意义上，董仲舒坚持"齐桓不予专地而封，晋文不予致王而朝，楚庄弗予专杀而讨"（《楚庄王》）的主张。其中逻辑前提就是以反对诸侯僭越天子威权而彰显君王的尊崇地位。

君德修养。王道要求君主正己修德。道德修养构成了王道政治的重要节点。"古者修教训之官，务以德善化民"，此即明确了对于君者的德性修养要求。具体而言，一则须"上谨于承天意"，二则"务明教化民"，三则"正法度之宜"。[1]三者均指向王者自身的道德修养，本立而王道成。

君德修养体现为"五事"，即貌、言、视、听、思。此"五事"，"人之所受命于天"，而"王者所修而治民"。（《五行五事》）君主通过修持"五事"，而"能敬""能治""能知"以及"无失谋"，以此治国理政、型构良俗。

君德修养一个重要方面就是忧患意识。为圣者"贵除天下之患"，前提是"见天下之所以致患"，方能"除天下之患"。唯"天下者无患"，是故"性可善"而"清廉之化流"，达至"王道举"。（《盟会要》）王者居安思危、心忧天下，乃径入王道政治的基本条件。

三、王道政治之伦理秩序

中国传统政治即家国同构，具有鲜明的伦理特征。王道政治的落实主要借助于伦理秩序。

（一）王道政治的伦理维度

董仲舒把伦理道德概括为"三纲五常"思想。除此之外，董仲舒特别重视尊礼重信、礼谊、仁义等伦理道德之于王道的作用。

---

〔1〕（汉）班固撰，（唐）颜师古注：《汉书》卷五十六《董仲舒传》，中华书局，1962年，第2515页。

三纲五常。董仲舒曰："王道之三纲，可求于天。"如果说王道体现着以王者为主导的整体秩序，那么，"三纲"则为社会整体的规约化制式。这意味着，"三纲"成为上承王者、下导群生的伦理规范。具体而言，君臣、父子以及夫妇之两两相对而又相互为一之情状成为范导社会的阴阳统一体。其理论根据为："物莫无合，而合各有阴阳。""阴者阳之合"，依此类比，则"妻者夫之合，子者父之合，臣者君之合"。在匹合中阴阳互兼而为一："阳兼于阴，阴兼于阳"，故夫妻、父子以及君臣之间互兼而一体。(《基义》)董仲舒将伦理关系与阴阳之道在比附中确证了君臣、父子、夫妇之间阴阳相比而为一之道。

常是王道的重要伦理内容。"仁谊礼知信"作为五常之道，董仲舒非常强调其对于王者的价值或意义，将之定为"王者所当修饬"之论。唯此，才能"受天之祐"而"享鬼神之灵"，进而"德施于方外，延及群生"。[1]五常作为"王者"的修饬内容，一旦化为王者内在心境与意识自觉，自然以其示范性而对整个社会产生范导作用。譬如《孝经》所言："爱敬尽于事亲，而德教加于百姓，刑于四海。"

礼乐仁义。礼乐为王道之具体规范体现。如果说王道作为"所繇适于治之路"近于抽象，那么，礼乐仁义则为王道的具体呈现形式或仪轨，即"仁义礼乐皆其具也"。即使王者没，其后世之所以安宁顺守乃至数百年，"皆礼乐教化之功"。礼乐为王道必然要求，为此，王者治天下，"以教化为大务"，意在"渐民以仁，摩民以谊，节民以礼"。[2]礼以安序，乐以发和，而成王道之治。

仁义乃王道政治的基本点，其端在天。"天之为人性命，使行仁义而羞可耻"(《竹林》)，仁义非王者无以能，其效大！其应远！即"以仁厚

---

〔1〕（汉）班固撰，（唐）颜师古注：《汉书》卷五十六《董仲舒传》，中华书局，1962年，第2505页。

〔2〕（汉）班固撰，（唐）颜师古注：《汉书》卷五十六《董仲舒传》，中华书局，1962年，第2499、2503页。

远""爱及四夷"。(《仁义法》）王者以仁义为则，亲近以来远，"溥爱而亡私，布德施仁以厚之，设谊立礼以导之"[1]。此《春秋》之所善，"仁义以服之也"（《竹林》）。

道义。王道最终要符合天道的要求。以德治国以道为导向并趋向于道。"强勉行道，则德日起而大有功"[2]，"强勉行道"就是要践行王道政治。王道政治即行仁政，"正其道不谋其利，修其理不急其功"，于悄无声息自然而然过程中，"致无为而习俗大化"（《对胶西王越大夫不得为仁》）。一定意义上，正谊明道是对整部董子学的基本概括。

董仲舒大量阐发《春秋》大义，进而使得王道之义借助春秋学得以显明。当然，其中对于"义"的阐释开显非辞所能表达，因为"不义之中有义，义之中有不义"，故"辞不能及"。辞从于指，"见其指者，不任其辞"，其中即道义所在（《竹林》）。董子春秋学通过"事－辞－义"结构，以事而措辞，措辞以达义。道义构成了《春秋》王道的根本法则。

尊礼重信。董仲舒推崇"尊礼重信"的价值，认为此乃王道借《春秋》彰显的大义："《春秋》纪纤芥之失，反之王道。追古贵信。"（《王道》）《春秋》通过记录微小之差失以警示、复归于王道品格，其中基本尺度即信与礼。"《春秋》尊礼而重信。"董仲舒通过"宋伯姬疑礼而死于火，齐桓公疑信而亏其地"两个典型事例予以说明，其程度可比"信重于地，礼尊于身"，甚至将其提到"天下法"的高度，由此可见礼与信之于王道的重要价值。（《楚庄王》）

---

[1] （汉）班固撰，（唐）颜师古注：《汉书》卷五十六《董仲舒传》，中华书局，1962 年，第 2515 页。

[2] （汉）班固撰，（唐）颜师古注：《汉书》卷五十六《董仲舒传》，中华书局，1962 年，第 2498 页。

（二）王道政治的秩序维度

王道是"儒家式世界秩序的设计"[1]，或言之，"世界秩序"是儒家王道所追求的理想秩序。董仲舒对于理想秩序的设计即首倡大一统理论，进而要求维护正统。王者是大一统的核心，而实现大一统就在于行王道。大一统、五正、调均、太平构成了王道政治在秩序维度上的要求。

大一统。大一统是董仲舒王道学的核心思想。王道重在奉天法古，大一统意在"贵元正本"。[2]王道政治要求君主要一统天下、王天下。《公羊传》甚至认为"王者无外"。董仲舒对大一统有"王正月""元年春"以及"天地古今"等三种解释，由此说明大一统本身就构成了一个天、圣、王、君、臣（官）、民、儒（师）的统合一体结构。

董仲舒曰："有非力之所能致而自至者，西狩获麟，受命之符是也。然后托乎《春秋》正不正之间，而明改制之义。一统乎天子，而加忧于天下之忧也。"（《符瑞》）这说明"王道"要"托乎《春秋》正不正之间"，即以正不正而为正，由是"一统乎天子"方具有正当性。何以"一统乎天子"？天子"受命而后王""以己受之于天"，故由"改正朔，易服色，制礼乐"，而至"一统于天下"。（《三代改制质文》）天子或王受命于天，故天构成了"一统"的本根。这一方面体现了王之正统性，一方面也意谓王者之最高权力性质。

王之名号涵摄着一统之义。王号之大意包含相互贯通之"五科"："皇科、方科、匡科、黄科、往科。"（《深察名号》）王具有"皇、方、匡、黄、往"五个含义，其中"皇"即大、一、统之总谓[3]。可谓天覆而无外，地载以兼爱，王者之风行而天下一其威，如甘霖之布施而万物受其

---

[1] 王楷：《论儒家王道理想的道德基础及其现代困境》，《中国哲学史》2023年第2期。

[2] 谢遐龄：《董子大一统学说是王道学核心思想》，《德州学院学报》2019年第5期。

[3] 苏舆引《白虎通·号篇》解释"皇"之义，说明成人之美而不扰人以劳是谓大、美，故为一统之的。参见（清）苏舆：《春秋繁露义证》，钟哲点校，中华书局，2015年，第282页。

德，即一统之象。

大一统实则大正统。"《春秋》何贵乎元而言之？元者，始也，言本正也。道，王道也。王者，人之始也。王正则元气和顺、风雨时、景星见、黄龙下。"(《王道》) 元始本正，故王受元之始而为正。由是，王正则元气和顺，从而如"五帝三王之治天下"，成就"王道乐土"。

进而言之，居正乃君主之法要。董仲舒通过释解《春秋》"宋督弑其君与夷"以及《公羊传》相应表达，在以隐讳方式肯定其中谦让之德的同时，更伸张了"居正"之要义。这就说明大居正、贤让国之间复杂的辩证关系。其中关键即通过嫡长子"居正"继承制度折射了王道政治内在精神即正。

五正。董仲舒提出的"五正"结构是王道秩序的体现。何谓"五正"？即通过"为人君者"之"正心"而感发，依次形成"正朝廷""正百官""正万民"以及"正四方"一体联动式之应感模式，从而达至阴阳调和、天地润泽、福祥毕至的王道盛世。[1] 即"君—朝廷—百官—万民—四方"之一统谱式。

《春秋》之道又强调以"元之深"而起，而正"天之端"，进而以前因后果之链而正"王之政""诸侯之即位"以及"竟内之治"，从而"五者俱正而化大行"。(《二端》) 于是，五正为"元""天""王""诸侯"以及"竟内"五个层次。五个层面中，"元之深"为根本，决定着其他四个方面，由是实现了王道秩序的扩展。五正与三正相通。董仲舒发《春秋》"元年春王正月"之大义，指出三正为"天（春）—王—正月"。"王"在"春"之后，即是以天正王。

调均。董仲舒在《度制》篇提出"调均"思想，旨在通过调节财富分配以维护社会治理局面。董仲舒首先引圣人之言以为据："孔子曰：'不患

---

[1] （汉）班固撰，（唐）颜师古注：《汉书》卷五十六《董仲舒传》，中华书局，1962年，第 2502—2503 页。

贫而患不均.'"进而分析财富不均之弊,在财富一定的情况下,"有所积重"必然"有所空虚",进而由贫富而滋生不安定因素,即"大富则骄,大贫则忧。忧则为盗,骄则为暴"。圣王察之而"制人道而差上下",通过立度制而调节贫富差别,以近于"富者足以示贵而不至于骄,贫者足以养生而不至于忧""上下相安"之势局。(《度制》)

太平。王道之美好图景最终落实在社会秩序和谐之上。董仲舒曰:"道,王道也。王者,人之始也。王正则元气和顺、风雨时、景星见、黄龙下。"(《王道》)王者作为天地宇宙之枢机,其正构成了"元气和顺"即社会大治的充要条件。如是图式中,百姓生活殷实、心地淡然、各安其位,一派祥和安乐之象:"民家给人足""修德而美好"。与之相应,人伦、物理、天序一统于和。(《王道》)其情其状非王者孰能当是!

在对策中,董仲舒曰:"今陛下并有天下,海内莫不率服",其关键在于"至德昭然",足显"太平之致"。[1]董仲舒的三世异辞说后被何休发展为太平世说,成为王道的重要维度。诸如"不览先王,不能平天下"(《楚庄王》)等表达,乃董仲舒多次使用的话语,足以说明"和平""统一"在王道范畴中之重要性。

对于匈奴,和平尤贵。董仲舒认为,为了和平,即使"以厚利"而取,尤为必要。反对为了战争而进行全国动员,乃至于耗费财富。"与之厚利"比起"三军之费"要少很多。这是一种较为成熟的眼光,虽然倾向于守成,但却有助于维护和平。董仲舒在春秋学当中对征战进行了严肃追讨,批判好战思想。当然,在迫不得已的情况下虽倾向于"偏战",但更强调的是"任德不任力""修文德以来之"的和平态度。

董子学立足于春秋公羊学,尤为注重对王道论、大一统论具体而微之阐发。然其王道学散布在董仲舒思想的各个角度与层面,涉及大量的概

---

[1] (汉)班固撰,(唐)颜师古注:《汉书》卷五十六《董仲舒传》,中华书局,1962年,第2511页。

念、范畴，将其统之于六重维度，只是粗线条的纲要式勾勒与整理，距离精细化程度仍有探究、解析空间。董仲舒王道思想虽然表现为多重维度，但鉴于其天学统摄，从而成为体系性理论。

董仲舒王道政治体现于其国家治理思想的基本要求、具体法要以及主要内容等要义之中。

第四章　董仲舒国家治理思想之要义

　　董仲舒国家治理思想的主体即其基本要求、具体法要以及主要内容。其中，"崇尚三本"乃国家治理思想的基本要求，而"大略十指"则为其具体法要。二者均为王道政治的逻辑延展，在此基础上衍生出国家治理思想的具体内容，即政治"更化"、经济"调均"、文化"一统"与核心价值、社会教化、以民为本、制度建设以及官吏选拔考核等。

第一节　董仲舒国家治理思想的基本要求

　　如果说董仲舒国家治理思想具体策略侧重于术的层面[1]，那么，其"崇尚三本"的基本要求则必然重在道之映现。这构成了董仲舒的伟大所在！个中关键在于：董仲舒以超越个体之主观而达于整体之客观的大智大慧呈现了天地根本律则。一方面，强调天地于人的先在性，一方面，更主张人本于天而又与天为一的价值性。故在明确了人的本体性根基的同时，确证了人魂归初心、复性返命的终极取向。

　　《人副天数》言曰："天德施，地德化，人德义。天气上，地气下，人气在其间。"在传统文化语境中，宇宙即气的呈现或复合体，气的运

---

〔1〕　实际上，董仲舒整个思想内容言必由天，即使具体的国家治理策略，无一不是从天或天道推出，故相应国家治理措施虽为操作之术，但均折射着道体精神。

化、发用于春夏秋冬流变中展现着生长收藏的节律征候。相对而言，天气、人气以及地气虽然存在着上、中、下空间之别，但就三者均作为气而对于生长收藏的功用而言，则无分高下之判。"春生夏长，百物以兴，秋杀冬收，百物以藏。故莫精于气，莫富于地，莫神于天。天地之精所以生物者，莫贵于人。"（《人副天数》）天施地化之功、地富天神之妙以及人为天地之贵三方面集中体现为至精之气。对于"莫精于气"，苏舆释之曰："气者，元也，胚胎于天地之先。"〔1〕如是而言，天地人于形为三，而于气则一（元）。故"崇尚三本"实则以一（元）为贵。〔2〕

一、"崇尚三本"的具体内容

"何谓本？曰：天地人，万物之本也。天生之，地养之，人成之。天生之以孝悌，地养之以衣食，人成之以礼乐，三者相为手足，合以成体，不可一无也。"（《立元神》）在根本意义上，天地人不可或缺、合而为一，于共同发用之中成就着天清地宁人和的王道治世。分而论之，天志本仁，于万物化生之中内在赋予了其孝悌品性〔3〕；大地醇厚，育万物并以衣食而济养之；人道德义，制礼乐而成就万物以合宜浃洽。实际上，无论"天生之以孝悌"，还是"地养之以衣食"，并非生成"孝悌""衣食"，而实为提供了二者生成的基础性条件，其中关键在于必须经由人的参与（制礼作乐），天之所生、地之所养才能实现其效，即"人成之"。或言之，"人成之以礼乐"，其意大矣！无视其中之要，弊害必现："无孝悌则亡其所以生，无衣食则亡其所以养，无礼乐则亡其所以成也。"其结果为："民如麋

〔1〕（清）苏舆：《春秋繁露义证》，钟哲点校，中华书局，2015年，第347页。

〔2〕相关内容以《贵微重始：董仲舒"元机说"发微——从〈春秋繁露·二端〉及卢注说起》为题发表于《河北师范大学学报（哲学社会科学版）》2024年第5期。

〔3〕董子思想的鲜明特色即"天人一"（《阴阳义》），由是，"万物""人"等范畴具有互含性，进而"孝悌"等品性亦为整体之天所涵摄。

鹿，各纵其欲"，乃至堕入"父不能使子，君不能使臣"的离乱状态。（《立元神》）是故言曰："民生而有欲，圣人范之以礼，为之立父子兄弟之等以致其严，为之冠昏以厚其别，为之丧祭以致其哀，所以防其纵而畅其情也。苟从欲之所极，则食色视为性成，检闲苦为多事，违禽兽焉不远。家无良子弟，君亦安得有良臣民哉？故政教之本，必在家庭；庠序之义，首申孝悌。"[1]

《立元神》进而申之："明主贤君必于其信，是故肃慎三本。"具体言之，"郊祀致敬，共事祖祢，举显孝悌，表异孝行，所以奉天本也"，此为其一。其二，"秉耒躬耕，采桑亲蚕，垦草殖谷，开辟以足衣食，所以奉地本也"。其三，"立辟雍庠序，修孝悌敬让，明以教化，感以礼乐，所以奉人本也"。凌曙注："《大戴礼》：礼有三本。天地者，性之本也；先祖者，类之本也；君师者，治之本也。无天地焉生？无先祖焉出？无君师焉治？三者遍亡，无安之人。故礼：上事天，下事地，宗祀先祖，而宠君师，是礼之三本也。"[2]明主贤君之肃慎三本借助于事天、地以及先祖之礼而进行，通过礼奉三本，使人"感以礼乐""明以教化"，从而在感而遂通的情势中于人"作其善心，起其佚志"[3]。

"圣贤勉而崇本而不敢失"，故"崇尚三本"成为人君不可移易的生命之分。"君人者，国之本也。夫为国，其化莫大于崇本，崇本则君化若神，不崇本则君无以兼人。"为政者治国理政的最高境界如天之为而成化，此即"崇本则君化若神"。（《立元神》）

如是境域，人天通贯而共节律。在"人资诸天"（《王道通三》）的场势中，天之情性，"体而行之，则存乎人"[4]。由是，人君与天协同而动，

---

〔1〕（清）苏舆：《春秋繁露义证》，钟哲点校，中华书局，2015 年，第 165 页。

〔2〕（汉）董仲舒撰，（清）凌曙注：《春秋繁露》，中华书局，1991 年，第 94 页。

〔3〕（清）苏舆：《春秋繁露义证》，钟哲点校，中华书局，2015 年，第 166 页。

〔4〕（清）董天工：《春秋繁露笺注》，黄江军整理，华东师范大学出版社，2017 年，第 163 页。

"共持变化之势"，"人主以好恶喜怒变习俗，而天以暖清寒暑化草木"。人君体天而行，应天而化，故"天地人主一也"，"使好恶喜怒必当义乃出，若暖清寒暑之必当其时乃发也"。诚如是，"可谓参天矣。深藏此四者而勿使妄发，可谓天矣"（《王道通三》）。人主之用情，必当乎义，若天当乎时。人主"庶情不差而时不过"，可谓参天，而与天一也。[1]

一定程度上，天人相偶而为一不在于数量关系之对应，亦非具象形体之类似，而在于隐于有形之体中的无形义理。正是在此意义上，言曰："天地之符，阴阳之副，常设于身。身犹天也，数与之相参，故命与之相连也。"人作为天的副本，承于天而成其天。此即受命乎天而为仁义。《释名·释形体》："人，仁也。仁生物也。故《易》曰：立人之道曰仁与义。"[2]人何以立？同于天道也！是故天人之间，"比而偶之弇合，于其可数也，副数；不可数者，副类，皆当同而副天，一也"。而其中的关键在于，"陈其有形，以著其无形者；拘其可数，以著其不可数者"。人与天的显性具象相类体之中，内在会通着无形之义理，或言之，人天犹如形体之相似，其道亦相通，即"道之亦宜以类相应，犹其形也，以数相中也"。（《人副天数》）

故就形式而言，"崇尚三本"意味着对天、地以及人的尊崇与推尚，而就天人为一来看，"三本"具有内在的统一性。究而论之，"崇尚三本"实为推崇"三本"之共性，此即"崇尚三本"之实质。

二、"崇尚三本"的内在意涵

天之施与、地之化育以及人之仁义，合而言之，其中有"端"且寓"本"于其中。可谓之"精""一"，即《天道施》所云："天道施，

---

[1] （清）董天工：《春秋繁露笺注》，黄江军整理，华东师范大学出版社，2017年，第164页。

[2] （汉）刘熙：《释名》，中华书局，2016年，第24页。

地道化，人道义。圣人见端而知本，精之至也；得一而应万，类之治也。"

《春秋繁露》贵微重始，多次重申"端"[1]，由是其在董子思想中的重要性可见一斑。最具典型意义的是，《二端》一篇阐释了"端"之要义："《春秋》至意有二端，不本二端之所从起，亦未可与论灾异也，小大微著之分也。""小大微著"之"二端"乃《春秋》之"至意"，是故"夫览求微细于无端之处，诚知小之将为大也，微之将为著也。吉凶未形，圣人所独立也，虽欲从之，末由也已，此之谓也"。"二端"即小大、微著。其中关键在于"二端之所从起"，也就是"求微细于无端之处"，正是在"无端""未形"之中。于此境域，事物将萌而生，但尚未成形，唯具其生意，蓄其长势，所谓运其化而未尽其功而已。"览求微细于无端之处"的意义在于，以未雨绸缪之态，先期洞察乃至把控事物的"源发机制"及其演进路向，从而规避其害以成其宜[2]。

囿于"无端"源发机制"未形"，故难以识认，非常人所能及，唯圣者明察。这恰恰体现了源发机制之深奥、幽微以及玄妙。此不仅加剧了对

---

[1] 如"《春秋》，义之大者也。得一端而博达之"（《楚庄王》），"翻援比类，以发其端"（《玉杯》），"穷其端而视其故"（《竹林》），"治国之端在正名"，"以元之深正天之端，以天之端正王之政"（《玉英》），"为《春秋》者，得一端而多连之"（《精华》），"存亡之端，不可不知也"（《灭国上》），"援天端，布流物"（《正贯》），"上探正天端王公之位"（《俞序》），"枢机之发，荣辱之端也"，"执无源之虑，行无端之事"（《立元神》），"三统五端，化四方之本也"，"法天奉本，执端要以统天下"（《三代改制质文》），"天有十端"（《官制象天》），"治天下之端，在审辨大"，"性有善端"（《深察名号》）。由是可见"端"在董仲舒整体思想中的意义与价值。

[2] 《对胶西王越大夫不得为仁》有言："正其道不谋其利，修其理不急其功"，故人之存在发展的价值不但不在于急功近利，而是正德、利用以及厚生，以合天地之道的标准而成天地之宜。自然的才是最美的，所谓"天地之行美也"（《天地之行》），正是此意。另苏舆注"《春秋》之好微与？其贵志也"（《玉杯》），"事别美恶之细，行防纤芥之萌，寓意微眇，使人湛思反道，比贯连类，以得其意，所以治人也"。义亦相通。

其认识上的难度，甚至极易导致对董子文本及其内在之意产生误读[1]。值得肯定的是，董天工笺注对于契入文本本义提供了助益。循此理路，不仅可以厘清"圣人所独立也"等数句明确之义，同时也可以从文本逻辑及其内在之意证明此数语并非妄窜，而是论述"无端"之机于不同层次人的认识来说，完全是两种不同的情况或结果，进而有助于理解"无端"机制在本篇乃至董仲舒整个思想体系的基源性价值与作用。

这亦为准确把握"崇尚三本"之义的关键。

对于"圣人所独立也"，其中关键在理解"独立"之意。苏舆疑"独立"乃"文误"，钟本认为当为"独见"。《康熙字典》囊括了有关"立"的诸多文本、释义，与论题相关者有："《说文》：立，住也。《释名》：立，林也。如林木森然各驻其所也。""《礼·曲礼》：立，必正方又成也。"[2]联系《说文》《释名》，"立"有深入其中之义。同时，《曲礼》强

---

[1] 且不说当下理论界对董子哲学思想源发机制之认知存在诸多分歧与歧义，自清代始，由卢文弨对《二端》篇几句话语的判断，以及由是造成的后续影响看，董子之源发机制之难以认识即为明证。《二端》："吉凶未形，圣人所独立也，虽欲从之，末由也已，此之谓也。"卢文弨断言："'圣人所独立也'数句，与上不相承接，又引《论语》语，其为妄窜，益显然。"（参见《春秋繁露》卷六《二端》，卢文弨校，上海中华书局据抱经堂本校刊，第33页）卢文弨校本影响甚广，之后《春秋繁露义证》苏舆案："'虽欲'三句，妄窜无疑，'独立'二字，疑文误耳。"1989年上海古籍出版社出版的《春秋繁露》以及张世亮本（该本引用苏舆注，并认为"苏说是"）。均沿袭卢本或相关观点明显受其影响，故对于卢说须引起重视。钟肇鹏在转卢说的同时，又汇总他说："谭本移此四句于《玉英篇》中'是以或达于常，或达于变也'之下。《改编》：'此数语，文义不连。删。'苏注：'独立'，二字疑文误耳。"进而指出，"'独立'当作'独见'。又《春秋繁露》一书，不少篇中有与上下文文义不连者，今并保留原文，列出各家校注存参"。对于《二端》此数句是否为妄窜，钟本没有明确表达，仅仅说明《春秋繁露》不少篇目确实存在上下文文义不连贯之处。而董天工笺注明示："此言灾异有二端，圣人于端未形而绝之。"董氏笺注不无道理，从而有助于契入本篇相关范畴乃至董仲舒思想的本义。

[2] （清）张玉书、陈廷敬：《康熙字典》（同文书局原版），中华书局，1958年，第870页。

调"正""成"。综而观之,"立"则为得其正而坚守与秉持之,慎其始,诚其终,一以贯之。引而伸之,"立"实为对道体洞明基础上的一贯持守,具有深刻的信仰意涵。由是,《易传·象传·大过》:"君子以独立不惧。"孔子有言"三十而立"(《论语·为政》)。其中折射着洞明德道性天基础上的道德人格之持守与挺立,"德成之谓立"(《庄子·天地》)。鉴于此,"独立"当优于"独见"。是故"圣人所独立"即圣人对"无端"源发机制的先见之洞明,非圣者不能察。正如《郊语》所言:源发机制似"天地神明之心","默而无声,潜而无形","唯圣人能见之"。由是注定了圣者与庶众的区别,即圣人"见人之所不见者",而庶民"固莫之能见"。(《郊语》)或言之,"君子以为文,而百姓以为神"(《荀子·天论》)。

依此逻辑,"虽欲从之,末由也已",其意不言自明[1]。就本然之性而言,"人皆可以为尧舜"(《孟子·告子下》),但于实然之情来说,庶民并非在任何方面、层次均堪比圣者,故有"生而知之者""学而知之者"(《论语·季氏》)之别。一定程度上,这正是圣者区别于庶民大众的根本点。圣者"独立"之远见自是"卓识",非常人所能及,即使心有余,然"智"不足,只能望洋兴叹、无可奈何,根本不存在跟进之可能,故"虽欲从之,末由也已"为其必然。且从逻辑上看,"虽欲从之"句,以意欲从之然无由进路之情实,进一步凸显了圣人洞见之"独",倘若无此语,"独立"之意则甚为逊色。

董子通过"圣人所独立"句,一方面,在阐发圣人对"无端""未形"之机的先见之明及其坚守的基础上,昭示其幽微深玄,另一方面引用颜回赞叹孔子之道的高深而难以找寻可行之进路予以类比,从而进一步明示"无

---

[1] 语出《论语·子罕》:"颜渊喟然叹曰:'仰之弥高,钻之弥坚。瞻之在前,忽焉在后!夫子循循然善诱人。博我以文,约我以礼,欲罢不能。既竭吾才,如有所立,卓尔,虽欲从之,末由也已!'"本章记述颜渊赞叹孔子之道之高且深,虽若不可几及,亦不过在人情性之间,动容之际。实平易而近人,但其中自有高深不可及处。虽以颜回之贤,犹有"虽欲从之,末由也已"之叹。(参见钱穆:《论语新解》,生活·读书·新知三联书店,2005年,第231—232页)

端"之机的空妙与精奥。因此，此数语在文本方面上下通贯，于文意而言则一脉畅明。如是而言，此数句表达非但不突兀，更非妄审。其中关键是，明确了二端之所从起的未形机制之隐幽，进而为当政者治国理政点明了要害。

综上，"圣人所独立"数句意在说明圣王对于"吉凶未形"之"无端"源发机制洞明的先见性与深刻性，非他者所能及。以此明示为国者在治国理政过程中当合天地之道无为大化之态，从而于源机之处——萌而未形之际——守其正，即"政者，正也"（《论语·颜渊》）。以"无端"之正诚于其中，必致万象和洽形于其外。故《二端》继而述论王道政治具体实施措施之正："故王者受命，改正朔，不顺数而往，必迎来而受之者，授受之义也。"苏舆引《白虎通》《檀弓》"三统三正"说阐明王者改正朔，以表"迎来而受"之意，由是可见王者"系心于微而致之著"（《二端》）之意。"《白虎通》：'正朔有三何？本天有三统，谓三微之月也，三微者何？阳气始施，黄泉动微，而未著也。此推之正朔，以明微著之义。'《汉书·律历志》：'三微而成著，三著而成象。'《易·乾凿度》云：'三微而成一著，三著而成一体。'"[1]此即述明微而至著、隐而至显之理路。其中，阳气即元。《二端》继而从"元之深"层次明申守正的必要性、关键性："是故《春秋》之道，以元之深正天之端，以天之端正王之政，以王之政正诸侯之即位，以诸侯之即位正竟内之治，五者俱正而化大行。"

如果说"无端"乃化生"二端"的关键，那么，作为"正天之端"的"元"与"无端"是否存在关联？如果具有关联，其关联程度何在？首先，就"元之深正天之端"逻辑关系而言，元处于天之端的更深层次，由此，元与"无端"之相通即具备了可能性；其次，元之"深""大"[2]则在"未形"层面进一步增强了与"无端"的相通性；再次，"元犹原也"

---

[1] （清）苏舆：《春秋繁露义证》，钟哲点校，中华书局，2015年，第152页。

[2] 一则董天工笺注将"元之深"改为"元之大"；二则《汉书·董仲舒传》有言："元者辞之所谓大也。"

"乃在乎天地之前"（《重政》），又"元者，始也，言本正也"（《王道》）。则在昭彰着元之本原性生机的同时，确证着与"无端"源机的互通，或言之，元即"无端"之化生机制。

《二端》篇首先从"二端"推至"未形"之"无端"，进而将"无端"归结为生生之"元"，其志意在于以"慎终推效"而建构"贵微重始"之理路，从而使人主修身审己，在"内动于心志"之际，"明善心以反道"。实际上，就是复归元正本态，即"仲尼之作《春秋》也，上探正天端王公之位，万民之所欲，下明得失，起贤才，以待后圣"。（《俞序》）苏舆引天启本注："探，一作深，欲，一作始。"又案："探，疑援之误。"并以"援天端"证之。进而指出："'正'字当在'王公'上。正王公之位"，"欲，当从一本作始。"〔1〕然而，如果联系董子思想实质，"探""欲"均没有异议。一则相对于"援"，"探"更能准确表达"元"之深奥；二则万民有欲乃基本事实，而使万民之欲保持中道乃董子关注点之一〔2〕，而持守中道恰为"正"之对象。这当然赖于所探之元正机制。

回到《天道施》所言"圣人见端而知本"，联系上述内容，"本"即"无端"之元生机制，此亦通于"精之至也，得一而应万，类之治也"之"精"与"一"〔3〕。董天工引茅坤注："得一应万，是至理。"〔4〕《淮南·俶真训》："夫道，有经纪条贯，得一之道，连千枝万叶。"苏舆案："圣人之智，足以贯通类而不差忒，故得一物之情而万物可治，所谓正其理则万事一也。"〔5〕此与《天地阴阳》如是言说会通："天志仁，其道也义。为人主者，予夺生杀，各当其义，若四时"，"此之谓能配天"，可谓"人主

---

〔1〕（清）苏舆：《春秋繁露义证》，钟哲点校，中华书局，2015 年，第 155 页。
〔2〕"故圣人之制民，使之有欲，不得过节；使之敦朴，不得无欲。无欲有欲，各得以足，而君道得矣。"（《保位权》）
〔3〕《重政》篇："惟圣人能属万物于一而系之元。"
〔4〕（清）董天工：《春秋繁露笺注》，黄江军整理，华东师范大学出版社，2017 年，第 229 页。
〔5〕（清）苏舆：《春秋繁露义证》，钟哲点校，中华书局，2015 年，第 463 页。

之大，天地之参也"〔1〕，既然王者与天地参，则必然合天地为一而"当其义"，即同于元生之机而臻入化境，正所谓"苟参天地，则是化矣，岂独天地之精哉"（《天地阴阳》）。

"崇尚三本"实则尊崇"元"正之本。旨在使人君合天地大义，无为而为〔2〕、自然而然，再造人间社会达于类天地之良性秩序。"元"即气、精、一，其性乃正，无形无声，化生发用而成万物以正，故"正者，正也，统致其气，万物皆应，而正统正，其余皆正，凡岁之要，在正月也。法正之道，正本而末应，正内而外应，动作举错，靡不变化随从，可谓法正也"（《三代改制质文》），董天工笺注："此言三代正统在正月。"〔3〕而正月之正实乃源于元本之正。因此，"惟天地之气而精，出入无形，而物莫不应，实之至也。君子法乎其所贵"（《循天之道》），是以"为人君者居无为之位，行不言之教，寂而无声，静而无形，执一无端，为国源泉"（《保位权》）。正是在此意义上，《立元神》强调："君人者，国之元，发言动作，万物之枢机。"无论物质层面还是精神层面，抑或政治领域乃至生态领域，皆由元之类比人君所左右。由是，人君为政之要务在于"谨本详始，敬小慎微"。（《立元神》）

三、"崇尚三本"的应然取向

"崇尚三本"意味着人君治国理政应堪比"无端"元机之于天地：元机发用无声无臭，而其发用之应化即天地各展其宜、自然大美，是故人君法则

---

〔1〕 一定程度上，"与天地参"构成了传统文化的基本谱式。如《礼·经解》："天子者，与天地参，故德配天地。"《中庸》："可以与天地参矣。"《荀子·王制》："君子者，天地之参也，万物之总也。"

〔2〕 就天作为人之本而言，人及其家国、社会作为天的衍生存在，其运化、演变乃至发展须遵循天道大律，即因地制宜、以时为则、以义作法。否则，一切为发展而发展、不具条件而创造条件的发展，均须审慎为之。此即"吉凶未形"，不得不先期明了"二端"之故。

〔3〕 （清）董天工：《春秋繁露笺注》，黄江军整理，华东师范大学出版社，2017年，第106页。

天地、德合日月，以"志如死灰"为其政，以"形如委衣"治其国。[1] 其相应表现："安精养神，寂寞无为。休形无见影，掩声无出响。"而具体要求为："虚心下士，观来察往。谋于众贤，考求众人，得其心遍见其情，察其好恶，以参忠佞，考其往行，验之于今，计其蓄积，受于先贤。释其仇怨，视其所争，差其党族，所依为臬，据位治人，用何为名？累日积久，何功不成。"其中关键在于，"可以内参外，可以小占大，必知其实，是谓开阖"（《立元神》）。董天工笺注：开阖，即《易》"辟户谓之乾，阖户谓之坤，枢机之理也"。此言君为国之元，审枢机而谋众贤，察好恶以参忠佞，考往行以验当今，而得开阖之理。[2]

如是则人君治国理政自然达至合于天地、风清气正、出神入化之妙境。"体国之道，在于尊神。尊者所以奉其政也，神者所以就其化也，故不尊不畏，不神不化。"（《立元神》）人君以国为体，于国之爱犹爱自身即为尊为神，何谓也？以正为政，"己欲立而立人，己欲达而达人"（《论语·雍也》），"己所不欲，勿施于人"（《论语·颜渊》），外以健全身心而致完善的方式正其身进而达于庶民家国（正其身以正其国）谓之尊；内以顺应身体生命系统节律之方式推以无为而治化育九州天下（应势而为不折腾）谓之神。为政以正自然不令而行，从而立其畏；无为而治势必默然而成，是故得其化。其入手处为："夫欲为尊者在于任贤，欲为神者在于同心。贤者备股肱则君尊严而国安，同心相承则变化若神，莫见其所为而功德成，是谓尊神也。"（《立元神》）其意为，"君为国之证，不事倡之势，而民自和，而体国

---

[1] 《庄子·齐物论》："何居乎，形固可使如槁木，而心固可使如死灰乎？"《淮南·道应训》："形如槁骸，心如死灰。"《吕览·开春论》："故曰尧之容若委衣裘，以言少事也。"《淮南·原道训》："其纵之也若委衣，其用之也若发机。"苏舆案："委衣，但陈衣而已。言其无为。"参见（清）苏舆：《春秋繁露义证》，钟哲点校，中华书局，2015年，第163页。故"志如死灰""形如委衣"绝非消极无为，实则在尊重天地之道前提下，以对天（自然、人类、当下以及未来）高度负责的态度而进行的谨慎之为——底线在于不因人而违天、危地乃至最终殃及自身。

[2] （清）董天工：《春秋繁露笺注》，黄江军整理，华东师范大学出版社，2017年，第94页。

在尊神。尊者，任贤而国安；神者，同心而化神"〔1〕。人君作为家国天下之关键、枢机，自是备具着德合天地之仁义，由是注定了其"尊神"位势。

尊者之"体"在"正己"，其"用"在"任贤"。己正自然贤者得以任，贤者作为"民之师帅"，责任重大，"所使承流而宣化"，如果"师帅不贤，则主德不宣，恩泽不流"。〔2〕故须"贵德而尊士"，使"贤者在位，能者在职"（《孟子·公孙丑上》）。唯此，家国定安而人君为其尊。然而，当时情实为，官吏"累日以取贵，积久以致官，是以廉耻贸乱，贤不肖浑淆，未得其真"〔3〕，"暴虐百姓，与奸为市"，"亡教训于下，或不承用主上之法"，从而致使"贫穷孤弱，冤苦失职"，"阴阳错缪，氛气充塞，群生寡遂，黎民未济"等负面影响。〔4〕由是可见"不肖在位，贤者伏匿"（《五行变救》）之可怕，而挽救之法，"举贤良，赏有功，封有德"（《五行顺逆》）。是故董仲舒于对策中提出"量材而授官，录德而定位"，具体措施为："臣愚以为使诸列侯、郡守、二千石各择其吏民之贤者，岁贡各二人以给宿卫，且以观大臣之能；所贡贤者有赏，所贡不肖者有罚。夫如是，诸侯、吏二千石皆尽心于求贤，天下之士可得而官使也。"倘若"遍得天下之贤人"，那么，"三王之盛易为，而尧舜之名可及"。〔5〕人君之尊，由是而彰〔6〕！此即从理论与

〔1〕（清）董天工：《春秋繁露笺注》，黄江军整理，华东师范大学出版社，2017年，第96页。

〔2〕（汉）班固撰，（唐）颜师古注：《汉书》卷五十六《董仲舒传》，中华书局，1962年，第2512页。

〔3〕（汉）班固撰，（唐）颜师古注：《汉书》卷五十六《董仲舒传》，中华书局，1962年，第2513页。

〔4〕（汉）班固撰，（唐）颜师古注：《汉书》卷五十六《董仲舒传》，中华书局，1962年，第2512页。

〔5〕（汉）班固撰，（唐）颜师古注：《汉书》卷五十六《董仲舒传》，中华书局，1962年，第2513页。

〔6〕《立元神》："天积众精以自刚，圣人积众贤以自强。""天所以刚者，非一精之力；圣人所以强者，非一贤之德也。故天道务盛其精，圣人务众其贤。"圣人与天相比类意味着，君王之尊非由位而尊——充其量，此仅仅是权力性影响力（人爵），而是源于天德之尊（天爵）。在国家治理之官吏任用方面，天德主要体现为以包容之心而成就人，"量材以授官""据德而定位"，各尽其职，以成其德。

现实、正向与反面两个视角说明人君之尊何以可能。

神者，其"体"在"元"，其"用"在"同心"。体元自然同心：一则"元者为万物之本"（《重政》），二则元之生机的基本品性即仁正，这同时意味着，天之生生过程内在地将仁正之性赋予人以及万相物类之中。故就理论而言，这自然为"同心"提供了潜在性前提条件；同时，天性一大特点即"任阳不任阴"（《阴阳位》），阳主而阴从，是故先天仁正品质自然在后天不忘初心的归命复性教化中激活从而呈现为显性态势。鉴于此，君臣同其心而合天元，可谓同心同德，从而人君国家治理方式犹如天地"妙万物"（《易传·说卦》）自组织系统而内在具备了仁义大化流行机制，此即"阴阳不测之谓神"（《易传·系辞上》）。

"崇尚三本"贵其元，"为人君者，其要贵神"。所谓神，"不可得而视也，不可得而听也，是故视而不见其形，听而不闻其声。声之不闻，故莫得其响；不见其形，故莫得其影"，"莫得其影则无以曲直也，莫得其响则无以清浊也。无以曲直则其功不可得而败，无以清浊则其名不可得而度也"（《立元神》）。如是之言，似有故弄玄虚、规避短弊之嫌，然而，"其要贵神"之意旨既非神化人君，亦非人君自我神化，而是强调人君须以天地之精神为贵。无论天道施还是地道化，其核心精神即元机运化之义。之所以强调"天地之精所以生物者，莫贵于人"（《人副天数》），就在于人作为天地所生，内在着元之仁正性，并承继而光大之。正是在此意义上，人成为"天之继"（《循天之道》）者。相对而言，如果说"天者其道长万物"，那么，人君作为一国之元，当为"王者长人"。（《天地阴阳》）由是，人君之"贵神"意谓承天道而继之，应天地之精神而理万民之治。

"莫得其影"而"无以曲直"，以及"莫得其响"则"无以清浊"，就表层而言，似在以"莫得其影""莫得其响"之虚无化或者神秘化方式最大化地撤离由行而致的"曲直""清浊"之迹，从而营造"无以曲直""无以清浊"之环境；然就深层来说，实以对后天具象有形之弊的揭示昭彰先天抽象无形元机之正，或言之，相对于先天抽象无形之是（元、精、神）——随义而动、应时而变、无为而成，人虽具先天之性，然难以避开后天身形所缚（如《道德经》所言："吾所以有大患者，为吾有身"），从而难以持守中正之道。故一定程度上，"奉天法古"、守天元仁正品性，从而"贵微重始"构成了董仲舒儒学思想的基本意蕴。"立元神"篇名之义就是对天元本正精神的挺立〔1〕。因此，透过文字而深求其意，"莫得其影"等数句只不过在倡导为人君者理应合无形之元机发用而展现的本然原态。此意如下可证："所谓不见其形者，非不见其进止之形也，言其所以进止不可得而见也。所谓不闻其声者，非不闻其号令之声也，言其所以号令不可得而闻也。不见不闻，是谓冥昏。能冥则明，能昏则彰。能冥能昏，是谓神人。""君贵居冥而明其位，处阴而向阳。"人君契合"无端""无形"之元机，必然为冥、为阴，而其发用自然由仁正而现其明与阳。"是故为人君者执无源之虑，行无端之事"，不同于"事后诸葛亮"，人君以"功夫在诗外"之能将工作做到前面，即把握事物先机，"以不求夺，以不问问"。其效为，"吾以不求夺则我利矣"，"吾以不问问则我神矣"。（《立元神》）此言为君者，"以不求夺不问问，彼情出而我用神，此即无为而治之意"〔2〕。

《荀子·天论》："不见其事而见其功，夫是之谓神。皆知其所以成，莫知其无形，夫是之谓天。"董仲舒说："为人主者，法天之行，是故内深藏，所以为神；外博观，所以为明也；任群贤，所以为受成；乃不自劳于事，所以为尊也。"（《离合根》）《韩诗外传》："夫霜雪雨露，杀生万物者也。天无事焉，犹之贵天也。执法厌文，治官治民者，有司也。君无事焉，犹之尊君也。"〔3〕董仲舒说："为人主者，以无为为道，以不

---

〔1〕 尽管《立元神》《离合根》等篇目是否为董仲舒所作存在异议，但就其内在精神而言，与董子哲学思想相契合，均为强调元本要义。"离合根"作为篇目，苏舆认为"似与文义不应"，实际上，完全相应。"根"即元本之义，离合，契合之义。离者，丽也，附着。"离合根"意谓契合元本之机。

〔2〕 （清）董天工：《春秋繁露笺注》，黄江军整理，华东师范大学出版社，2017年，第97页。

〔3〕 转引自（清）苏舆：《春秋繁露义证》，钟哲点校，中华书局，2015年，第161页。

私为宝。立无为之位而乘备具之官，足不自动而相者导进，口不自言而摈者赞辞。"（《离合根》）《淮南·主术训》："是故心知规而师傅论导，口能言而行人称辞，足能行而相者先导，耳能听而执正进谏。"又《御览》七十六引《慎子》云："昔者天子手能衣而宰夫设服，足能行而相者导进，口能言而行人称辞，故无失言失礼也。"凌云："《礼器》：'故礼有摈诏，乐有相步。'注：'摈诏，告道宾主者也。相步，扶工也。'"[1]其中对于人君无为之道的解释虽然存在礼仪化乃至具象化倾向，而实质均为无形之元发用体现，或言之，有形之在实则映现着应时而发、无形无端的元生之机。是故"莫见其为之而功成矣。此人主所以法天之行也"（《离合根》）。

第二节　董仲舒国家治理思想的具体法要

董仲舒国家治理思想之具体法要即"十指"[2]。关于"十指"思想的详细阐述，主要集中在《十指》篇。指，即旨。本篇是在上篇《正贯》基础上的延伸，两篇的思想脉络上下通贯、内容相合[3]，皆为董仲舒关于国家治理的相应原则。《正贯》篇提出《春秋》议事分"六科"，即六类[4]，而此篇阐发治世原则为"十指"。董仲舒认为《春秋》议事遵

---

〔1〕 转引自（清）苏舆：《春秋繁露义证》，钟哲点校，中华书局，2015年，第161—162页。

〔2〕 对于"十指"内容的阐发，参考了魏彦红教授提供的相关资料。

〔3〕 钟肇鹏于《十指》篇目释之曰："《正贯篇》言六科，本篇言十指，正一脉相承，盖属一篇之文。"参见钟肇鹏：《春秋繁露校释（校补本）》，河北人民出版社，2005年，第313页。

〔4〕 对于"六类"具体内容，说法不一。董天工认为，"六类"分别为：志得失之所从生，而后差贵贱之所始矣，一指；论罪源深浅，定法诛，然后绝属之分别矣，二指；立义定尊卑之序，而后君臣之职明矣，三指；载天下之贤方，表谦义之所在，则见复正焉耳，四指；幽隐不相逾，而近之则密矣，五指；而后万变之应无穷者，故可施其用于人，而不悖其伦矣，六指。钟肇鹏则指出，六科为六种旨意，包括天端、流物、得失、法诛、尊卑以及谦义。

"六科十指"，与其后何休的"三科九旨"存在明显不同[1]。

《十指》有言："十指者，事之所系也，王化之所由得流也。""十指"乃人事所维系，构成王道教化流布的根由乃至国家治理具体法要。分别是：见重民，百姓安；察事变，审得失；因至而治，正事本；分本末，别君臣；别嫌疑，是非著；别所长，百官序；同民欲，仁恩达；文而质，化务立；援天端，四时序；考变异，天为行。"十指"以简驭繁，挂一系万，遵循"十指"，即万物和谐，阴阳和顺，四方仁爱，道义畅行。万事万物循天道以从事，把握了"十指"，就掌握了国家治理之大要。

大体而言，"十指"包括了微观、中观以及宏观三个层次。微观层面主要表达了察事明辨，中观层面主要侧重于明分成化，而宏观层面则指向了天元本正。在相对意义上，宏观层面既是微观、中观层面的理论基础，亦为二者之价值取向，或言之，宏观层面实为微观、中观层面之理论前提与价值取向的内在统一。

一、察事明辨：董仲舒国家治理法要的微观旨意

董仲舒国家治理法要之微观向度体现在第一、二以及第五指三个方面，三者集中指向于具体事件发生、变化之际以民生为重、明是非得失。

第一指：见重民，百姓安。

民本思想古即有之。《尚书·五子之歌》有言："民可近，不可下；民

---

[1] 何休《春秋文谥例》云："三科九旨者，新周、故宋，以《春秋》当新王，此一科三旨也。""所见异辞，所闻异辞，所传闻异辞，二科六旨也。""内其国而外诸夏，内诸夏而外夷狄，三科九旨也。"又宋均注《春秋说》："三科者，一曰张三世，二曰存三统，三曰异外内，是三科也。九旨者，一曰时，二曰月，三曰日，四曰王，五曰天王，六曰天子，七曰讥，八曰贬，九曰绝。时与日月，详略之旨也。王与天王、天子，是录远近亲疏之旨也。讥与贬绝则轻重之旨也。"苏舆注《十指》篇目曰："此篇六科十指。何休则用三科九旨，殆胡毋生《条例》别与？"由是可见，"公羊家于三科九旨、六科十指其说各异"。参见钟肇鹏：《春秋繁露校释（校补本）》，河北人民出版社，2005年，第314页。

惟邦本，本固邦宁。"孔子也具有丰富的重民思想[1]，孟子明确指出："乐民之乐者，民亦乐其乐；忧民之忧者，民亦忧其忧。"(《孟子·梁惠王下》)"民为贵，社稷次之，君为轻。"(《孟子·尽心下》)

承此逻辑，董仲舒曰："举事变见有重焉，一指也。"(《十指》)其旨意即董仲舒的民本理念。《春秋》通过记录众多战事、灾变等，凸显的基本思想即重视民生。"政之所兴，在顺民心；政之所废，在逆民心。"(《管子·牧民》)重民，民为邦本，民心即天命。这是第一要旨。"天之生民，非为王也，而天立王以为民也。"(《尧舜不擅移、汤武不专杀》)《春秋》叙事弘道的重要原则之一就是"重民"，即把百姓利益放在重要位置。《竹林》篇中记载："郑文轻众而丧师。《春秋》之敬贤重民如是。是故战攻侵伐，虽数百起，必一二书，伤其害所重也。"战争伤亡严重，受灾难最大和伤害最多的是人民，是百姓，所以《春秋》将每次的战攻侵伐都一一记载下来，目的就是告诫人君战争对百姓伤害之重，从而彰显重民之意。

董仲舒认为重民乃《春秋》治世的首要原则，其意义则在于使"百姓安"。"举事变见有重焉，则百姓安矣。"(《十指》)孔子编纂《春秋》"因其行事而加乎王心"，列举出发生过的重要历史事件，以映现王者之心，即"引史记，理往事，正是非，见王公"，从而使人君从中受到启发并有所借鉴，正所谓"起贤才，以待后圣"。当国君把百姓生活的幸福与安宁、社会的和谐与稳定放在首位，"变习俗而成王化"，国家治理便无大碍了。(《俞序》)以重民为目标和出发点，制定国家管理策略，自然国泰而民安。

第二指：察事变，审得失。

董仲舒承上指进而推出："见事变之所至者，一指也。"(《十指》)苏

---

[1] 以《论语》为例，诸如："节用而爱人，使民以时"(《学而》)，"举直错诸枉，则民服；举枉错诸直，则民不服"(《为政》)，在兵、食以及民信三者之间，孔子主张"民无信不立"的首要性地位(《颜渊》)，"兴灭国，继绝世，举逸民，天下之民归心焉"和"因民之所利而利之"(《尧曰》)等，皆反映了孔子重民思想。

舆注："事发于此，而变见于彼，君子不可不察。"[1]此中逻辑为：任何事情的发生，必然引起其他一系列相应后果。通过眼前或当前之事变，先期预判后续之效，此即又一要旨。这意味着，需要明事相、识本质、预应效、审得失。进而言之，在"知其然"的同时，不仅明了"其所以然"，更要预知事变演进的趋向及其产生的影响。尤其不可无视的是，须通过分析事变产生的后果、影响，能够审视其得失。于君王而言，其中关键在于，一定要具有以此达彼、以彼知此的意识与统观全局的预判、分析能力，以及从众多现象中综合考量、明晰后果、审视得失、规避"非道"[2]并做出抉择的能力。此即"见事变之所至者，则得失审矣"（《十指》）。

以周为例，周衰而天子微弱，此即当时之事变。作为当政者理应预料到一系列不良乃至严重性后果，既包括家国方面，又涉及由人衍涉至天的层次。家国方面，如"诸侯力政，大夫专国"，"诸侯背叛，莫修贡聘，奉献天子"，以及"臣弑其君，子弑其父，孽杀其宗，不能统理"；天之应现，如"日为之食，星霣如雨，雨螽，沙鹿崩"，"霣石于宋五，六鹢退飞。霣霜不杀草，李梅实"，以及"昼晦。彗星见于东方，孛于大辰。鸜鹆来巢"之象等。（《王道》）诸如此类失序性问题皆由天子所致。就应然而言，人君对此当有所预知，明晰后果，并清楚问题的严重性，审视其中的利弊得失，进而在国家治理方面予以调整与优化。

应然毕竟不同于实然。周之衰微为"孔子明得失，差贵贱，反王道之本"（《王道》）提供了现实基础，同时亦为董仲舒总结国家治理之意指——"见事变之所至者，则得失审矣"，提供了思想条件。

第五指：别嫌疑，是非著。

"别嫌疑，异同类，一指也。"（《十指》）何谓"别嫌疑，异同类"？

---

[1] （清）苏舆：《春秋繁露义证》，钟哲点校，中华书局，2015年，第141页。

[2] 《俞序》有言："不由其道而胜，不如由其道而败，《春秋》贵之。"故在董仲舒，价值考量标准非在于利弊，而为道义。

可以《玉英》之文相参:"《春秋》理百物,辨品类,别嫌微,修本末者也。"苏舆注:"理百物者,遂人道之极,以达于万物。辨品类者,人辨其品,物区其类,正名之义也。别嫌微者,美恶贵贱有时不相假借。修本末者,由本逮末,皆循其自然之理也。"〔1〕钟肇鹏校释:"理百物"即"治理各种事物";而"别嫌疑"与"贵微重始"(《二端》)"并其旨";至于"修本末"者,"循其始终之意"。〔2〕统合二人之见,《春秋》意在统理人事物以遂其道,辨别人物品类以正其名,贞定嫌疑微细之处以成其正,慎始诚终而为之以合其机。是故《春秋》之要在于"道""名""正"以及"机",总之,皆本于天。进而言之,天构成了考量一切人事物等是非善恶邪正的根本尺度。"别嫌疑,异同类",即通过区分、辨别相应事物、品类之间的微细之嫌、藐小之疑以及同中之异、异中之同,以明其本、彰其义。由是,是非著显。此即"别嫌疑,异同类,则是非著矣"(《十指》)。

《深察名号》有言:"治天下之端,在审辨大。辨大之端,在深察名号。名者,大理之首章也。录其首章之意,以窥其中之事,则是非可知,逆顺自著,其几通于天地矣。"苏舆注:"辨,别也。审事物之所以别异与其大纲,故曰'辨大'。""盖辨者治之条理,大者治之要纲。"进而引《荀子·正名篇》:"圣王没,名守慢,奇辞起,名实乱,则虽守法之吏,诵数之儒,亦皆乱也。若有王者起,必将有循于旧名,有作于新名。然则所为有名,与所缘以同异,与制名之枢要,不可不察也。异形离心交喻,异物名实玄纽,贵贱不明,同异不别,如是则志必有不喻之患,而事必有困废之祸。故智者为之分别,制名以指实。上以明贵贱,下以辨同异。贵贱明,同异别,如是则志无不喻之患,事无困废之祸,此所为有名也。"故作为"大理""首章"之名,自有其内在理分,不可小视。名分、名教,

---

〔1〕 (清)苏舆:《春秋繁露义证》,钟哲点校,中华书局,2015年,第73页。

〔2〕 参见钟肇鹏:《春秋繁露校释(校补本)》,河北人民出版社,2005年,第134页。

分与教皆以名立，"俾天下懍然而不敢犯，此治世之要枢也"[1]。之所以如是，其中关键在于，通过深察名号，则"是非可知，逆顺自著，其几通于天地矣"。此即关乎正名之别嫌疑、异同类之旨要。

于嫌微之处下功夫，乃避乱趋义的基本要求。"凡百乱之源，皆出嫌疑纤微，以渐寖稍长至于大。圣人章其疑者，别其微者，绝其纤者，不得嫌以蚤防之。""嫌疑纤微"之处，往往为治乱之分野——谨慎从事则为治，听而任之即为乱，不可不慎！是故辨其疑而确其明，别隐微而显其异，绝萌芽而断其源。从根本源头处不使存有几微之嫌，其中关键在于明是非。

二、明分成化：董仲舒国家治理法要的中观意指

董仲舒国家治理法要之中观维度主要涉及第四、六、七以及第八指等四个方面，四者于别职分、辨短长的基础上，尽其宜以成化。

第四指：分本末，别君臣。

国家管理最重要的目标即秩序稳定。春秋末年，周王朝衰落，国君弱微，诸侯臣子僭越礼制，擅自专权，周王室名存实亡。汉景帝时发生了危及国家存亡的"七国之乱"。之所以造成这样的局面，与国家治理之道有直接关系。于是，董仲舒从天地之道层面析而解之，提出"强干弱枝，大本小末，一指也"（《十指》）。干，指天子；枝，指诸侯。天子为本，诸侯为末。大本小末，"本立而道生"（《论语·学而》）。就表层而言，"强干弱枝，大本小末"属于治国之术，具有策略性色彩；然就深层来说，其中折射着本固而末牢的天道至理。这要求，在具体操作层面，国家治理须筑牢、强化上层天子的根基而弱化诸侯的势力，此为国之关键。只有遵循如是原则，才能够明确"君君，臣臣"（《论语·颜渊》）之名分，匡正二者之职分。"强干弱枝，大本小末，则君臣之分明矣。"（《十指》）《后汉

---

[1] 参见（清）苏舆：《春秋繁露义证》，钟哲点校，中华书局，2015年，第277—278页。

书·宋意传》宋意谏宠二王："《春秋》之义，诸父昆弟无所不臣，所以尊尊卑卑，强干弱枝者也。陛下德业隆盛，当为万世典法，不宜以私恩损上下之序，失君臣之正。"[1]君臣之间，无论个人关系如何，一旦见于朝纲，则须明尊卑、差上下，以立君臣之序。苏舆案："《春秋》作于封建之世，而兢兢天泽之辨，盖圣人已烛其弊矣。"诸侯国之弊由是可证，而《春秋》之大义"几君子之前睹也"，"汉初惩秦孤立之敝，而欲复古。至文帝终采贾晁诸人说，渐削诸王。盖强干弱枝之旨"。《左传》桓二年引师服云："本大而末小，是以能固。"[2]

"《春秋》立义：天子祭天地，诸侯祭社稷，诸山川不在封内不祭。有天子在，诸侯不得专地，不得专封，不得专执天子之大夫，不得舞天子之乐，不得致天子之赋，不得适天子之贵。"（《王道》）天子与诸侯的不同职分源于天之赋予。天子是天之子，天赋予其代天行事的职权，具有绝对权威，是国之根本与主宰。诸侯、臣子等均应把天子置于天下至尊的位置，不得专属天子的土地，无权将天子的土地封与他人等。差君臣之职分，明君臣之别序，成天制之道理。

第六指：别所长，百官序。

"论贤才之义，别所长之能，一指也。"（《十指》）苏舆注："此即《春秋》讥世卿之旨，以见公、卿、大夫、士当论材而官，选贤而用。"[3]苏注或有迂曲之嫌。之所以如是断言，有汉以来亦存在任官不材之情，故此指当具有鲜明的现实针对性。

在《贤良对策》中，董仲舒称颂古昔"以任官称职为差"，官职大小层级与为官时间长短无关。"故小材虽累日，不离于小官；贤材虽未久，不害为辅佐。"然而，当时情况为，"夫长吏多出于郎中、中郎，吏二千石

---

[1] 转引自（汉）董仲舒撰，（清）凌曙注：《春秋繁露》，中华书局，1991年，第80页。
[2] 参见（清）苏舆：《春秋繁露义证》，钟哲点校，中华书局，2015年，第142—143页。
[3] （清）苏舆：《春秋繁露义证》，钟哲点校，中华书局，2015年，第141—142页。

子弟选郎吏，又以富訾，未必贤也"。且非据才为任，而是"累日以取贵，积久以致官"，从而导致"廉耻贸乱，贤不肖浑淆"的不良后果。鉴于此，董仲舒对策："臣愚以为使诸列侯、郡守、二千石各择其吏民之贤者，岁贡各二人以给宿卫。"这不仅能够"以观大臣之能"，尤为关键的是，"天下之士可得而官使也"。夫如是，"则三王之盛易为，而尧、舜之名可及也"。其中基本原则为："毋以日月为功，实试贤能为上，量材而授官，录德而定位。"[1]在任官使能方面，一个重要标准即"贤能为上"。贤侧重于德，能偏重于材。因此，选拔官员方面遵照"量材而授官，录德而定位"而执行，以保证"量能授官，贤愚有差"（《天地之行》）。从而使"贤者在位，能者在职"（《孟子·公孙丑上》），或言之，"使人必以其序，官人必以其能"（《五行之义》），各得其宜，各展其能。"高者列为公侯，下至卿大夫，济济乎哉，皆以德序。"（《观德》）由此，则王道自成。

《天地阴阳》："官职之事，五行之义也"，"列官置吏，必以其能，若五行"，"此之谓能配天"。天之志意何在？"天志仁，其道也义。"（《天地阴阳》）依此逻辑，董仲舒指出："论贤才之义，别所长之能，则百官序矣。"（《十指》）不同贤能的官员被安置在相应的岗位，发挥其各自所长，故各得其位而为天职、合天序。

第七指：同民欲，仁恩达。

于国君而言，"亲近来远，同民所欲，一指也"（《十指》）。儒家认为国家治理的基本原则是重民、爱民，以民为本，《礼记·大学》："民之所好，好之；民之所恶，恶之。"想民之所想，急民之所急，"群众利益无小事"，心里时刻装着老百姓，"吉凶与民同患"（《易传·系辞上》）。"孟子乐以天下，忧以天下，乐货勇色园囿池沼皆与民同。同民

〔1〕 参见（汉）班固撰，（唐）颜师古注：《汉书》卷五十六《董仲舒传》，中华书局，1962年，第2512—2513页。相对于往昔任官之序贤，"后世则耆老，在位但以资以齿序，异哉！"康有为：《春秋董氏学》，楼宇烈整理，中华书局，1990年，第189页。

所欲，孔子之至义也。"〔1〕这意味着，首先，亲爱近民，近者亲之，仁心待之，由此形成一种仁爱百姓的氛围；如是自然招致来远，"君子居其室，出其言善，则千里之外应之"，"言出乎身，加乎民；行发乎迩，见乎远"（《易传·系辞上》）。"亲近以来远，因其国而容天下"（《盟会要》），"近远虽殊，民情则一"。〔2〕百姓虽朴，其心昭明，群众的眼睛是雪亮的。君国之恩，感而亲之；君国之寒，伤以远之。是故亲近自然来远，此为其二。"德不孤，必有邻"（《论语·里仁》）、"仁者无敌"（《孟子·梁惠王上》）、"王者无外"（《公羊传·成公十二年》），此之谓也。因此，董子言曰："亲近来远，同民所欲，则仁恩达矣。"（《十指》）当然，"同民所欲"之"欲"，一定意义上，非欲望之欲，而是强调无论人君还是百姓，就基本生活需求而言，应一视同仁，即使存在某种差别，也应该控制在合理程度范围内，不能因基本生活条件之悬殊而导致君民离心之悬隔。进而言之，针对百姓之"欲"，"圣人之制民，使之有欲，不得过节；使之敦朴，不得无欲。无欲有欲，各得以足，而君道得矣"（《保位权》）。"无欲有欲，各得以足"，"欲"之"有无"中悄然超越了生物需求层次，从而使人上升到了人之为人"各得以足"的中正之态，君者民者，概莫能外，非仁者何？钟肇鹏释曰："仁者以德化，亲近来远，与民同欲，则仁恩贯彻于远近，故曰'仁恩达'。"〔3〕

"齐桓挟贤相之能，用大国之资，即位五年，不能致一诸侯。于柯之盟，见其大信，一年而近国之君毕至，鄄、幽之会是也。其后二十年之间亦久矣，尚未能大合诸侯也。至于救邢、卫之事，见存亡继绝之义，而明年远国之君毕至，贯泽、阳谷之会是也。故曰亲近者不以言，召远者不以使，此其效也。"（《精华》）齐桓公依凭"贤相之能""大国之资"犹不能"致一诸

---

〔1〕 康有为：《春秋董氏学》，楼宇烈整理，中华书局，1990年，第190页。
〔2〕 （清）苏舆：《春秋繁露义证》，钟哲点校，中华书局，2015年，第142页。
〔3〕 钟肇鹏：《春秋繁露校释（校补本）》，河北人民出版社，2005年，第318页。

侯"，而在柯盟齐桓公确证了自身的高度信用[1]，从而"一年而近国之君毕至"。"亲近以来远，未有不先近而致远者也。故内其国而外诸夏，内诸夏而外夷狄，言自近者始也。"（《王道》）之后，救邢、卫而彰显存亡继绝之仁义，"远国之君毕至"。其亲近来远之志意、仁恩畅达之功效由是可见。

第八指：文而质，化务立。

"承周文而反之质，一指也。"（《十指》）凌曙注：《白虎通·三正》引《尚书大传》："王者一质一文，据天地之道。"[2]具体言之，"质法天，文法地"（《礼三正记》）。汉承周而起，故承周文之际同时须救其浮华之弊，此即"反之质"，"承文反质，所以救弊"[3]。由是而至文质兼备而为宜的平衡状态。否则，或"质胜文则野"，或"文胜质则史"，均有所失。唯"文质彬彬"，方为优化格局。（《论语·雍也》）

因而，董子有言："承周文而反之质，则化所务立矣。"（《十指》）周重礼乐，故其尚文而偏于华。鉴于此，一方面有汉承周之文，另一方面则须复归文之形式所承载的实质。由是教化自成。进而言之，文质兼备，既以教化为前提，又是教化之效应。所谓"建国君民，教学为先"（《礼记·学记》），盖为此意。是故董子以王道政治为导向，在对策中提出人君治国理政"莫不以教化为大务。立太学以教于国，设庠序以化于邑，渐民以仁，摩民以谊，节民以礼"，如是"教化行而习俗美"。[4]可谓"政化所施，得其归要"[5]。

----

[1]　《春秋》庄公十三年："公会齐侯盟于柯。"鲁、齐发生战争，鲁败而割地求和，双方在柯地会盟。会盟之日，鲁将曹沫手持利刃威胁齐桓公归还所侵之鲁地，齐桓公只得答应。盟后，齐桓公虽后悔，但还是信守了诺言，归地于鲁。"桓公之信，著乎天下"由是而立。

[2]　（汉）董仲舒撰，（清）凌曙注：《春秋繁露》，中华书局，1991年版，第80页。

[3]　（清）苏舆：《春秋繁露义证》，钟哲点校，中华书局，2015年，第142页。

[4]　（汉）班固撰，（唐）颜师古注：《汉书》卷五十六《董仲舒传》，中华书局，1962年，第2503—2504页。

[5]　（清）苏舆：《春秋繁露义证》，钟哲点校，中华书局，2015年，第143页。

进而言之，"礼者，庶于仁、文，质而成体者也"（《竹林》）。就文质之间关系而言，文著于质，质显于文，二者内在相依、合而为一成其体。故曰："文著于质，质不居文，文安施质？质文两备，然后其礼成。"（《玉杯》）

据《春秋》之义，如果权衡文质之轻重，则"先质而后文"。原因在于，相较而言，质属于内容，文则为形式。内容当然大于形式。是故无内容之形式，无论形式何等完美，也将由于不具内在精神而徒为其具。正是在此意义上，有言"礼云礼云，玉帛云乎哉"等。（《玉杯》）同理，面对林放请益礼之本，子曰："大哉问！礼，与其奢也，宁俭；丧，与其易也，宁戚。"（《论语·八佾》）恰恰点出了质之于文的重要性与优先性。当然，"文质偏行，不得有我尔之名"。文质作为内容与形式的统一体，本相互依附，不可"偏行"，一旦"偏行"，则文因无质而空其形，质乃去文而流为俗。是故文不文、质不质，礼将焉在？礼以别序，礼节不存，何以序人？故"不得有我尔之名"。然而，假如"俱不能备而偏行之"，则"宁有质而无文"。（《玉杯》）质之要义可见一斑。

职是之故，针对有汉一代承周重文之弊，须同时"反之质"。此既时措之宜，更为"化所务立"！

三、天元本正：董仲舒国家治理法要的宏观要旨

董仲舒国家治理法要之宏观层面主要涵盖因至而治、正事本，援天端、四时序以及考变异、天为行三个方面。如果说"因至而治，正事本"从一般意义上指向天元之本，那么，"援天端，四时序"则为对天元本正的正面开显，而"考变异，天为行"则通过反面之论指向了天元本根之正义。

第三指：因至而治，正事本。

"因其所以至者而治之，一指也。"（《十指》）"至"，即事变的发生，某种现象的出现。"所以至"，即造成事变发生的缘由、根源。作为君王和国家管理者不能无视事变的发生，更不能默然处之，须溯本清源，深入探求事变产生的根由，并为此采取应然举措，量体裁衣、对症下药。只有

"因其所以至而治之，则事之本正矣"（《十指》）。根据事变产生的根由并有针对性地予以治理，则事情来龙去脉自然理顺，因之事变之本归于正。何谓"事变之本"？即原、元，"元者为万物之本"（《重政》）。"元者，始也，言本正也。"（《王道》）只有随元本之机缘顺势而为，事情方得本原之端正而发用畅达。"惟圣人能属万物于一而系之元也，终不及本所从来而承之，不能遂其功。""其所以至"即"本所从来"，否则，"不得与天元本、天元命而共违其所为也"。是故"因其所以至者而治之"，可谓"承天地之所为"，"继天之所为而终之"。进而言之，这同时意味着，"其道相与共功持业"。（《重政》）

"因其所以至者而治之"，自是"与天元本"之进路，从而复归于元本之正的端机。在元本之机作用下，本原正，事方成。此即"因其所以至而治之，则事之本正矣"之内要。

"《春秋》纪纤芥之失，反之王道。"（《王道》）录差失而明其所以失，即溯端正本之治。以"观乎世卿，知移权之败"为例，《春秋·隐公三年》："尹氏卒。"《公羊传》文："尹氏者何？天子之大夫也。其称尹氏何？贬。曷为贬？讥世卿。世卿，非礼也。"何休《解诂》：世卿即父死子继。贬去名而言氏，讥"世世尹氏也"。据礼，公卿大夫等皆举贤而用。卿大夫职分重大，不当世袭。因为一旦秉政久，则恩泽大。若小人居其位，则必夺君之威权。有事实为证：尹氏世，立王子朝；齐崔氏世，弑其君光。是故"君子疾其末则正其本"。[1]此即董仲舒所言："明王视于冥冥，听于无声。"（《王道》）于他人未见处而见，于他人未闻处而闻，所谓"览求微细于无端之处"（《二端》）。从源头入手，于无声、无形之际，即事未发而正其本。其中自是涵摄着"因其所以至而治之，则事之本正"的思想理路。

---

[1] 参见（汉）何休解诂，（唐）徐彦疏：《春秋公羊传注疏》，刁小龙整理，上海古籍出版社，2014年，第59、60页。

第九指：援天端，四时序。

"木生火，火为夏，天之端，一指也。"（《十指》）此指文字内容具有某种跳跃性，故存在理解难度。正是在此意义上，钟肇鹏认为："此句疑有脱误，当作'木生火，火为夏，木为春，天之端'。"[1]此中添加了"木为春"，其根据为："天有五行，木火土金水是也。木生火，火生土，土生金，金生水。"五行与四时又存在对应关系："水为冬，金为秋，土为季夏，火为夏，木为春。"（《五行对》）木、火、土、金、水五行相生的过程，同时就是春、夏（季夏）、秋、冬四时交替转换过程。春即天之端。因此，对于此指，董子进而述曰："木生火，火为夏，则阴阳四时之理相受而次矣。"（《十指》）董天工笺注："木为春，春为岁始，能法其始，则四序无不顺也。"[2]苏舆注曰："董子数五行始木，木主春，故云四时相受而次。"[3]董天工与苏舆均将四时流转与"春"联系起来，"春"之重要意义由是可见。

《观德》有言："四时等也，而春最先。"天有四时，春为四时之端首，故由"木为春"而引出"天之端"[4]。其中，须明确两点：一是春作为四时之端，其意义在于，春之端"正"即决定了四时"相受而次"的自然流变秩序；二是春之端"正"的动因何在？或言之，其正是否与"天之端"存在关联？

苏舆之注为解释此问题提供了线索："火由木而生，百物皆本于春，《春秋》首书春，所以正天端也。"[5]春之指向即"正天端"。溯其逻辑，由五行之木而春，由春及天，自然复归于"元年春王正月"之春秋公羊语

〔1〕 钟肇鹏：《春秋繁露校释（校补本）》，河北人民出版社，2005年，第316页。

〔2〕 （清）董天工：《春秋繁露笺注》，黄江军整理，华东师范大学出版社，2017年，第84—85页。

〔3〕 （清）苏舆：《春秋繁露义证》，钟哲点校，中华书局，2015年，第143页。

〔4〕 此即"五始"。徐彦《疏》："元年、春、王、正月、公即位，实是《春秋》之五始"，其中，"元是天地之始，春是四时之始"，而王、正月以及公即位乃"人事之始"。《公羊传》只于元年、春言及始，王、正月下未言始，意谓"尊重天道、略于人事"。

〔5〕 （清）苏舆：《春秋繁露义证》，钟哲点校，中华书局，2015年，第142页。

境中。《观德》有言："百礼之贵，皆编于月。月编于时，时编于君，君编于天。"月从属于时，时从属于君，君从属于天，是故"元年春王正月"构成了由上统下、由源而流的从属性系列范畴，而元为"天之端"的根本点。此即"木生火，火为夏，天之端"之意指。

以《春秋》言之，王者乃受命而后王。故必"改正朔，易服色，制礼乐"，所以如是，在于"明易姓，非继人，通以己受之于天"，"作科以奉天地"。(《三代改制质文》)天地者何？元作为"万物之本"，自是"天地之始"。《春秋》之所以贵元，就在于"元者，始也，言本正也"(《王道》)。故"元"由"元年"之时间意涵而转换为本体之旨，或言之，元年时间维度源于元本始生之维。且元本的基本特征即正。

"改正之义，奉元而起。"元即人事物相化生存续之正的基源性根据。"正者，正也，统致其气，万物皆应，而正统正，其余皆正。"正之根本性、内在性意味着，"正本而末应，正内而外应，动作举错，靡不变化随从，可谓法正也"(《三代改制质文》)。元正则人事物相在逻辑层面自是正矣！

溯天本元意谓复性为正。此即"正也者，正于天之为人性命也"。《春秋》之序辞，置"王"于"春""正"之间，在于"上奉天施而下正人，然后可以为王"(《竹林》)。是故董仲舒言曰："臣谨案《春秋》之文，求王道之端，得之于正。正次王，王次春。春者，天之所为也；正者，王之所为也。其意曰，上承天之所为，而下以正其所为，正王道之端云尔。"[1]苏舆转引俞文俊云："《春秋》以元加于岁，以春加于王，明王者当奉若天道，以谨其始也。""《春秋》虽无事，必书首月以存时，明王者当奉若天道，以谨其终也。王者动作终始，必法于天。"[2]"是故《春秋》之道，以元之深正天之端，以天之端正王之政，以王之政正诸侯之即位，以诸侯

---

[1] (汉)班固撰，(唐)颜师古注：《汉书》卷五十六《董仲舒传》，中华书局，1962年，第2501—2502页。
[2] (清)苏舆：《春秋繁露义证》，钟哲点校，中华书局，2015年，第60页。

之即位正竟内之治。五者俱正，而化大行。"（《玉英》）《春秋》大元，"谨于正名"（《深察名号》）。元之意大矣哉！

康有为如是言："孔子系万物而统之元，以立其一，又散元以为天地、阴阳、五行与人，以之共十，而后万物生焉，此孔子大道之统也"，"天之为道，广微高远，不可得而测，而圣人以与人并列为一端，皆元统之，乃极奇之论"，"盖圣心广微，含运太元，则天地乃为元中细物，亦与人同耳"。[1]万法统而归元，元散即为万端，天地、阴阳、五行以及人，概莫能外。由是，"天地之气，合而为一，分为阴阳，判为四时，列为五行"（《五行相生》）。

"孔子之道，运本于元，以统天地，故谓为万物本终始天地。孔子本所从来，以发育万物，穷极混茫。如繁果之本于一核，萌芽未启；如群鸡之本于一卵，元黄已具。而核卵之本，尚有本焉。属万物而贯于一，合诸始而源其大，无臭无声，至精至奥。"[2]董子承继先哲圣心，融通《春秋》之辞，"体天之微"，虽难以晓知，"弗能察，寂若无"，然"能察之，无物不在"（《精华》）。正是在此意义上，《春秋》大元，于"援天端"之境域，彰显天元至道"布流物，而贯通其理"的妙微玄奥之深旨[3]。（《正贯》）

元之始机，默然而动，化而无声，生而有形，有序有节，因时而宜。其发用之效："四时周正，无所郁滞，《中庸》所谓发而中节也。"依此意蕴，自然、人事"志意随天地，缓急仿阴阳，中和位育之极义也"[4]。"天次之序"（《五行之义》）成！因此，"木生火，火为夏，则阴阳四时之理相受而次矣"。

---

〔1〕 康有为：《春秋董氏学》，楼宇烈整理，中华书局，1990 年，第 125—126 页。

〔2〕 康有为：《春秋董氏学》，楼宇烈整理，中华书局，1990 年，第 124 页。

〔3〕 正如康有为所言，孔子穷极物理，系《易》立卦，"不始太极，而始乾坤，阴阳之义也。元与太极、太一，不可得而见也，其可见可论者，必为二矣，故言阴阳而不言太极"。参见康有为：《春秋董氏学》，楼宇烈整理，中华书局，1990 年，第 127 页。元为玄奥之在，阴阳乃天地常道。"天地之常，一阴一阳。"（《阴阳义》）

〔4〕 康有为：《春秋董氏学》，楼宇烈整理，中华书局，1990 年，第 133 页。

第十指：考变异，天为行。

"《春秋》，大义之所本耶！"（《正贯》）《春秋》以阐发大义为根本。董仲舒的思想学说即对《春秋》大"义"的承传、光大，相关内容比比皆是[1]。《十指》之"切刺讥之所罚，考变异之所加，天之端，一指也"[2]，即揭示《春秋》通过所录讥刺、变异而以反面形式映衬其中大义之指向。

于此指，凌曙、苏舆皆引《对策》释之："《春秋》之所讥，灾害之所加也。《春秋》之所恶，怪异之所施也。书邦家之过，兼灾异之变，以此见人之所为，其美恶之极，乃与天地流通而往来相应。"凌氏又注："此亦言天之一端也。"[3]钟肇鹏引冒氏说："据下文，两'天之端'皆衍。"进而案曰："仲舒倡天人感应之说以灾异变怪说人事，故凌氏以灾变亦为

---

[1] 一定意义上，"义"乃《春秋繁露》的旨意之一（其他如"元始""仁""正"等）。概而言之，对于义的阐发主要包括三种方式：一是正面表达，如"《春秋》修本末之义"（《玉杯》）。二是权变映射，如"说《春秋》者，无以平定之常义，疑变故之大则，义几可谕矣"（《竹林》），苏舆注："《春秋》贵仁，虽在失礼，犹嘉与之。所以劝仁，非奖变也。此义之可谕者也。"三是反面示义，即通过讥刺反衬《春秋》大义，此正是"切刺讥之所罚，考变异之所加，天之端"（《十指》）之内涵。《春秋繁露》明确言义者较多，择其要者如是："故屈民而伸君，屈君而伸天，《春秋》之大义也"（《玉杯》），"《春秋》正是非"（《玉杯》），"《春秋》以为人之不知义而疑也，故示之以义"，"无信无义，故大恶之"（《竹林》），"其义以随天地终始也"（《玉英》），"大小不逾等，贵贱如其伦，义之正也"，"变天地之位，正阴阳之序，直行其道而不忘其难，义之至也"，"《诗》无达诂，《易》无达占，《春秋》无达辞。从变从义，而一以奉人"（《精华》），"《春秋》立义"，"鲁隐之代桓立，祭仲之出忽立突，仇牧、孔父、荀息之死节，公子目夷不与楚国，此皆执权存国，行正世之义，守惓惓之心，《春秋》嘉气义焉，故皆见之，复正之谓也"（《王道》），"立义以明尊卑之分，强干弱枝以明大小之职；别嫌疑之行，以明正世之义"（《盟会要》），"圣人天地动、四时化者，非有他也，其见义大故能动，动故能化，化故能大行，化大行故法不犯，法不犯故刑不用，刑不用则尧、舜之功德。此大治之道也，先圣传授而复也"（《身之养重于义》）。

[2] 董天工笺注本为"大之端"，并指出"三字疑衍文"。参见（清）董天工：《春秋繁露笺注》，黄江军整理，华东师范大学出版社，2017年，第84页。

[3] （汉）董仲舒撰，（清）凌曙注：《春秋繁露》，中华书局，1991年，第80页；（清）苏舆：《春秋繁露义证》，钟哲点校，中华书局，2015年，第142页。

天之一端，说虽可通，然《春秋》以春为天之端，乃一岁之始，此'端'为始义，凌言'天之一端'，'一端'乃一点之意，两义纷歧。"故董、冒之衍文说，"其说为长"。[1]

然而，结合本指文义以及董仲舒思想整体看，钟说值得商榷。首先，其言"凌氏以灾变亦为天之一端"，是对凌氏引文及其意旨之误读。凌引"《春秋》之所讥，灾害之所加也。《春秋》之所恶，怪异之所施也"以释解"刺讥之所罚""变异之所加"，而"切刺讥之所罚，考变异之所加"，即予"刺讥之所罚"以"切"（深入体悟），对"变异之所加"以"考"（谨慎考量），在"知其然"基础上探求"其所以然"，其效自然指向"天之端"，正所谓"以此见人之所为，其美恶之极，乃与天地流通而往来相应"，即天人之际。天人相与之际而为一，如是之域，混沌未开，即"天之端"。端者，萌也，始也。钟案语将"一端"解为"一点"[2]，或有失偏颇之嫌[3]。何况，凌注"此亦言天之一端也"实出于"与天地流通而往来相应"之后承接句，即"此亦言天之一端也"。其次，由上述之论自然可断，"天之端"非但不为衍文，相反，不可或缺——逻辑上顺承，内容上完整。如果视其为衍

---

[1] 参见钟肇鹏：《春秋繁露校释（校补本）》，河北人民出版社，2005年，第316页。

[2] 钟肇鹏：《春秋繁露校释（校补本）》，河北人民出版社，2005年，第316页。

[3] 于天之域，端即端始、端萌、端际之义。依此逻辑，天之十端尽管以天、地、阴、阳、木、火、土、金、水以及人而名之，实际上相互之间不存在明确决然之分界。或言之，在根本意义上，天之十端即一、元、气等。故有言："天地之气，合而为一，分为阴阳，判为四时，列为五行。"（《五行相生》）这实为董仲舒整体思维观的基本要义。再者，"天之一端"乃相对于"天有十端"言之，指与"阴阳""五行"以及人、地等并列的"十端"之一，即"天为一端"之天(《官制象天》)。进而言之，"十端"之一均为"一端"。"一端"固然可解为"一点""一方面"，但"一点""一方面"当为"端始"引申义。故言"一"必及"十"。"数始于一，终于十。"（《史记·律书》)"凡十端而毕，天之数也。"（《官制象天》）故由一及十，推十为一，即终始如一、元。由是，"天之一端"通于"天之端"。故《官制象天》以"天为一端"等"十端"释解"天之端"。在此意义上，天、地、阴、阳、木、火、土、金、水以及人，各为"一端"，既分而共元，又统而归元，绝不能因形式上的分立而弱化乃至消解元，相反，恰恰以表层分而别之的相对性而确证着深层万法归一的绝对性。分耶，合耶，皆为一元。

文，则"切刺讥之所罚，考变异之所加"意指未究。如下可证："切刺讥之所罚，考变异之所加，则天所欲为行矣。"（《十指》）"天所欲为行"既与"天之端"相对应，同时也点明了"切""考"意指之目的所在。

董天工笺注："此言十指之效。"[1]不得不说切中本篇主旨之要。苏舆注："天之所欲，顺民而已。惕灾修行，民受其福，是天意得行。"[2]董子有言："天之生民，非为王也，而天立王以为民也。"（《尧舜不擅移、汤武不专杀》）天心即民心，民心即天心，非为一己之私，而成万民之众。王者惕厉而为、替天行道，是故"天所欲为行"，而民受泽惠。

之所以强调"天所欲为行"，乃在于天难以为行。故期冀通过"切刺讥之所罚，考变异之所加"而达到警示人君承天顺命以行道的目的。

《春秋·文公十三年》："公子遂如齐纳币。"《公羊传》："纳币不书，此何以书？讥。何讥尔？讥丧娶也。娶在三年之外，则何讥乎丧娶？三年之内不图婚。"何休《解诂》："僖公以十二月薨，至此未满二十五月。又礼，先纳采、问名、纳吉，乃纳币，此四者皆在三年之内"，此即"图婚"。[3]董仲舒析之："《春秋》之论事，莫重于志。今取必纳币，纳币之月在丧分，故谓之丧取也。"《春秋》缘何而讥？因为"三年之丧"表达的是追思长上的"肌肤之情"。这意味着，"虽从俗而不能终，犹宜未平于心"。忧思当在心。而文公非但如是，还"全无悼远之志，反思念取事"，此乃"《春秋》之所甚疾也"。是故"讥以丧取"，"贱其无人心也"（《玉杯》）。《春秋》议事的重要原则即"原心定罪"，"《春秋》之听狱也，必本其事而原其志"（《精华》）。文公虽然完婚是在三年之后，但纳币却在"三年之丧"期限内。而尤为严重的是，其间"全无悼远之志，反思念取事"之心。以事论之，文公之行持、心志离经叛道，皆非义也！故《春

[1]　（清）董天工：《春秋繁露笺注》，黄江军整理，华东师范大学出版社，2017年，第85页。

[2]　（清）苏舆：《春秋繁露义证》，钟哲点校，中华书局，2015年，第143页。

[3]　（汉）何休解诂，（唐）徐彦疏：《春秋公羊传注疏》，刁小龙整理，上海古籍出版社，2014年，第524页。

秋》讥刺之；以理言之，"不顺天道，谓之不义"（《天道施》）。故讥其非义而正其义，此即复归天之道义[1]。

文公所为以及所以为，乃"刺讥之所罚"；而通过"切刺讥之所罚"，即循其事以明其理，此恰指向"天之端"矣！"天之端"即元，"元，即仁也"[2]，义也。是故"天志仁，其道也义。为人主者，予夺生杀，各当其义，若四时"，此即"配天"。（《天地阴阳》）天人合义而为一，人承天意而立道，可谓"天所欲为行矣"。如是境域，"阴阳调而风雨时，群生和而万民殖，五谷孰而草木茂，天地之间被润泽而大丰美，四海之内闻盛德而皆徕臣，诸福之物，可致之祥，莫不毕至，而王道终矣"[3]。在此意义上，《五行五事》有言："王者能治，则义立"，正洽应着《十指》之指归："统此而举之，仁往而义来。德泽广大，衍溢于四海，阴阳和调，万物靡不得其理矣。"

《春秋》之文，以其"事变之博"，而见"天下之大"，其内容"无不有也"。作为董仲舒关于国家治理的具体法要，"十指"即《春秋》主旨之概要。其"事之所系"，构成了"王化之所由得流"的基本理路。（《十指》）此志意为，通过审视天人关系，以回溯、复归乃至重置以确证元本仁义之天心，从而在天人相应氛围中不断调适国家治理方式，以趋向"天地人主一"（《王道通三》）之机制，企至国家治理的臻善图式。如是理想宏图，皆为先王精神之脉。

---

[1] 董仲舒关于"刺讥"所论较多，如"凶年修旧则讥"（《竹林》），"天王使宰咺来归惠公仲子之赗，刺不及事也。天王伐郑，讥亲也，会王世子，讥微也。祭公来逆王后，讥失礼也。刺家父求车，武氏、毛伯求赙金"（《王道》），以及"不郊而祭山川，失祭之叙，逆于礼，故必讥之"（《郊祀》），等等，所谓"庆赏罚刑有不行于其正处者，《春秋》讥也"（《四时之副》），所有"刺讥"皆映射、阐发《春秋》之"大义"。

[2] 苏舆引王应麟语。参见（清）苏舆：《春秋繁露义证》，钟哲点校，中华书局，2015年，第65页。

[3] （汉）班固撰，（唐）颜师古注：《汉书》卷五十六《董仲舒传》，中华书局，1962年，第2503页。

是故康有为陈述：孔子殁而微言未绝，其大义递传于后学矣！后学人并传其口说，诵其大义，昭昭乎揭日月而行也！然荟萃其全者，非董子莫属。综观其说，无论元气阴阳之本，天人性命之故，抑或三统三纲之义，仁义中和之德，还是治化养生之法，"皆穷极元始，探本混茫"。[1]其旨意：明治国理政之首要，成天下一统之大法。

当下新时代，以不忘初心、牢记使命之伟志，谋人类命运共同体之远景。虽时值百年未有之大变局，但"两个结合"立，中华优秀传统文化兴。董子学说理应且能够为此提供可资借鉴之精神滋养。

第三节　董仲舒国家治理思想的主要内容

董仲舒国家治理思想以天（道）为圭臬、根本，是故其国家治理的基本底色与价值标的即王道（贤人）政治。由此决定了其国家治理理论均围绕着道体展开。鉴于道体天心对国家治理具体策略（术）的统摄性，从而确保治术及其效用的中正不偏。道术之相应即天人为一，天道实现于治术，治术映射着天心。这意味着，天道之高远因国家治理之术而备具了可操作性。具体说来，其主要内容大致包括政治"更化"、经济"调均"、文化"一统"及其核心价值、社会教化与德法治理、以民为本、制度建设以及官吏任用与考核等方面。

一、"一统"与"更化"：董仲舒国家治理之政治律则

《汉书·董仲舒传》确言："《春秋》大一统者，天地之常经，古今之通谊也。"[2]学界通常将董仲舒所推崇的"大一统"分为政治与思想两个

---

[1]　康有为：《春秋董氏学》，楼宇烈整理，中华书局，1990年，第123页。

[2]　（汉）班固撰，（唐）颜师古注：《汉书》卷五十六《董仲舒传》，中华书局，1962年，第2523页。

方面，这当然有其合理性。但须强调的是，政治与思想之分立亦相对而言，否则，就难以理解"大一统"之"一"的深度意涵。由是而言，尽管理论上可以将董仲舒儒学思想分为若干方面，实际上，董仲舒的思想学说作为一个整体均统摄于"一"。是故"大一统"完全可以视为"董仲舒儒学的主体和核心"[1]。

这可从"一"向"元"转换得到说明。《重政》有言："惟圣人能属万物于一而系之元"，先哲于万事物相之异中而见其同，即元。元者何？元为"本""原"，乃万物"所从来"，是故"《春秋》变一谓之元"。在此意义上，董仲舒"大一统"论，即"'元'本体"论[2]。以此推论，所谓"大一统"实乃"大元统"。《玉英》有言：《春秋》"谓一元者，大始也"。由"一"及"元"，意谓对"始"之重视与推崇，故曰："知元年志者，大人之所重，小人之所轻。"此即彰明了元之志意的重要性。《王道》明确断言："《春秋》何贵乎元而言之？元者，始也，言本正也。"元作为"始"与"本"，其要义为"正"。是故《天人三策》综而言之："《春秋》谓一元之意"，如果说"一"意谓"万物之所从始"，那么，元则表示崇尚、"大"，而变一为元，意在通过"大始"而"正本"。

对于"大一统"之理解存在不同面向。既可以视之为中央集权制[3]，也可以将其作为"中国文明的主流特征"之一，从而在汉代即为"美政"与"善治"[4]。无论从哪个视角看，其判断依据皆源于天地人物等之同宗

---

[1] 参见杨柳新：《董仲舒"大一统"王道政治思想的文化诠释》，《衡水学院学报》2020年第2期。

[2] 汪高鑫：《论董仲舒对〈公羊传〉大一统思想的发展》，《淮北煤炭师范学院学报（哲学社会科学版）》2004年第5期。

[3] 周桂钿先生认为，大一统论的实质即中央集权制。当然，对于中央集权制应该历史地审视，而不能一概否定。参见周桂钿：《董仲舒政治哲学的核心——大一统论》，《中国哲学史》2007年第4期。

[4] 参见余治平：《"天下一致"的理想与追求——作为董仲舒"大一统"学说的精神基础》，《德州学院学报》2020年第3期。

之"元"。"元"构成了董仲舒国家治理思想的基本点。进而言之，寓于"大一统"王道政治之中的元本之"正"即为董仲舒国家治理的根本原则。在此意义上，董仲舒对策："臣谨案《春秋》之文，求王道之端，得之于正。正次王，王次春。春者，天之所为也；正者，王之所为也。其意曰，上承天之所为，而下以正其所为，正王道之端云尔。"[1]

"元犹原也，其义以随天地终始也。"（《重政》）元之正乃天道永恒，始终如一。是故"道之大原出于天，天不变，道亦不变"[2]。然而，具体到国家治理人事而言，时有偏离乃至背离天道之患。

前车之鉴，后事之师。汉武帝溯五帝三王之治道，鉴夏桀殷纣之无行，以"获承至尊休德"之位，而誓将汉之功业"传之亡穷，而施之罔极"为使命，广招天下豪杰俊才以及各郡国诸侯公选"贤良修洁博习之士"，征求"大道之要，至论之极"，以期"受天祐""享神灵"，而至"百姓和乐，政事宣昭"之效，"德泽洋溢""延及群生"之功。[3]

当时之情实为，秦继周而起，经过短暂十余年而亡。本来周之末世，即已"大为亡道"。然而，秦承其后非但没有改周末无道之失，却有过之而无不及[4]，可谓"以乱济乱"。诸如"重禁文学，不得挟书，弃捐礼谊而恶闻之"，大有"欲尽灭先王之道"的势头。以"我的地盘我做

---

[1]（汉）班固撰，（唐）颜师古注：《汉书》卷五十六《董仲舒传》，中华书局，1962年，第2501—2502页。

[2]（汉）班固撰，（唐）颜师古注：《汉书》卷五十六《董仲舒传》，中华书局，1962年，第2518—2519页。

[3]（汉）班固撰，（唐）颜师古注：《汉书》卷五十六《董仲舒传》，中华书局，1962年，第2495—2497页。

[4]《汉书·董仲舒传》详细陈述了秦之尚法严刑之下，百官粉饰背上、百姓困穷散亡之绝境："师申商之法，行韩非之说，憎帝王之道，悖正道而务贪狼之俗。""诛名而不察实，为善者不必免，而犯恶者未必刑也"，"百官皆饰虚辞而不顾实"，形式主义甚器尘上。不仅如是，可怕之处在于，"外有事君之礼，内有背上之心，造伪饰诈，趣利无耻"，"赋敛亡度，竭民财力"。其后果为："百姓散亡，不得从耕织之业，群盗并起。是以刑者甚众，死者相望，而奸不息，俗化使然也。"

主"的任性之为，从事"自恣苟简之治"。尤为严重的是，是时秦之遗毒未绝，"习俗薄恶，人民嚚顽，抵冒殊扞，孰烂如此之甚者也"。是故有汉以来，虽意欲善治，然并未奏效。"法出而奸生，令下而诈起"，上有政策，下有对策。秦之遗毒几近愈演愈烈之势。在这种情况下，董仲舒对曰："窃譬之琴瑟不调，甚者必解而更张之，乃可鼓也；为政而不行，甚者必变而更化之，乃可理也。"否则，"当更张而不更张，虽有良工不能善调也；当更化而不更化，虽有大贤不能善治也"。由此得出问题的症结："汉得天下以来，常欲善治而至今不可善治者，失之于当更化而不更化也。"〔1〕

对于当时政治治理之困局，董仲舒强调："为政而不行，甚者必变而更化之，乃可理也。"国家治理不能大行其道，乃至达到相当严重的程度，唯有"变而更化"，才能遂理而治。

何谓"更化"？学界虽对之有所研究，但并未揭示其内涵〔2〕。而厘清如是问题，乃准确把握董仲舒国家治理思想之价值取向的关键。从对策语境看，董仲舒首先以譬喻启其义，"譬之琴瑟不调，甚者必解而更张之"。

---

〔1〕 （汉）班固撰，（唐）颜师古注：《汉书》卷五十六《董仲舒传》，中华书局，1962年，第2504—2505页。

〔2〕 学界对董仲舒"更化"思想虽有所研究，但多为以之为论题而展开，尚未对其内涵进行探讨。如，"更化"主要涉及意识形态的更替、政治制度的改良以及文教政策的调整。其精神实质是"顺应时代潮流、反映人心向背，对治国策略做出重大调整"。参见李英华：《董仲舒"更化则可善治"探析——西汉立国七十年的历史反思与理论探索》，《衡水学院学报》2019年第6期。又有观点认为，董仲舒社会更化思想体现在其"道论"方面，既包括纲常层面的道之不变，又包括具体政治制度设计层面"继乱世者"道变论。参见汪高鑫：《试析董仲舒的社会更化思想》，《安庆师院社会科学学报》1997年第4期。王永祥先生则从"三统""三道"方面论证了"更化"的"辩证进步"性。参见王永祥：《董仲舒依"三统、三道"不断更化的辩证进步历史观》，《衡水学院学报》2014年第5期。汤其领认为，董仲舒"更化"思想的核心乃"大一统"，主要涵盖以君正民、以德治国、选贤举能、抑制豪右以及独尊儒术五个方面。汤其领：《论董仲舒更化思想及对汉武帝改革之影响》，《历史教学问题》1995年第3期。

解决"琴瑟不调"之"甚者"的方法即"解而更张之",重打锣鼓另开戏。由此而及为政,于其甚者则须"变而更化之"。

理解"变化"乃明察"更化"的前提条件。《康熙字典》引文:"《易·乾卦》:乾道变化。《易解》自有而无谓之变,自无而有谓之化。"[1]孔颖达《周易正义》"乾道变化"《疏》:"'变'谓后来改前,以渐移改谓之变。'化'谓一有一无,忽然而改,谓之化。"[2]由是而言,"更化"自然不同于局部意义上的社会改良与变革,而是完全意义上的制度革新与重建[3]。毕竟,汉继秦之境况,"如朽木、粪墙",乃至达到"孰烂如此之甚者"的程度,"虽欲善治之,亡可奈何"。是故董仲舒引孔子言:"腐朽之木不可雕也,粪土之墙不可圬也。"

当是时,董仲舒以区区数句之言反复强调"更化"的必要性与紧迫性,其中折射出的基本信息是,唯有"更化"方为实现善治的基本出路,否则,别无他途。

"更化"之更,《说文》训为"改",此应为基本意涵。以此进路,之所以"改",其中必有向善为正之义。由此,"更"即"善"[4]。正是在此意义上,子贡曰:"君子之过也,如日月之食焉。过也,人皆见之;更也,人皆仰之。"(《论语·子张》)故"更"可理解为改正、更正,具有归正指向。化者,即"天地阴阳运行","自有而无,自无而有","万物

---

〔1〕 (清)张玉书、陈廷敬:《康熙字典》(同文书局原版),中华书局,1958年,第1186页。

〔2〕《十三经注疏》整理委员会:《十三经注疏·周易正义》,北京大学出版社,1999年,第8页。

〔3〕《汉书·董仲舒传》有言:圣人之继乱世,首先须"扫除其迹而悉去之"。张祥龙也指出,在《春秋》公羊学意义上,"更化"当为政治乃至文化层面达至"全新境界"之变革。参见张祥龙:《拒秦兴汉和应对佛教的儒家哲学:从董仲舒到陆象山》,广西师范大学出版社,2012年,第70页。

〔4〕 (清)朱骏声:《说文通训定声》,武汉市古籍书店影印,1983年,第922页。

生息"之意。[1]《天道施》亦有言："天道施，地道化，人道义。"化即天地内在之本有。鉴于此，"更化"自然与天勾连在一起。故"更化"即以天道为依规，归元复正，通过对政治、经济、文化等各个领域进行一系列制度性变革，实现国家治理的"善治"局面。在此特定历史条件下，"更化"可谓汉代进行国家治理的基本纲领，不可移易。

具体到当时国家治理而言，"更化"乃为政之亟需，涉及经济、文化、教化、制度以及官吏选任等诸多方面，而其中要务在于"教化"[2]。而关系到教化的首要问题即官吏状况："所任者非其人，而所繇者非其道"，"今废先王德教之官，而独任执法之吏治民"以及"又好用憯酷之吏"，致使"非有文德以教训于下"，从而导致"凡以教化不立而万民不正"的失范状态。[3]

《中庸》："为政在人"，"其人存，则其政举；其人亡，则其政息"。如果说"教化"乃"更化"之第一要务，那么，任贤则为"教化"的重中之重。唯此，才能一扫秦吏"自恣苟简之治"，从而在"民之师帅"承流宣化中，构建"复修教化而崇起"的良性秩序。[4]

综上，"一统""更化"统一指向治理之"正"。

二、"调均"与"不争利业"：董仲舒国家治理之经济要求

民为邦本。"天之生民，非为王也，而天立王以为民也。"（《尧舜不擅

---

[1] （元）黄公绍，（元）熊忠：《古今韵会举要》，甯忌浮整理，中华书局，2000 年，第 379 页。

[2] 一则就"更化"之"化"而言，其义即"教行也"，"教成于上而俗易于下，谓之化"。参见（清）朱骏声：《说文通训定声》，武汉市古籍书店影印，1983 年，第 496 页。二则在董仲舒对策中，开篇即多次强调德教、教化等内容。

[3] （汉）班固撰，（唐）颜师古注：《汉书》卷五十六《董仲舒传》，中华书局，1962 年，第 2499、2502、2510、2503 页。

[4] （汉）班固撰，（唐）颜师古注：《汉书》卷五十六《董仲舒传》，中华书局，1962 年，第 2504、2512、2504 页。

移、汤武不专杀》）国家治理的基本面向即重民。《竹林》有言："《春秋》之法，凶年不修旧，意在无苦民尔。"《春秋·庄公二十九年》："新延厩。"《公羊传》："新延厩者何？修旧也。修旧不书，此何以书？讥。何讥尔？凶年不修。"重民的底线在不能"苦民"，而凶年"修旧"轻者劳民，重者伤财。由是《春秋》对灾害之年"修旧"予以讥刺，以此彰显不应苦民乃至重民之意。"苦民尚恶之，况伤民乎？伤民尚痛之，况杀民乎？"由"苦民""伤民"而"杀民"，即害民渐甚。"害民之小者，恶之小也；害民之大者，恶之大也。"（《竹林》）以此可见《春秋》之重民。重民必然爱民。"民以食为天。"故《春秋》通过记录关心民众之饮食而展现重民、爱民之意。《汉书·食货志》有言："《春秋》它谷不书，至于麦禾不成则书之，以此见圣人于五谷最重麦与禾也。"董仲舒引《春秋》重麦与禾，进而联系到当时社会现实："今关中俗不好种麦，是岁失《春秋》之所重，而损生民之具也。愿陛下幸诏大司农，使关中民益种宿麦，令毋后时。"[1]董仲舒关注民生之疾苦由此可见一斑。同时，其中也呈现了董仲舒经世济民思想。

关注百姓生活是董仲舒国家治理思想的基本着眼点。在《诣丞相公孙弘记室书》中，记录了当时关东民众的残酷境遇："方今关东五谷咸贵，家有饥饿，其死伤者半；盗贼并起，发亡不止，良民被害。"[2]百姓生活之苦、负担之重、社会之乱，到了极其严重的程度。与古昔先王之世对比，反差之大，令人叹息！"古者税民不过什一，其求易共；使民不过三日，其力易足。民财内足以养老尽孝，外足以事上共税，下足以畜妻子极

〔1〕（汉）班固撰，（唐）颜师古注：《汉书》卷二十四上《食货志上》，中华书局，1962年，第1137页。《春秋·庄公二十八年》："冬，筑微。大无麦、禾。"何休《解诂》："讳使若造邑而后无麦禾者，恶愈也。"其内在旨意虽是以隐讳方式讥凶年造邑，然就字面而言，即呈现了对麦、禾及其收成的关注与重视。
〔2〕（汉）董仲舒：《春秋繁露·天人三策》，长沙：岳麓书社，1997年，第338页。

爱，故民说从上。"〔1〕往昔家给人足、民悦从上，"一夫一妇田百亩，什一而税，则国给民富而颂声作。此唐虞之道，三代所遵行也"。〔2〕一派上下和乐之象。然而，至秦始，"用商鞅之法，改帝王之制，除井田，民得卖买"。其严重后果即"富者田连阡陌，贫者亡立锥之地"。土地作为百姓维持生计的命根子，其悬殊之大已经到了无以复加的地步。不仅如此，食利者"颛川泽之利，管山林之饶，荒淫越制，逾侈以相高；邑有人君之尊，里有公侯之富，小民安得不困?"无论川泽，还是山林，皆统于人君公侯。君侯尊富，小民困穷。又"加月为更卒，已复为正，一岁屯戍，一岁力役，三十倍于古；田租口赋，盐铁之利，二十倍于古"，徭役、赋税之重超出想象。结果，贫民"常衣牛马之衣，而食犬彘之食"。加之"贪暴之吏，刑戮妄加"，致使民众无路可走而沦为贼盗，乃至"断狱岁以千万数"。如是状态，直至汉兴，依然循而未改。〔3〕

董仲舒不仅深切感受到民众生活之疾苦，而且从"众人之情"〔4〕视角分析了民众疾苦之缘由。《度制》篇言曰："有所积重，则有所空虚矣。"王道衰微、礼崩乐坏之际，上位者无道。"厚赋税以自供奉，罢民力以极欲，坏圣制，废井田，是以兼并起，贪鄙生"，在生产资料与生活资料有限的情况下，有聚敛必然导致有亏空，"强者规田以千数，弱者曾无立锥之居"。暴秦曾出现"置奴婢之市，与牛马同兰，制于民臣，颛断其命。

---

〔1〕（汉）班固撰，（唐）颜师古注：《汉书》卷二十四上《食货志上》，中华书局，1962年，第1137页。

〔2〕（汉）班固撰，（唐）颜师古注：《汉书》卷九十九中《王莽传中》，中华书局，1962年，第4110页。

〔3〕（汉）班固撰，（唐）颜师古注：《汉书》卷二十四上《食货志上》，中华书局，1962年，第1137页。

〔4〕董仲舒一方面指出人之善质的先天性，另一方面更加强调王道教化之于善的必要性。是故在教化缺失的情况下，"众人之情"即为常态。

奸虐之人因缘为利，至略卖人妻子"之毫无人性之情境。[1]其后果之严重极易趋向两个极端，即"大富则骄，大贫则忧。忧则为盗，骄则为暴"，此为"众人之情"[2]。（《度制》）教化不立，自然如是。汉虽"减轻田租，三十而税一"，然而，"常有更赋，罢癃咸出，而豪民侵陵，分田劫假"。在层层重负之下，"厥名三十税一"，实则"什税五"。是故下层百姓即使终年耕耘劳作，其所得仍不足以维持自身生存。由此导致了"富者犬马余菽粟，骄而为邪；贫者不厌糟糠，穷而为奸"的两极分化势态。[3]并形成恶性循环，"大人病不足于上，而小民赢瘠于下"（《度制》），上穷其欲而下则"穷斯滥矣"（《论语·卫灵公》）。如是则"富者愈贪利而不肯为义，贫者日犯禁而不可得止"（《度制》），势必导致世道混乱。

董仲舒深明其中之要。是故"则于众人之情"，"制人道而差上下"，为其礼以别其序，以此为制度而"调均"之，以使"富者足以示贵而不至于骄，贫者足以养生而不至于忧"，从而趋向"财不匮而上下相安"之格局。（《度制》）其中关键即法古，"制井田采邑，以赡身家；制爵禄服用，以限等差"[4]。

---

[1] （汉）班固撰，（唐）颜师古注：《汉书》卷九十九中《王莽传中》，中华书局，1962年，第4110页。

[2] 子云："小人贫斯约，富斯骄；约斯盗，骄斯乱。"（《礼记·坊记》）《管子·八观篇》："国侈则用费，用费则民贫，民贫则奸智生，奸智生则邪巧作。故奸邪之所生，生于匮不足；匮不足之所生，生于侈；侈之所生，生于毋度。故曰：审度量，节衣服，俭财用，禁侈泰，为国之急也。"

[3] （汉）班固撰，（唐）颜师古注：《汉书》卷九十九中《王莽传中》，中华书局，1962年，第4111页。《汉书·董仲舒传》亦言：居高位者"众其奴婢，多其牛羊，广其田宅，博其产业，畜其积委"，且为此而无穷，"以迫蹴民，民日削月朘，寖以大穷"。此情势中，"富者奢侈羡溢，贫者穷急愁苦；穷急愁苦而上不救，则民不乐生；民不乐生，尚不避死，安能避罪！"致使刑罚繁重而奸邪丛生。

[4] （清）苏舆：《春秋繁露义证》，钟哲点校，中华书局，2015年，第223页。

　　土地是百姓的命根子。针对土地资源兼并集中导致的分化乃至悖乱局面，董仲舒建议恢复井田制。"古井田法虽难卒行，宜少近古，限民名田，以澹不足，塞并兼之路。"同时，"薄赋敛，省繇役，以宽民力"[1]。这既是削弱贫富极端分化乃至保障下层贫困民众基本生活的根本之策，更是解决当时土地兼并问题的必要举措。于此，荀悦论限田有明确阐述："昔文帝十三年六月，诏除人田租。且古者什一而税，以为天下之中正。今汉人田或百一而税，可谓鲜矣。"形式上看，"除人田租"使其税赋降至相当低的程度。然而，"豪富强人占田逾多，其赋太半，官收百一之税，而人输豪家太半之赋，官家之惠优于三代，豪强之暴酷于亡秦"。鉴于"豪富强人"田亩之多，即使"百一之税"，豪富官家依然"惠优三代"，"酷于亡秦"。故除田租之惠民措施不但于事无补，反加豪强之富，即"惠不下通，而威福分于豪人"。董仲舒察问题之本而"限民名田"，可谓中正之要。[2]

　　《汉书·董仲舒传》："夫天亦有所分予，予之齿者去其角，傅其翼者两其足，是所受大者不得取小也。"依此天道逻辑，"所予禄者，不食于力，不动于末"。[3]"末"即工商之业[4]，此体现了董仲舒有别于古代重农抑商之传统的独特之处[5]。是故受禄者当"不与民争业"，唯此，"利

〔1〕（汉）班固撰，（唐）颜师古注：《汉书》卷二十四上《食货志上》，中华书局，1962年，第1137页。

〔2〕荀悦继而论之，无论限田还是恢复井田，当是时皆不可行。苏舆案曰："井田既废，均财之说，势所难行，即限田亦不易"，"董子时去古未远，以均贫富为急，因欲复古田制，以抑奢淫，厚风俗，卒不能行"。参见（清）苏舆：《春秋繁露义证》，钟哲点校，中华书局，2015年，第222—223页。

〔3〕（汉）班固撰，（唐）颜师古注：《汉书》卷五十六《董仲舒传》，中华书局，1962年，第2520页。

〔4〕颜师古注。参见（汉）班固撰，（唐）颜师古注：《汉书》卷五十六《董仲舒传》，中华书局，1962年，第2522页。

〔5〕参见冷鹏飞：《董仲舒经济思想研究》，《求索》1991年第2期。

可均布，而民可家足"。〔1〕正是在此意义上，董仲舒提议"盐铁皆归于民"〔2〕。此既体现天之"赡足之意"（《诸侯》），又为趋向善治之路径。

百姓的基本需求并不高，有事情可做，无衣食之忧。仅此而已。董仲舒强调有大俸禄者当不与民争利业，既是对草根民众衣食需求的生命关怀，亦为对其基本存在感乃至获得感——有事儿可做——的高度重视。在自然经济时期，"小"农工商作为百姓衣食之源、生命所系，以其天然地自给自足性撑起了社会底层百姓的整个天地！即使当今，亦不可或缺！是故让利于民、还业于众，为广大百姓提供确保生活所需乃至实现自身价值之渠道或平台，是中国之为"中"国的根本大义！

三、"推明孔氏"与"五常之道"：董仲舒国家治理之文化导向

国家治理之本质乃"文化层面的顶层设计"。在此意义上，文化之顶层设计对于治国理政尤为重要。〔3〕董仲舒针对当时"邪辟之说"流行之势，在对策中提出了"推明孔氏，抑黜百家"〔4〕的文化一统思想。

"《春秋》大一统者，天地之常经，古今之通谊也。"〔5〕"一统者，万物之统皆归于一也。"〔6〕一统乃上下四方之定则，往来古今之公理。如上所述，"一统"之"一"，即元，构成了天地万物之本根。其性为"仁"，

〔1〕（汉）班固撰，（唐）颜师古注：《汉书》卷五十六《董仲舒传》，中华书局，1962年，第2520—2521页。

〔2〕（汉）班固撰，（唐）颜师古注：《汉书》卷二十四上《食货志上》，中华书局，1962年，第1137页。

〔3〕李宗桂：《文化的顶层设计对国家治理至关重要》，《国家治理》2014年第9期。

〔4〕（汉）班固撰，（唐）颜师古注：《汉书》卷五十六《董仲舒传》，中华书局，1962年，第2525页。

〔5〕（汉）班固撰，（唐）颜师古注：《汉书》卷五十六《董仲舒传》，中华书局，1962年，第2523页。

〔6〕颜师古注。（汉）班固撰，（唐）颜师古注：《汉书》卷五十六《董仲舒传》，中华书局，1962年，第2523页。

发用乃"正"。"大一统"是谓大元统，此亦"贵元重始"之大义。鉴于人之情性的双重性以及现实社会的复杂性，文化作为人认识自身以及人物事相的智识反映，自然呈现出其多样性。故有"师异道，人异论"，百家争鸣中各种论说竞相呈现。可谓"生旦净末丑"，粉墨登场；赤橙黄绿蓝，多彩纷呈。"百家殊方，指意不同"，其后果为，"上亡以持一统"而"下不知所守"，从而对国家社会治理造成不良影响。是故董仲舒对曰："臣愚以为诸不在六艺之科孔子之术者，皆绝其道，勿使并进。"于此，虽有多种说法，但无论"罢黜百家，表彰《六经》"[1]之论，还是"推明孔氏，抑黜百家"[2]之说，抑或"罢黜百家，独尊儒术"之见，尽管后学以求证董仲舒当时对策之本意而予之以不同解释，但其中不容置疑的是，经由董仲舒的建议，儒学从诸子百家中脱颖而出，上升成为国家的主导性学说，从而居于主流地位。如是而言，则"邪辟之说灭息，然后统纪可一而法度可明，民知所从矣"[3]。

于元之理而言，其意涵指向两个向度：其一，在现象层面，元体现为事物的丰富性与多样性。这意味着，社会氛围越宽松，则事物的丰富性与多样性就越突出。其二，在本根层面，元作为万物之原，于化生过程中自然将其内在信息赋予万物，从而无形之中使万物与生俱来具备了心同天心的取向或模式。前者为元之涵摄万物提供了具体对象，后者则意在元之所以能涵摄万物的功能或缘由。职是之故，文化之"大一统"绝非对其他学说的摒弃、根除，而是在承认其丰富性与多样化的前提下，将其纳入到"一统"架构之中，受"一统"之正的导引、左右与型塑。

---

[1] （汉）班固撰，（唐）颜师古注：《汉书》卷六《武帝纪》，中华书局，1962年，第212页。

[2] （汉）班固撰，（唐）颜师古注：《汉书》卷五十六《董仲舒传》，中华书局，1962年，第2525页。

[3] （汉）班固撰，（唐）颜师古注：《汉书》卷五十六《董仲舒传》，中华书局，1962年，第2523页。

就事实而言，譬如董子儒学纳阴阳学、道学以及名学等诸家于一体，并受天学之规制与重构从而形成"新儒学"一样，董仲舒之对策"诸不在六艺之科孔子之术者，皆绝其道，勿使并进"，非从根本上灭绝"六艺之科孔子之术"之外诸家，而意在"勿使并进"，以此确立儒学在文化领域的主流价值与地位。是故文化一统在"天地之常经，古今之通谊"的定则下，儒学因其天人一体性质从而以寓于人而本于天的层次成为自三代以来法则天地之道统、正统。在此意义上，儒学（甚至被称为"儒教"）以绝对性之势构成了国家治理在文化（广义）方面的顶层设计。由是，当下言及中华优秀传统文化，即指儒学。推其缘由，当与儒学的道统化相关。

需要说明的是，儒学之所以能够从诸多流派中脱颖而出，某种程度上，并非单纯地人为推动的结果。或言之，人为推动也只不过是契合了大势所趋而已。就此而言，董仲舒对儒学的推崇是审时度势、顺应时代发展要求的必然之举。

依此逻辑，儒学作为天人之学，必然涵摄着"天经地义"之永恒律则。此应首推"五常之道"。何以如是？董仲舒有言："臣闻天者群物之祖也，故遍覆包函而无所殊，建日月风雨以和之，经阴阳寒暑以成之。"天为万物之祖，一切皆由天而生，概莫能外。因此其性体乃仁。"故圣人法天而立道，亦溥爱而亡私，布德施仁以厚之，设谊立礼以导之。"[1]圣者法天而立仁道，具体言之，即仁谊（义）礼智信。"春者天之所以生也，仁者君之所以爱也；夏者天之所以长也，德者君之所以养也；霜者天之所以杀也，刑者君之所以罚也。"[2]春之生生即仁，继而夏长、霜杀等则为

---

〔1〕（汉）班固撰，（唐）颜师古注：《汉书》卷五十六《董仲舒传》，中华书局，1962年，第2515页。

〔2〕（汉）班固撰，（唐）颜师古注：《汉书》卷五十六《董仲舒传》，中华书局，1962年，第2515页。

义、礼、智以及信。〔1〕"天人之征，古今之道也。"天道即人道。是故"孔子作《春秋》，上揆之天道，下质诸人情，参之于古，考之于今"〔2〕。仁义礼智信，天道如是，人道亦然。

虽然时过境迁，但"五常之道"超越了一朝一代之限，从而铸立为儒学内在核心价值。今天，人们也许不知道何谓儒学，但仁义礼智信早已成为耳熟能详、深植于心的人伦律则。是故"五常之道"源远流长，影响深广，不但足以彰显儒学的核心价值，而且亦为推动国家治理乃至践行王道政治的基本抓手。由是《汉书·董仲舒传》言："夫仁谊礼知信五常之道，王者所当修饬也。"〔3〕"五常之道"与道联系在一起，在于"五常"为通达道体之路径。正是在此意义上，有言曰："道者，所繇适于治之路也，仁义礼乐皆其具也。"〔4〕王道持守仁义礼智信以法天，是谓"五者修饬"，必"受天之祐，而享鬼神之灵"，自持者天佑，则近悦而来远，从而"德施于方外，延及群生也"。〔5〕

四、"君子德风"与"德主刑辅"：董仲舒国家治理之教化思想

教化在国家治理中居于基础性地位。一定程度上，教化之立否、教化之应效，直接影响乃至决定着国家整体治理状态。时"谊主"汉武帝，"富有四海，居得致之位，操可致之势，又有能致之资"，位、势以

---

〔1〕 之所以如是言之，一则仁不仅与义礼智信为并列关系，更为关键的是，仁作为"五常"之首，亦为其宗；二则在董仲舒思想中，天及四时流变过程实则仁义礼智信之表现。
〔2〕 （汉）班固撰，（唐）颜师古注：《汉书》卷五十六《董仲舒传》，中华书局，1962年，第2515页。
〔3〕 （汉）班固撰，（唐）颜师古注：《汉书》卷五十六《董仲舒传》，中华书局，1962年，第2505页。
〔4〕 （汉）班固撰，（唐）颜师古注：《汉书》卷五十六《董仲舒传》，中华书局，1962年，第2499页。
〔5〕 （汉）班固撰，（唐）颜师古注：《汉书》卷五十六《董仲舒传》，中华书局，1962年，第2505页。

及资皆备，且"行高而恩厚，知明而意美，爱民而好士"，[1]期及"风流而令行，刑轻而奸改，百姓和乐，政事宣昭"[2]的良好局面，然有其愿而无其应。究其实，在于教化未立。教化的最低标准譬如"堤防"，是规避民众流为奸邪的主要防火墙。无教化则万民从俗而趋利，犹如水之流下，其自然之势不以教化而预防，必致万民偏离正道乃至走入歧途，流为奸邪贼盗。如是境况，即使刑罚也无法解决，其根本在于教化堤防之废坏。是故君王之治天下，须"以教化为大务"，不可不以谨严态度视之。[3]此其一也。

其二，就教化之于百姓的价值而言，化善质为善性。天之生民具善之质而未善，即"性待教而为善"，是以立王教化以善之，此乃"天意"。苏舆注："此董子劝时主以敦化厚俗之意。"一方面，这意味着教善化民乃"时主"与天俱来的内在责任，另一方面，为政以教亦对君王自身起着督促匡正作用[4]。毕竟"自春秋以来，王教废坠，在下之君子，起而明之，而其力常微"。在这种情况下，重申王政而同时为教，既是明示王教之责任，亦为昭彰王教之范型。"政教合一，而其化易行"，[5]由是，王者教善化民的过程展演着上以应天、下导庶众的顺命之为。

同时，教化非一时之功，乃长久之为。唯有绵绵用力，久久为功，教化才能现其效。此即"众少成多，积小致巨"之意。是故从细处着手，从

---

[1]　（汉）班固撰，（唐）颜师古注：《汉书》卷五十六《董仲舒传》，中华书局，1962 年，第 2503 页。

[2]　（汉）班固撰，（唐）颜师古注：《汉书》卷五十六《董仲舒传》，中华书局，1962 年，第 2496—2497 页。

[3]　（汉）班固撰，（唐）颜师古注：《汉书》卷五十六《董仲舒传》，中华书局，1962 年，第 2503 页。

[4]　《说文解字》："教，上所施下所效也。"参见（汉）许慎撰，（清）段玉裁注：《说文解字注》，浙江古籍出版社，1998 年版，第 127 页。故教意味着率先垂范、身体力行，即王者君子之于民众的范导性作用。

[5]　（清）苏舆：《春秋繁露义证》，钟哲点校，中华书局，2015 年，第 294 页。

微处发力，"以晻致明，以微致显"，"渐以致之"。假以时日，"尽小者大，慎微者著"。职是之故，教化乃"浸明浸昌之道"。[1]

其三，"工欲善其事，必先利其器"，官方须承担起教化的主体责任，首要之举应设立教育机构。"立太学以教于国，设庠序以化于邑"，大自国家，小到城邑，建构起多层次、全方位教育组织体系。对民众进行仁义教化，即"渐民以仁，摩民以谊，节民以礼"。如是"教化行而习俗美"。[2]

王者君子作为教善化民的行为主体，其一言一行均对民众产生着直接的化导示范效应。"礼不下庶人，刑不上大夫"（《礼记·曲礼》）即为此意。大夫作为民之师范，失范即已无耻，违背社会预期，而触犯刑律则失教之甚。与其身份地位严重不一，失职失教之大者也！是故《对策》有言："天子大夫者，下民之所视效"[3]，同时，"郡守、县令，民之师帅，所使承流而宣化也"[4]。就此而言，为官君子之为既是最具影响力的教化模式，也体现着率先垂范、身体力行的教化原则。《汉书·董仲舒传》有言："孔子曰：'君子之德风，小人之德草，草上之风必偃。'"君子之范导性效应如此，"上之化下，下之从上"。[5]有是教自成此化，上下相应，自是一体。故《为人者天》有言：圣王君子"先之以博爱，教以仁也；难得者，君子不贵，教以义也"。以爱示教以仁，以不贵难得之货示民以义。

---

[1]（汉）班固撰，（唐）颜师古注：《汉书》卷五十六《董仲舒传》，中华书局，1962年，第 2517 页。

[2]（汉）班固撰，（唐）颜师古注：《汉书》卷五十六《董仲舒传》，中华书局，1962年，第 2503—2504 页。

[3]（汉）班固撰，（唐）颜师古注：《汉书》卷五十六《董仲舒传》，中华书局，1962年，第 2521 页。

[4]（汉）班固撰，（唐）颜师古注：《汉书》卷五十六《董仲舒传》，中华书局，1962年，第 2512 页。

[5]（汉）班固撰，（唐）颜师古注：《汉书》卷五十六《董仲舒传》，中华书局，1962年，第 2501 页。

"虽天子必有尊也，教以孝也；必有先也，教以弟也。"尊亲而教以孝，敬长而教以悌。君与民犹如心与体，"心之所好，体必安之；君之所好，民必从之"（《为人者天》）。因此，在国家治理中，君者"诚于内而致行之"[1]，"贵孝弟而好礼义，重仁廉而轻财利，躬亲职此于上，而万民听，生善于下矣"（《为人者天》）。

其四，教化内容主要为"六艺"之学。对民众"简六艺以赡养之"。其中，"《诗》道志，故长于质。《礼》制节，故长于文。《乐》咏德，故长于风。《书》著功，故长于事。《易》本天地，故长于数。《春秋》正是非，故长于治人"。（《玉杯》）苏舆注：人虽生有先天之善质，然善未成，须"以六艺养其德性"。[2]"六艺"之德性涵养、教化指向各有所长，《玉杯》有言："《诗》《书》序其志，《礼》《乐》纯其美，《易》《春秋》明其知。"养志以培仁，纯美以育仁，明知以固仁。是故"序其志，使无邪噩。纯其美，使不躁厉。明其智，使顺于阴阳，谨于伦类"[3]。养心志以正，化性情以中，顺伦理以和。此《六艺》教化之效、天道人伦之理、王者治理之法。正如《汉书·儒林传》所言："《六艺》者，王教之典籍，先圣所以明天道，正人伦，致至治之成法也。"[4]是故"六艺"作为典籍之慧识，既为天道之至理，又乃正社会人伦之大法，其化育之功、理政之治由是可见。

通过"六艺"之学，于仁义礼乐之教中导民以德、化民以善、成人以道，即"遂人道之极"（《玉杯》）。苏舆注："人道以仁义信礼为尚，反其道而生，

---

[1]（汉）班固撰，（唐）颜师古注：《汉书》卷五十六《董仲舒传》，中华书局，1962年，第2511页。

[2]（清）苏舆：《春秋繁露义证》，钟哲点校，中华书局，2015年，第33页。

[3]（清）苏舆：《春秋繁露义证》，钟哲点校，中华书局，2015年，第33页。

[4]（汉）班固撰，（唐）颜师古注：《汉书》卷八十八《儒林传》，中华书局，1962年，第3589页。

不如由其道而死，反其道而胜，不如由其道而败，故曰'遂人道之极'。"[1]

其五，就教化之广义而言，德主刑辅当为教化的一种方式。《汉书·董仲舒传》："天道之大者在阴阳"，"阳为德，阴为刑"。[2]阳主而阴从，"天之近阳而远阴，大德而小刑也"（《阳尊阴卑》）。德主刑辅之意涵主要包括两个方面：一则德主刑辅作为国家治理基本方式，以德善教化为主，刑罚惩治为辅，二者相辅相成，统一于国家治理体系之中；二则在刑罚执行过程中，具体到特殊情况，刑罚让渡于德教[3]。德主刑辅既是遵从天道之应然，更为鉴于历史教训之总结[4]。《为人者天》亦有言："天地之数，不能独以寒暑成岁，必有春夏秋冬。"与之相应，"圣人之道，不能独以威势成政，必有教化"。（《为人者天》）由是可见德教之于刑罚的重要性。

德善化民构成了董仲舒教化思想的基本内蕴。孔子曰："道之以政，齐之以刑，民免而无耻；道之以德，齐之以礼，有耻且格。"（《论语·为政》）秦以政刑而非文德教于下，民无耻而犯禁。董仲舒奉天法古，承圣人心法，重申"古者修教训之官，务以德善化民"之大义。从"王者承天以顺命""明教化民以成性""正法度别序以防欲"三个方面强调了王道政治治理之"大本"。[5]

---

[1] （清）苏舆：《春秋繁露义证》，钟哲点校，中华书局，2015年，第36页。

[2] （汉）班固撰，（唐）颜师古注：《汉书》卷五十六《董仲舒传》，中华书局，1962年，第2502页。

[3] 《三代改制质文》在论述"三正"中，于正黑统、正白统、正赤统先后分别强调"法不刑有怀任新产""法不刑有身怀任""法不刑有身"，对于"怀任新产""怀任""有身"者皆"不刑"，此以"重怀藏以养微"体现了抑刑而扬德。且"三正"之正月，均"是月不杀"。同时，每月初一告朔之际，亦"废刑发德"。

[4] 《汉书·董仲舒传》：圣王治天下，爵禄养德，刑罚威恶。以此为治，而"非独伤肌肤之效"。至秦，"师申商之法"，"用憯酷之吏"，其后果为"刑者甚众"，"奸不息"。

[5] （汉）班固撰，（唐）颜师古注：《汉书》卷五十六《董仲舒传》，中华书局，1962年，第2515—2516页。

如果说德善教化为化民成俗乃至国家治理的重要方面，那么，刑与法则为次要维度。当然，德主刑辅本身即为一体。只不过刑与法之发用是基于德教为主的前提下，是故有言："此威势之不足独恃，而教化之功不大乎？"（《为人者天》）

特别值得重视的是，"刑辅"之所以为辅，在于即使在法的框架下，依然须考量心志之德性动因。"《春秋》之听狱也，必本其事而原其志。"（《精华》）与之相一致，《汉书·薛宣朱博传》有言："《春秋》之义，意恶功遂，不免于诛"，又"《春秋》之义，原心定罪"〔1〕。依此逻辑，"志邪者不待成，首恶者罪特重，本直者其论轻"（《精华》）。《盐铁论·刑德》：法乃缘人之常情而立，并非设罪以害人。故"《春秋》之治狱，论心定罪。志善而违于法者免，志恶而合于法者诛"〔2〕。此亦正合《北堂书钞》记录的董子断狱时采用的一个标准："意苟不恶，释而无罪。"〔3〕

"教，政之本也。狱，政之末也。其事异域，其用一也"（《精华》），作为国家治理的必要方式，教为本、为主，狱为末、为次，狱与教相辅为用，目的皆指向"政"（正）。是故《管子·枢言》云："法出于礼，礼出于治。"刑法与礼教在国家治理之中有机联系在一起。

五、"明别人伦"与"为天下治"：董仲舒国家治理之制度建设

在古代中国，国家治理非常重视制度建设，"三礼"即为体现。其中，具有典型意义的制度规范乃《周礼》，其记录了周王朝及其各诸侯国的政治制度。故礼制就是对古代国家治理制度规范的统称。

董仲舒有强烈的国家治理危机意识以及通过建立健全制度以防范危

---

〔1〕 （汉）班固撰，（唐）颜师古注：《汉书》卷八十三《薛宣朱博传》，中华书局，1962年，第3395—3396页。

〔2〕 转引自（清）苏舆：《春秋繁露义证》，钟哲点校，中华书局，2015年，第89页。

〔3〕 （汉）董仲舒：《春秋繁露·天人三策》，陈蒲清校注，岳麓书社，1997年，第348页。

机的治理策略。[1]《春秋繁露》之《度制》篇在论述"调均""不兼利"的同时，亦强调了制度建设，即礼制对于解决贫富分化乃至保障国家政治治理的必要性与重要性。[2]

国家治理须居安思危，具有先期预判事物演变方向及其结果的能力。即"见事变之所至，一指也"。不仅如此，还需要"别嫌疑，异同类"（《十指》）。细节决定成败，从微细之处入手，对各种事项进行分门别类、比较鉴别，审慎对待其中细节，从而于事物未萌"无端"（《二端》）之际将其导入正轨。是故《度制》有言："凡百乱之源，皆出嫌疑纤微，以渐寖稍长至于大。"此谓微而至著、小而至大。"圣人章其疑者，别其微者，绝其纤者，不得嫌以蚤防之。"圣人君子彰疑、别微、绝纤，通过立道做好先期之备。"圣人之道，众堤防之类也。谓之度制，谓之礼节。"在此意义上，《礼记·经解》释曰："夫礼，禁乱之所由生，犹坊止水之所自来。"

在国家治理中，保障民生乃基本要求。故最基础性的制度建设当着眼于民生问题。董仲舒从天理层次申明"不兼利""不争业"之根据："天不重与，有角不得有上齿。故已有大者，不得有小者，天数也。"天予人利业从不兼而与之，此为定则。为此，"君子仕则不稼，田则不渔，食时不力珍，大夫不坐羊，士不坐犬"，居其一足矣。能力虽己有，但资源当共享，让渡百姓一条生路、留给他人两口饭吃，乃天地仁心！何况能力往往带有鲜明的天赋色彩！由是，"明圣者象天所为为制度，使诸有大奉禄亦皆不得兼小利与民争利业，乃天理也"。子曰："礼者，因人之情而为之

---

[1] 具体内容请参阅崔锁江、白立强：《董仲舒的危机意识与治理思想》，《德州学院学报》2021年第3期。

[2] 苏舆在《度制》题注集诸家之论，解释"度制"意涵及其建设之紧要。"度制"，犹"制度"。《易》曰："节以制度，不伤财，不害民。"《对策》有言："人欲之谓情，情非制度不节。"贾谊《疏》："今世以侈靡相竞，而上亡制度，弃礼谊，捐廉耻，可谓月异而岁不同矣。"《新书·瑰玮》：世人极度无耻，"饰知巧以相诈利者为知士"，取法犯禁，"昧大奸者为识理"。奸邪日起，罪人众多，君臣相冒而上下无别。此在于无制度。

节文，以为民坊者也。"礼制合天道而缘人情，以导民之正。"故圣人之制
富贵也使民富不足以骄，贫不至于约，贵不慊于上，故乱益亡。"（《礼
记·坊记》）富贵贫穷各自相安，故止乱而为序。《白虎通·礼乐篇》：
"礼者盛不足，节有余，使丰年不奢，凶年不俭，贫富不相悬也。"[1]

孔子曰："中人之情，有余则侈，不足则俭，无禁则淫，无度则失，
纵欲则败。"通过度制建设，使"饮食有量，衣服有节，宫室有度，畜聚
有数，车器有限，以防乱之源也"。为此，"度量不可不明"。（《说苑·杂
言》）[2]

"夫礼，体情而防乱者也。"（《天道施》）苏舆注："'体情'二字，最得
作礼之意。学者不知此义，遂有以礼度为束缚，而迫性命之情者矣。"[3]然
礼制之价值，就个体而言，保障其生命活动之自由。在此意义上，礼制绝
非对人的钳制与强制，而是以某种外在性的方式唤醒人的内在性自律，进
而养成行为自觉，即"从心所欲不逾矩"（《论语·为政》）。[4]故"君子
非礼而不言，非礼而不动"。礼制非夺民之情，而是"安其情"[5]，以使
其"身行正道"。（《天道施》）"道之以正，所以安之。"[6]

就整体而言，制度建设的意义在于明别人伦关系的基础上助推社会趋

---

[1]　转引自（清）苏舆：《春秋繁露义证》，钟哲点校，中华书局，2015年，第223页。

[2]　（清）苏舆：《春秋繁露义证》，钟哲点校，中华书局，2015年，第223页。

[3]　（清）苏舆：《春秋繁露义证》，钟哲点校，中华书局，2015年，第464页。

[4]　《天道施》有言：圣人以礼义自持，故礼之于圣人，完全是圣人内在的生命底色。如是
而言，则"至诚遗物而不与变，躬宽无争而不以与俗推"，内以守诚，外自为中，应物
而不为其所变，行正而不于流俗所动。是故"众强弗能人"，不为外境所左右。犹如
"蜩蜕浊秽之中"，圣人出淤泥而不染，依然"含得命施之理，与万物迁徙而不自失"。
心存天理而行，虽应万物之情性，但却以道为守。此即圣人天地之心。

[5]　礼制作为致道之具，其功用在于合于外（天地万物）而成于内。故《循天之道》言
曰："是以天下之道者，皆言内心其本也。"礼制通过明确性的规范框架使人从道而为，
以达至"外无贪而内清净，心和平而不失中正"的生命原态。此即通于"安其情"。

[6]　（清）苏舆：《春秋繁露义证》，钟哲点校，中华书局，2015年，第464页。

向和谐与秩序。以服制为例[1]，不同层级者其服制不一，各自有其内在款式与要求，"度爵而制服"。依此逻辑，财用也须根据俸禄标准支付消费，即"量禄而用财"，并且饮食、宫室、畜产人徒以及舟车等均有具体规制。生死亦有分制。（《服制》）虽然衣服首要之用为"盖形暖身"，然而，一旦涉及社会关系，其功能必然随之变化。故"染五采、饰文章"，目的在于通过"贵贵尊贤，而明别上下之伦"[2]，进而起到教化作用，即"使教亟行，使化易成"，以趋向社会治理状态。（《度制》）苏舆引《新书》云：制服之道，"以等上下而差贵贱"。民与帝的服装制作标准体现着显著差别，意在差上下而别贵贱。又《白虎通·衣裳》：圣人之制衣，"表德劝善别尊卑"。[3]相反，如果弃度制而从民欲，以致纵之无穷，则"上下之伦不别，其势不能相治"，乃至"苦乱"；同时，"嗜欲之物无限，其势不能相足"，则"苦贫"。是故意欲"以乱为治，以贫为富"，可致之道"非反之制度不可"。（《度制》）

《汉书·王吉传》有言："古者衣服车马贵贱有章，以褒有德而别尊卑，今上下僭差，人人自制，是以贪财诛利，不畏死亡。"服制之效用如是之甚，不仅别贵贱，乃至起到了防止贪财利、避免亡命之应效。"周之所以能致治，刑措而不用者，以其禁邪于冥冥，绝恶于未萌也。"[4]周朝之治世之所以免刑措，在于其度制之完备，从而禁邪于未萌之先。职是之故，苏舆引程明道云："古者冠婚丧祭，车服器用，等差分别，莫敢逾僭。"礼制备而人伦明。否则，"礼制未修，奢靡相尚"。僭越大行其道，

---

[1] 《春秋繁露》有两篇与服制相关的文章，分别为《服制像》《服制》，前者从服制方面释解礼制的重要意义，后者说明不同层次等级者在饮食、宫室、畜产以及服装等方面的相应规定。

[2] 《对策》有言："臣闻制度文采玄黄之饰，所以明尊卑，异贵贱，而劝有德也。"亦为此意。

[3] 转引自（清）苏舆：《春秋繁露义证》，钟哲点校，中华书局，2015年，第227页。

[4] （汉）班固撰，（唐）颜师古注：《汉书》卷七十二《王吉传》，中华书局，1962年，第3064—3065页。

攀比之风盛行，"卿士大夫之家，莫能中礼，而商贩之类，或逾王公"。此皆源于"礼制不足以检饬人情，名数不足以旌别贵贱"。礼制、名数无以奏效。如是之甚，人无定分则奸生诈起而攘名夺利，无厌其欲而止之征。此即背道离乱之象。[1]

《礼记·坊记》："夫礼，坊民所淫，章民之别，使民无嫌，以为民纪者也。"礼制作为民之坊、民之纪[2]，在为民预设了相应规范的同时，也昭彰了其他社会群体的行持仪轨，从而最大限度地保证"贵贱有等，衣服有制，朝廷有位，乡党有序"（《度制》）的整体之治。

六、"量材授官"与"录德定位"：董仲舒国家治理之官吏选任

汉承秦制，经过初期的休养生息虽然出现了良好的发展之局，但囿于未能"更化"，其政治生态与社会氛围几近到了相当严酷的程度："阴阳错缪，氛气充塞，群生寡遂，黎民未济"[3]，社会整体氛围阴阳离乱，百姓怨声载道。民生成为影响国家存续发展的严重问题。其中根源在于"所任者非其人，而所繇者非其道"[4]。当是时，"废先王德教之官，而独任执法之吏治民"，为政不以德而任刑罚。[5]"贪暴之吏，刑戮妄加"[6]，非

---

[1] （清）苏舆：《春秋繁露义证》，钟哲点校，中华书局，2015年，第223页。

[2] 当然，民之坊与纪在何种程度上实现，以及其应效如何，与民之师帅的范导性息息相关。正是在此意义上，苏舆注云："圣人不禁民之争，而教之以让，则民俗自美。"此即《度制》所言，在"贵贱有等"之域，"民有所让而不敢争，所以一之也"。

[3] （汉）班固撰，（唐）颜师古注：《汉书》卷五十六《董仲舒传》，中华书局，1962年，第2512页。

[4] （汉）班固撰，（唐）颜师古注：《汉书》卷五十六《董仲舒传》，中华书局，1962年，第2499页。

[5] （汉）班固撰，（唐）颜师古注：《汉书》卷五十六《董仲舒传》，中华书局，1962年，第2502页。

[6] （汉）班固撰，（唐）颜师古注：《汉书》卷二十四上《食货志上》，中华书局，1962年，第1137页。

但不能承上而宣化德流，反而"法出而奸生，令下而诈起"[1]。

此即官吏之选任存在问题。《汉书·董仲舒传》："夫长吏多出于郎中、中郎，吏二千石子弟选郎吏，又以富訾，未必贤也"，"累日以取贵，积久以致官，是以廉耻贸乱，贤不肖浑淆，未得其真"。[2]其中，既有累日积久之嫌，又存在任子弟为郎吏的世禄之弊。同时，家境殷实也成为入吏为官的一种途径。如此种种，一方面，任子弟为郎吏制完全沦为食禄阶层的利益保护主义，进而形成相对固化与封闭的官吏体系，长此以往，必然失去活力，从而不能保证在位谋政、争进其功的有为之势；另一方面，由于限制了民众入仕的机会，自然剥夺了贤才德能之士发挥能力的空间，同时加剧官吏体系内部集体沉沦。再者，累日取贵、积久致官之陈制极易弱化贤德之士进取动力。是故官吏阶层"廉耻贸乱，贤不肖浑淆"，其风气之劣足以扰民而乱治。

在这种情况下，培养、选拔贤才德能之士以充实官吏阶层成为必需。这主要包括两个层面：就国家层面而言，"兴太学，置明师，以养天下之士"；就地方层面而言，即察举岁贡之措施。于前者，董仲舒欲抑先扬，针对汉武帝"亲耕籍田以为农先，夙寤晨兴，忧劳万民"之兢兢业业予以肯定，并就其"思维往古，而务以求贤"之夙愿比于尧舜之用心而高度赞赏，进而分析求贤"未获"之因由，乃"士素不厉"。平时根本没有做好士的培养工作，日常不烧香，临时抱佛脚，犹如不琢玉而要成器，守株待兔，根本不可能！故欲求贤须先养士，而"养士之大者，莫大乎太学；太学者，贤士之所关也，教化之本原也"。太学作为当时国家最高学府，担当着培养国家栋梁之材的重任。通过"兴太学，置明师"，以最高层次的教育机构与优秀的明师贤德育养天下之士，"数考问以尽其材，则英俊宜

---

[1] （汉）班固撰，（唐）颜师古注：《汉书》卷五十六《董仲舒传》，中华书局，1962年，第2504页。

[2] （汉）班固撰，（唐）颜师古注：《汉书》卷五十六《董仲舒传》，中华书局，1962年，第2512—2513页。

可得矣"。[1]

于后者，董仲舒在针砭"郎吏制度"之弊的基础上，提出了察举措施。即"诸列侯、郡守、二千石各择其吏民之贤者，岁贡各二人以给宿卫"。董仲舒打破出身门户之见，开"州郡举茂材孝廉"[2]之先河，从而使真正"吏民之贤者"获得了晋级的渠道。[3]可谓"举贤良，进茂才，官得其能，任得其力，赏有功，封有德"（《五行顺逆》）。这既考察了列侯、郡守等"大臣之能"，从而为对其赏罚乃至黜陟奠定基础，又体现了尊贤重才的用人观，同时为国家充实官吏队伍提供了优秀的人才资源库。故曰"天下之士可得而官使也"。何焯曰：辅世长民者，"养之不可不素。此吏民之贤者，以储郡守县令之材，承流宣化者也，求之不可不广"[4]。此亦落实素之养士的鲜明体现。

董仲舒察举选拔官吏遵循着"毋以日月为功，实试贤能为上，量材而授官，录德而定位"[5]之标准。其中，"贤能为上""量材授官"以及"录德定位"作为选拔官吏的三个重要原则[6]，彰显着对贤德才能的推崇与重视。这是从官吏选拔制度方面对"任子""富訾"方式的根本

---

[1] （汉）班固撰，（唐）颜师古注：《汉书》卷五十六《董仲舒传》，中华书局，1962年，第2512页。《古文苑》记载："仲舒窃见宰职任天下之重，群心所归，惟须贤佐，以成圣化。愿君侯大开萧相国求贤之路，广选举之门，既得其人，接以周公下士之意，即奇伟隐世异伦之人，各思竭愚，归往圣德，英俊满朝，百能备具。即君侯大立则，道德弘通，化流四极。"

[2] （汉）班固撰，（唐）颜师古注：《汉书》卷五十六《董仲舒传》，中华书局，1962年，第2525页。当时察举科目大体包括孝廉、茂才、贤良方正与文学、明经、明法、尤异、治剧以及勇猛知兵法等，其中，最主要的是孝廉、茂才以及贤良方正与文学三科。参见余治平：《董仲舒与武帝选官制度改革》，《中共宁波市委党校学报》2016年第1期。

[3] （汉）班固撰，（唐）颜师古注：《汉书》卷五十六《董仲舒传》，中华书局，1962年，第2513页。

[4] （汉）班固撰，（清）王先谦补注：《汉书补注》，上海古籍出版社，2021年，第4041页。

[5] （汉）班固撰，（唐）颜师古注：《汉书》卷五十六《董仲舒传》，中华书局，1962年，第2513页。

[6] 参见余治平：《董仲舒与武帝选官制度改革》，《中共宁波市委党校学报》2016年第1期。

否定。司马迁在《史记·龟策列传》如是评价汉武帝用材之道："博开艺能之路，悉延百端之学，通一伎（通'技'，笔者注）之士咸得自效。"[1]

"顺天理物，师用贤圣"乃致治之道。故务求贤圣，唯"贤能佐职"，方"教化大行"而"天下和洽"。[2]故曰："善用人为群之本。"[3]

选择官吏三原则虽然尊贤重才，但才能之用度须依据德性而裁决，即"录德而定位"。德性之高下构成了决定官位层级的至要尺度。是故《观德》有言："高者列为公侯，下至卿大夫，济济乎哉，皆以德序。"有其德必有其位，"豪、杰、英、俊不相陵"[4]，"小德役大德"（《孟子·离娄上》）。各安其位，各尽其职。唯有如此，官吏作为"修教训之官"，才能"以德善化民"。[5]

与之相应，董仲舒同时提出官吏"不与民争业"之科条。"受禄之家，食禄而已，不与民争业，然后利可均布，而民可家足。"官吏有俸禄以资用，完全能够保证相应生活，绝不能在其位而兼谋他业。否则，极易导致权力之滥用。何况又存在以权谋利之嫌！从而对其职造成不良影响。更为关键的是，不与民争利业，即是对民生之关怀——给百姓尽可能多留一条谋生之路，以此保证"利均布"而"民家足"。故此作为"上天之理""太古之道"，应予以高度重视！是以"天子之所宜法以为制，大夫之所当

〔1〕（汉）司马迁：《史记》卷一百二十八《龟策列传》，台海出版社，1997年，第898页。

〔2〕（汉）班固撰，（唐）颜师古注：《汉书》卷五十六《董仲舒传》，中华书局，1962年，第2509、2508页。

〔3〕（清）苏舆：《春秋繁露义证》，钟哲点校，中华书局，2015年，第130页。《精华》言曰："以所任贤，谓之主尊国安。"又"任贤臣者，国家之兴也。夫知不足以知贤，无可奈何矣。知之不能任，大者以死亡，小者以乱危，其若是何邪？"

〔4〕（清）苏舆：《春秋繁露义证》，钟哲点校，中华书局，2015年，第265页。

〔5〕（汉）班固撰，（唐）颜师古注：《汉书》卷五十六《董仲舒传》，中华书局，1962年，第2515页。

循以为行"。[1]从制度层面立之以法，以确保在位者行动中落实，即正面激励与负面惩处双重保障："爵禄以养其德，刑罚以威其恶。"[2]

官吏考核与黜陟也是董仲舒官制思想的组成部分。《尚书·舜典》："三载考绩，三考，黜陟幽明。"对官吏进行考绩，进而予以升迁或贬废。董仲舒在《考功名》篇对考核官吏进行了详细论述，主要涉及考核方法与奖惩措施。

"考绩之法，考其所积也。"对官吏进行考核的方法，就是考察其所累积的功劳与过失。具体而言，即考核官吏在为百姓"兴利除害"方面的实绩。"考绩绌陟，计事除废"，根据官吏政绩之优劣而定升贬，审查其政事之良莠而定用舍。"揽名责实，不得虚言，有功者赏，有罪者罚"，根据官吏之名号以求其实效，赏功罚罪。是故"百官劝职，争进其功"，官吏自然勤勉而尽职，积极进取以建功。（《考功名》）

董仲舒对考核具体实施时间也进行了设计。"大者缓，小者急，贵者舒而贱者促。"大范围之考核时间段应该拉长一些，小范围的可以适当短促一点；位高权重者之考核节奏尽量舒缓，而职位卑微者可稍稍急促。"诸侯月试其国，州伯时试其部，四试而一考。"诸侯每月对所在国官吏进行一次小考，州长以季为时限对所辖官吏小试，四次小考之后即进行一次规模较大的考试。"天子岁试天下，三试而一考，前后三考而绌陟"，天子每年举行一次全国性小型统考，三次小考之后即举办一次全国性大型统考。在三次大型统考的基础上，根据官吏的政绩而决定其晋升或降级[3]。

---

[1] （汉）班固撰，（唐）颜师古注：《汉书》卷五十六《董仲舒传》，中华书局，1962年，第2521页。

[2] （汉）班固撰，（唐）颜师古注：《汉书》卷五十六《董仲舒传》，中华书局，1962年，第2510页。

[3] 《考功名》篇还设计了具体详细的考核办法，称之为"进退""四计"。于此，卢文弨注："未详。"苏舆案："此法汉时似未通行，故人但知京房《考功课吏法》。今史文不详，无由订董京异同得失矣。"赖炎元注译本也对本部分注译从略。是故，笔者从而略之。

（《考功名》）

董仲舒关于国家治理的政治、经济、文化、教化、制度建设以及官吏选任等诸多方面建议在中国乃至世界文化史上可谓意义重大："及仲舒对册，推明孔氏，抑黜百家。立学校之官，州郡举茂材孝廉，皆自仲舒发之。"[1]董仲舒以对儒家之推崇确立了中国文化的基本价值取向，并使之融入到政治、经济、文化等全方位领域。其影响范围之大、绵延时间之久，某种意义上几近空前绝后！故刘歆称颂董子为"令后学者有所统壹，为群儒首"[2]。

---

〔1〕（汉）班固撰，（唐）颜师古注：《汉书》卷五十六《董仲舒传》，中华书局，1962 年，第 2525 页。

〔2〕（汉）班固撰，（唐）颜师古注：《汉书》卷五十六《董仲舒传》，中华书局，1962 年，第 2526 页。

第五章　董仲舒国家治理思想体系与价值取向

董子以其强烈的天道信仰与深切的王道情怀，为趋向理想国家治理图式而付诸努力。同时借助于相应的政治、经济以及文化策略建构与规制着现实社会，以期实现家国和谐有序的良性格局。董子国家治理思想价值取向主要体现在两个维度：自由与秩序。上述内容构成了董子国家治理思想体系。

第一节　董仲舒的国家治理思想体系

董仲舒国家治理思想包括基本范畴、王道政治、基本要求和具体法要、主要内容、基本目标与价值取向等诸多面向。其中，基本范畴乃董仲舒国家治理思想的理论前提，王道思想即其核心，基本要求与具体法要构成其中的中间性环节，主要内容乃其中主干，而基本目标与价值取向则为其方向性志意。总之，董仲舒国家治理思想诸多面向构成了相对完整的体系。

一、董仲舒国家治理思想的主要面向

董仲舒心系天道又立足现实，型构了基于天道的王道理论。在此框架下，董仲舒同时开显出其国家治理思想，主要涉及以下面向：

一是董子国家治理思想的基本范畴。毋庸置疑，天乃董子整个学说思

想的基本范式，其国家治理思想各个方面都从属于天且在天的统领下构成自洽式系统。其中，奉天法古、天道、大一统、道义以及应天改制等为其国家治理的基本范畴，分别对应着国家治理之指导思想、治道之源、核心理念、基本原则以及客观要求等。需强调的是，天道乃董仲舒国家治理思想的依据与源泉，而大一统则是董子王道政治的核心理念，直到今日依然发挥着其影响与效用。相应范畴在董子国家治理思想体系中居于基础性地位。

二是董子国家治理之王道思想。在董仲舒国家治理思想诸多维度中，王道为其核心。董仲舒秉持着强烈的天道信仰，坚守着"百王之用"[1]的道统理念，其整体思想学说的主旨即王道。是故应对汉武帝策问的一贯逻辑即王道。在此意义上，董仲舒以面对现实而又朝向理想的情怀展现了一个真正儒者的责任与担当。在董子思想境域，王者以上循天道、下导吏民的结构图式型构了政教合一、以德立教的圣人政治治理模式。

具体言之，董仲舒王道思想涉及近三十个主题，主要包括民本论、人性论、德治、教化、奉天法古、受命、尊君、任贤、修养、大一统、正统、五正、太平、三纲、仁义、守常、改制等。这些方面从属于人文、天道、君主、秩序、伦理、制度等六重维度，大体来说，六重维度从属于人文度制、伦理秩序以及天道君王三个方面。董子王道思想本身构成了一个相对自洽的理论体系。

三是董子国家治理思想的基本要求、具体法要以及主要内容。此为董子国家治理思想的第三个层次，乃王道思想的逻辑延展。其中，基本要求与具体法要为董仲舒国家治理思想的中间环节，而主要内容则构成其主干。相对而言，国家治理的基本要求即"崇尚三本"，而"大略十指"则为其具体法要，主要内容则是国家治理的具体条目，即政治"更化"、经

---

[1]（汉）班固撰，（唐）颜师古注：《汉书》卷五十六《董仲舒传》，中华书局，1962年，第2518页。

济"调均"、文化"一统"、核心价值、社会教化、以民为本、制度建设以及官吏选任等。

四是董子国家治理思想之目标、价值取向。董子具有强烈的天道信仰与深切的王道情怀，但同时又不失对现实社会的关切。在回答汉武帝的策问过程中，一方面董仲舒坚守着王道理想，在个体意义上，助推人的自由，在整体意义上，优化着社会趋向良序状态，此即董仲舒国家治理思想的价值指向；另一方面又借助于政治、经济以及文化策略建构与规制着现实社会，以实现"善治"局面。

二、董仲舒国家治理思想诸面向之相互关系

董仲舒学说思想是一个整体。这样说的意思是，在本来意义上，并不存在纯粹的、界域分明的董仲舒国家治理思想相应面向。或言之，董仲舒国家治理思想只不过是从整体视角对其中相关思想内容的梳理、概括。这同时意味着，探讨董仲舒国家治理思想不可能也无法撇开其整体思想学说。

为此，说董仲舒国家治理思想包括基本范畴、王道政治、基本要求与具体法要、主要内容以及基本目标与价值取向等诸多面向，毫无异议的是，其中任何一方面均基于董仲舒整体思想才能成立。故面向是隶属于整体的面向，一维乃基于多维整体之一维。撇开董仲舒整个思想学说，其中任何一维即犹如无源之水、无本之木，必然失去其内在意涵乃至价值与意义。

然而，出于对董仲舒思想研究与加深认识的需要，并不妨碍对其思想进行相对分析意义上的划分。对董仲舒国家治理思想的发掘即是其体现，而对董子国家治理思想进一步深入探究过程中抽离概括形成的基本范畴、王道政治等一系列面向亦然。

奉天法古、天道、大一统、道义以及应天改制等为董仲舒国家治理的基本范畴。基本范畴即关于董仲舒国家治理思想的相关概念。虽然在董仲舒整个思想语境中，几乎不存在明确性的概念式界定，但抽丝剥茧，依然能够发现与董仲舒国家治理思想密切相关的基础性概念。在奉天法古、天

道、大一统、道义以及应天改制等范畴中，天道处于最基端层次。因此，天道实为基本范畴的关键性概念。进而言之，董仲舒国家治理思想的其他方面均源天道而产生。正是在此意义上，《重政》言曰："惟圣人能属万物于一而系之元"，如果说天道乃董子国家治理思想的终极之源，那么，大一统作为王道政治的核心则为天道逻辑在现实社会的相应开显。董仲舒国家治理思想基本范畴在其整个体系中居于基础性地位。

王道政治乃董仲舒国家治理思想的主旨，在其中居于中心地位。概而言之，董仲舒的思想学说即王道，其相关立论与表达均以王道为中心而展开。王道既是天道于人间治理之体现，又是国家治理思想基本要求、具体法要以及主要内容的总纲，在此意义上，王道政治构成了董仲舒国家治理思想的价值标尺，而基本目标则为王道政治于当时社会治理的现实实现，自由与秩序之价值取向则为王道政治在生命个体与社会整体层面的具体表现。

董仲舒国家治理思想的基本要求、具体法要以及主要内容，构成了董仲舒国家治理思想的主体。其基本要求、具体法要以及主要内容即王道政治层层递进式的具体展现，其中，基本要求乃王道政治的根本圭臬，具体法要则为更加明确的规范律则，而主要内容即王道政治在现实国家治理过程中具有可操作性、具体明确的相应策略。

作为国家治理思想的基本目标、价值取向分别体现着董仲舒关于国家治理的当下实践与演化趋势，此构成了董仲舒关于国家治理思想的方向和归宿。故如果说王道政治乃董仲舒国家治理的理想形态，那么，其"善治"的基本目标则指向了国家治理状态的当下实践。因此，"善治"即王道政治在现实社会治理过程中的具体体现，具有鲜明的实践品格，而价值取向则代表了王道政治的演进趋势。

三、董仲舒国家治理思想的体系性建构

董仲舒思想学说具有鲜明整体性特征。其国家治理思想各个面向依然呈现着体系性的结构格调。

如上所述，董仲舒国家治理思想的各个面向既相对独立——内容明确，又相互联系——体现着彼此内在统一。一定程度上，基本范畴乃董仲舒国家治理思想的源发点，王道政治为其主旨，基本要求、具体法要以及主要内容构成了董仲舒国家治理思想的主体，基本目标与价值取向则为其方向与归宿。故董仲舒国家治理思想即起点、主旨、主体以及方向的统一。其中，源发点即天道，作为董仲舒国家治理思想的本初始基，居于统领性地位，此谓无论其主旨，还是主体，抑或方向，均从属于天道。就此而言，董仲舒国家治理思想发端于天，作用于世，成就于王。天道人道，一也。

而就各个面向之内在意涵而言，无论董仲舒国家治理思想之起点，还是主旨，抑或主体乃至归宿，均为"正"或"义"。进而言之，之所以为"正""义"，乃在于终极元机生生之仁。生生之仁具有时措之宜的中正品质。职是之故，董仲舒国家治理思想之基本范畴、王道政治、主要内容以及价值取向等，皆天元之本在不同层次或面向的中正要求或展现，形式虽异，然本体为一。由是而言，董仲舒国家治理思想在天元仁本的统摄中结为整体系统性架构。

天道信仰乃董仲舒及其思想不可移易的终极标尺。由此注定了董仲舒在治国理政方面的王道情怀，进而展现了企及自由与秩序的价值取向。

第二节　董仲舒国家治理思想的天道信仰与王道情怀

在董仲舒看来，天"遍覆包函而无所殊"[1]。往来古今之域，无论有形之相，还是无形之在，皆归属于天。如果说有形之相构成了具体、丰富的现实世界，一定程度上，无形之在则为形而上的道之律令——天道。天

---

[1]　（汉）班固撰，（唐）颜师古注：《汉书》卷五十六《董仲舒传》，中华书局，1962年，第2515页。

道因其无形而展现着至上性与绝对性，且以其生生不息运化之仁而兼具了神圣色彩。此实为天道信仰的深层动因。天道之为信仰意味着天道作为物相人事的终极根源不仅未以其无形而与现实人事形成悬绝与阻隔，相反，天道以其无时不在、无处不有的方式下贯到人事之中，此即人道或王道。鉴于是，天道逻辑的内在性在人事世界即体现为"必有王者兴"（《孟子·公孙丑下》）之必然性，故"必世而后仁"（《论语·子路》）之王道治世由是而成。是故董仲舒天道信仰绝非虚妄，而其王道情怀亦有依仗。

一、天道及其特性

董仲舒言即由天，是故天，确切而言，天道构成了董仲舒学说的内在基调。其中颇为流行的一个论断是："道之大原出于天，天不变，道亦不变。"[1]天乃道之本原，鉴于"古之天下亦今之天下，今之天下亦古之天下，共是天下"[2]，因此，天道恒常而不易。

在中国传统文化语境，鲜见明确性的界定，天道亦然。对天道之理解与把握，只能通过董仲舒相关表达而领会。既然天道源于天，而天最为基本的发用、性能即运化。为此，天道就体现在天的化生之中。《四时之副》有言："天之道，春暖以生，夏暑以养，秋清以杀，冬寒以藏。暖暑清寒，异气而同功，皆天之所以成岁也。"春夏秋冬四时成岁，生养杀藏而为天功。是以"天地之化，春气生而百物皆出，夏气养而百物皆长，秋气杀而百物皆死，冬气收而百物皆藏"。凌曙引《越绝书》范子曰：阴阳不同处而万物生。冬三月"阳气避之，藏伏壮于内"，而夏三月"阴气避之，下藏伏壮于内"。其中，"阳者主生万物。方夏三月之时，天热不至，则万物不能成；阴气主杀，方冬三月之时，地不内藏，则根荄不成，即春无生"。

---

[1]（汉）班固撰，（唐）颜师古注：《汉书》卷五十六《董仲舒传》，中华书局，1962 年，第 2518—2519 页。

[2]（汉）班固撰，（唐）颜师古注：《汉书》卷五十六《董仲舒传》，中华书局，1962 年，第 2519—2520 页。

阴阳四时顺其次、合其序，"一时失度，即四序为不行"。[1] "是故惟天地之气而精，出入无形，而物莫不应，实之至也。"（《循天之道》）天地之气机动而"物莫不应"，应天而化，无形无声，可谓至精、至妙。

《天道无二》："天无常于物，而一于时。"天之精妙，于万物"必因其材而笃焉"（《中庸》），因其材而成其性，此即"无常于物"。然而，其生发养长必"一于时"。四季轮转而时为大，"时之所宜，而一为之"。四时周流，各展其宜，其皆由于"一"。可以说，"一"构成了天之生生不息、健运不止、有条不紊、四时流转的内在机制。"常一而不灭"，是谓"天之道"。（《天道无二》）

天之道不仅在"一于时"中周流不息、终而复始，即"有伦"，而且"有经、有权"。（《阴阳终始》）在此意义上，《如天之为》有言："天之生有大经也，而所周行者，又有害功也，除而杀殛者，行急皆不待时也，天之志也。"四时周行为"大经"，乃常道。而在特定场域，如"有害功"须"除而杀殛"，则不待时。换言之，春发仁以为善，秋修义而止恶，夏立德以致宽，冬为刑以肃清，此所以"顺天地，体阴阳"而已。然而，正值为善致功之际，见恶亦不能放过；致宽立德之时，逢大恶必即而去之。之所以如是，在于"以效天地之方生之时有杀也，方杀之时有生也"。此即"志意随天地，缓急仿阴阳"，是谓"执其中"（《如天之为》），呈现着鲜明的"大义"品格。

是故"天之道，有序而时，有度而节，变而有常，反而有相奉"（《天容》）。概而言之，其主要特性包括：

其一，普遍性。"天地之气，合而为一，分为阴阳，判为四时，列为五行。"（《五行相生》）天地合而为一之气即"常一而不灭"，"一于时"之天道介体，既可演化为阴阳，又可转变为四时乃至"列为五行"。是故五行即为天道载体的另一种形式。在木、火、土、金、水五行之间，"木

---

[1]　（汉）董仲舒撰，（清）凌曙注：《春秋繁露》，中华书局，1991年，第262页。

生火，火生土，土生金、金生水"。同时，五行与春夏秋冬具有相互对应性关系，即"水为冬，金为秋，土为季夏，火为夏，木为春"。在"春主生，夏主长，季夏主养，秋主收，冬主藏"的季节变换过程中，自然形成了"父之所生，其子长之；父之所长，其子养之；父之所养，其子成之"的"奉承而续行"的一脉贯穿图式。正是在"父授之，子受之"的序列中，五行相生而流变，从而化育而成万物。（《五行对》）五行作为气"一"之化现，无处不在，此即体现了天之道的普遍性。[1]

其二，永恒性。"夫乐而不乱复而不厌者谓之道；道者万世亡弊，弊者道之失也。"道之为道，天地所运、万物所由，乃宇宙品类所以存续、发展的基本方式，其内在规定性即"乐而不乱""复而不厌"，是故乃"万世亡弊"。此体现了道的恒常性、稳定性。正是在此意义上，"王者有改制之名，亡变道之实"。至于改正朔，易服色，乃在于大天之显，从而顺天命而已。当然，鉴于特定之情实，先王之道（人道）总存在"偏而不起之处"，从而造成"政有眊而不行"之弊。此恰恰为某种程度上的失道所致。结合当时"所遭之变然"的具体情况，根据"救溢扶衰"之原则，须"举其偏者以补其弊"，以复归于天道。是故"夏上忠，殷上敬，周上文者"，即"所继之救"。因而，孔子曰："殷因于夏礼，所损益可知也；周因于殷礼，所损益可知也；其或继周者，虽百世可知也。"（《论语·为政》）夏商周三代尽管损益有变，但其由道之中心不变。"其或继周者，虽百世可知"，更是昭彰了对后王法先王而承天道的期许，亦是自信。是故董子言："此言百王之用，以此三者矣。"某种程度上，尧舜禹三代，其为政之道近于天，故夏禹继虞舜，虞舜继唐尧无所谓损益，"其道如一而所上同"。或言之，"三圣相受而守一道，亡救弊之政也，故不言其所损益

---

[1]《五行之义》中也又类似表达。不同的是，其中一则阐述了"天次之序"，即"木，五行之始也；水，五行之终也；土，五行之中也"；二则明确了"相受而布"的"父子之序"，即"木生火，火生土，土生金，金生水，水生木，此其父子也。木居左，金居右，火居前，水居后，土居中央"。

也"。"一道"即天道。由是而言,"继治世者其道同"之"道"乃皆同于天原大道,而"继乱世者其道变",其道囿于偏离天道,故须变偏而复归于正。[1]无论治世之道同,抑或乱世之道变,皆彰显了一以贯之的形上天道之制式。此即天道的永恒性。

其三,中和性。天地之道,一中一和。"一岁四起业,而必于中。"四时流转,皆中正而不偏。是故中之发用自然取向"必就于和"。由此可见,中者,即"天地之所终始",也就是天地内在之性能,所谓"中者天之用也";而和者,乃"天地之所生成"[2],此即天地万物存续和谐之态,故曰"和者天之功也"。(《循天之道》)天之道即以中之用而致和之功。以当下言之,天作为自组织系统,中即天之内在场势、动能。在和之情态,中持守着未发而发、发而未发之势;和之态一旦打破,失去其均衡和谐之状,中之场能(天道的体现)即刻启动。就理论而言,和态破坏之时即中道发用之际,二者保持着同步态势[3]。

关键在于,中和作为天地之道,即使存在不和之境遇或节点,"必归之于和";间或出现不中之情景或时段,"必止之于中"。进而言之,无论和与不和,还是中与不中,皆源于特定情况之必需,即以时为大,"时用之"。是故"时无不时者",均为中正之用、合宜之功。正是在此意义上,言曰:"夫德莫大于和,而道莫正于中。"此亦为天制。(《循天之道》)

其四,精妙性。天之道,"微而至远,踔而致精"(《天容》),苏舆注:"天道虽若超妙,而精理咸寓。"[4]天道与天地化生之机能直接相关,

〔1〕 (汉)班固撰,(唐)颜师古注:《汉书》卷五十六《董仲舒传》,中华书局,1962年,第2518—2519页。

〔2〕 董天工笺注:"此备言天道之中和。"(清)董天工:《春秋繁露笺注》,黄江军整理,华东师范大学出版社,2017年,第214页。

〔3〕 实际上,中、和并非两种事物,而是同一个事物的不同方面。这意味着,中与和本身不可分离,中是和的前提与手段,和乃中的场域与状态。中为内容,和是形式,二者统一即天道。

〔4〕 (清)苏舆:《春秋繁露义证》,钟哲点校,中华书局,2015年,第325页。

故天地化生机能之"微""远""踔""精"无形之中折射出超绝与玄妙，从而于具象的有形物质层次超拔、提升而展现出抽象的无形精理之蕴。由是呈现出"天意难见"乃至"其道难理"之情。

不过，其中实相为，天道虽然精妙，但亦有出处；尽管超绝，然不离本根。就此而言，天道于实虚、本末之际，在呈现着实、本生生之仁、发用之义的同时，又展现着虚、末无形之精、作用之妙。

此构成了天道信仰的直接动因。

二、董仲舒国家治理思想的天道信仰

天作为整体复合型范畴，无一不包，一切人事物相皆归于天。然而，从最直观层面而言，天首先体现为生生不息之动态呈现，此即天功，或天道。是故《四时之副》言曰："天之道，春暖以生，夏暑以养，秋清以杀，冬寒以藏。"天道周运，暖暑清寒，于四时轮转中化生长养乃至成就万物。是则为仁。

"仁之美者在于天。天，仁也。"（《王道通三》）由是可见，天道即仁道。天之化生机制无声无息、默而相契，呈现着最为完美的运化之道。助养万物、呵护群生，"养之，长之，假之，仁也"（《礼记·乡饮酒义》）。因其物而成其性，因其性而尽其材。天之道由生而至养，由养而及成，此生发长养过程即从化生之机进而演化出成物成人的道德关怀。故仁者以生，同时，更是仁者大爱。此乃天之本性，不可移易，即"仁，天心"。（《俞序》）

是故天心之仁以其内具，从而其仁爱表现为鲜明的无条件性。这是超越情感而又折射着强烈情感的本体境界，非天道孰能当是?! 为此，即使灾异至，亦不过是特定情况下"天意之仁而不欲陷人"的别样表现方式，面对如是境域，人君正确的态度是"畏之而不恶"。予之以敬畏之心，而绝不能厌恶。究其根本，一切灾异并非毫无缘由，其直接源于国家治理之错失。由是，上天示现灾异进行常规性谴告。如果依然行素如故，不知悔改，则怪异现乃至殃咎至。无论如何，其志意在于"天欲振吾过，救吾失，故以此报我也"（《必仁且智》）。正是在此意义上，《奉本》强调：上天所加种种事项，虽是灾变祸害，"犹承而大之"，以顺承之心受纳且予以光大盛赞。其内在逻辑为，"天无错舛之灾"。（《奉本》）正所谓没有无缘之爱，亦不存在无故之恨。即使恨——爱之极致，深层当浸润着爱的意蕴。

这就是天及其大道。或偏左，或偏右，均为天地仁心的大爱展现，其中体现的都是不中而中的价值尺度。是故"《春秋》之旨，以仁为归"[1]。

大爱无私，是为天道！正是天道于万物群生无所偏袒，一视同仁，从而构成了大众内心深处确定不移、毋庸置疑的终极公理。无论惊异于物相之奇，还是嗟叹世事之异，抑或遭遇命运不济，呼天唤地成为人们不由自主发自内心的直觉表达。

天道以仁，确切而言，以其遍覆包涵、无私之仁而成其大。是故孔子赞而叹曰："巍巍乎，唯天为大。"（《论语·泰伯》）在董仲舒，天乃"万物之祖"（《顺命》），诸相之所由出，从而为万物之根、生命之本。这自然备具了至尊之位势。

《离合根》有言："天高其位而下其施，藏其形而见其光。"一定程度上，天之"位高"并非空间范畴，而是某种场势之域。之所以如是断言，在于事实上根本不存在某个高度空间范围之天，否则，或为狭隘化之天，或为天的某个层次而已。如是解，不仅是对天的外在强行性分解，更有悖于天之本然。一定意义上，天正是由于无定域（于是而不限于是）而为大，无其形或"藏其形"而致神。实际上，"于是而不限于是"即天"高其位"的内在意涵，由此亦可见，"高其位"即"藏其形"。同时，由"高其位"而奠定了天之尊，以"藏其形"而成就了天之神。"位尊而施

[1]（清）苏舆：《春秋繁露义证》，钟哲点校，中华书局，2015年，第158页。

仁""藏神而见光"谱绘、映照了"天之行"的至上性乃至绝对性。[1]

综上,生生之天或天道因其位高与形藏从而呈现出至上性调式。鉴于位高而无定域、形藏而无痕迹,自然使天或天道的至上性同时以弥散性方式展现,周流于六虚,遍布于宇宙,并成为影响其中人事物相的主导性甚至决定性力量。天或天道之绝对性由此而现。

正是在此意义上,董仲舒在《春秋繁露》中先后两次强调孔子的"君子三畏"观,即"畏天命,畏大人,畏圣人之言"。其一,在《郊语》篇。董仲舒首先引孔子"三畏"之言,进而设问:难道三者无伤于人,孔子无故而多虑,空徒敬畏吗?随之说明"天之不可不畏敬"。相对于"不谨事主,其祸来至显"之情,不能做到畏敬上天,则"殃来至暗"。非显而至,而是"不必立校",效验不可能即刻出现,"若自然",于无声无息中悄然而至。其二,《顺命》篇又再次明申"三畏"。指出其中症结在于,人多智浅识薄,对于天之威不明就里,于百事之变仅仅名之以自然。实则天威奥微,其道难理不易言,这进一步加剧了天道之可畏。

当然,天道亦不失阳光雨露、怡人春风。然而,无论天之威严还是天之可人,其间均以中正之状映射着深层难以言说的天之圭臬。天道以其静默守一之态,以不变应万变。就此而言,天道即隐匿于有形现象界的无形之在,构成了导规、左右现实社会的强力场势,乃至成为"绝对者"[2]。盖"天者,百神之大君"(《郊语》)即为此意。

天生养并成就万物,是故天为万物立法。本原之天内在场域,天不曾言,然万物皆发其意。在微观层面——或时段或领域,无论万物之间的相

---

[1] 《天地之行》亦有类似表达:"天高其位而下其施,藏其形而见其光",随之即言:"序列星而近至精,考阴阳而降霜露。"接着说:"高其位所以为尊也,下其施所以为仁也,藏其形所以为神也,见其光所以为明也。"

[2] 黄裕生认为,无论殷商之"上帝",还是周人之"天",均体现着对本初意涵的某种超越,从而粹化为至上性的一般范畴,此即"绝对者"。参见黄裕生:《论华夏文化的本原性及其普遍主义精神》,《探索与争鸣》2016年第1期。

生还是相胜，都不能改写宏观层面万象更新和谐共生的趋向或格局。或言之，微观层面万物之情状展现得越丰富、越多样，则越指向和合有序之态。这同时意味着，化生之相永远从属并展现着化生之道。其中，境相的完美与残缺乃或为局部或为暂时的情景呈现，祸福相依相随的背后寄寓着阴阳为一的天道逻辑——此中绝对者以似无情而实则有情的非理性方式扮演着至公中正的道德律令。其摒弃了喧嚣、消弭了热闹，持守的只是宇宙的终极法则，于境中发用，在缘中萌动。此即自然的才是最美的。是故有言："天地之行美。"（《天地之行》）

天道至中而正，至公而美，化万物之体，予诸相之意，成群生之性。为万物而不为其所累，成万物而不为其所私，以其寓于万物而又超越于万物之情状凝华为绝对性之是。因其寓于万物，故可感可见；因其超越万物，故至上为尊。鉴于此，绝对者及其绝对性终究作为民众群生之本根而熔铸为被信仰的对象，成为其精神寄托乃至生命凭依，即"人资诸天"（《王道通三》）。

有观点认为，具有"绝对者"意识以及对"普遍性原则"的自觉与自任乃"本原性文化"之标志。殷商之"上帝"与周人之天作为"突破性的宗教信仰"经由其后诸子人文思想的浸润，"绝对者"之意蕴不但没有削弱，反而得到进一步加持；同时，孔子仁学普遍性原则的提出则实现了与"绝对者"信仰之间的内在贯通，从而将华夏民族带入承担普遍性原则的"世界史"之理路。[1]

就孔子仁学普遍性原则之确立以及对王道推行看，孔子面对当时礼崩乐坏之局面，深感"时世之不仁，失王道之体"，明知不可为而为之，周游列国而为复归王道。未果，"以为见之空言，不如行事博深切明"，故退而作《春秋》。取百国史"假其位号以正人伦，因其成败以明顺逆"，通过记录二百四十二年之史，于始元终麟中，立王道之法。（《俞序》）以期

_____

[1]　黄裕生：《论华夏文化的本原性及其普遍主义精神》，《探索与争鸣》2016年第1期。

"中国一人，四海一家"的王天下图式。

如果说在"绝对者"与普遍性原则之贯通方面，孔子开其风气之先，那么，明确、彻底完成二者之贯通，并从终极意义上使"绝对者"得以完全确证的实为董子。鉴于上文已经提及，以及内容所限，不再对"绝对者"与普遍性原则之贯通进行展开，在此主要就天道信仰之确证作一论述。

诸子人文理念的兴起究竟削弱还是加持了天道信仰，可以存而不论，但确定无疑的是，董仲舒通过理论论证加持、强化着天道信仰的同时，亦借助于身体力行使天道信仰得以确证，从而以深入民心、熔于血脉的方式定格为千百年来大众的集体意识，进而在历史迁延中沉淀为某种无意识。于是，天道完全成为百姓群氓的生命直觉[1]——毋庸置疑！事实上，从来没有怀疑过。

其中之效，当与董子高度相关！

其一，董仲舒通过建构"元理论"[2]，一方面培固起了天及天道的尊高至上性地位，另一方面又以"元者为万物之本"（《玉英》）将人与天自然弥合在一起，从本初意义上型塑了人天相比、即人即天的一体化图式。

---

[1] 目前的一个基本状况是，当某些"食禄者"依然在高调畅言转基因粮食作物之时，诸多地域直接从事田间劳作的衣食父母们悄然开始了传统农耕（个别先行者始于改革开放之初）——不用化肥、拒绝农药、本地种子（俗称笨种子）……笔者曾与一乡邻聊天，他说了一句让我心里沉重、久久无法释怀而又不可辩驳的话：虫子都不吃的粮食不可能是好东西！粮食连虫子都不吃不可能是好事儿！！有句话为"山沟里面出哲学"。诚哉斯言！传统农耕方式的抬头固然存在诸多可能性因素，但天道情怀应是其中关键所在！进而言之，在社会主义新农村建设之际，如何处理传统与现代的关系，真正"留住、呵护并活化乡村记忆"，使百姓在体验乃至享受物质条件现代化的同时，又使家园呈现十足的人文品质、良性的生态环境，是有待思考与解决的重大课题。参见陆邵明《留住乡愁》，《人民日报》2016年7月24日第5版。其中，在什么方式上、于何种意义上保留本土特色，值得关注。

[2] "元理论"包括"元"范畴，但不限于"元"。如是而言，在董仲舒，"元理论"体现在多个范畴中，如精、气乃至阴阳、五行等等，诸如种种皆统摄于根本之"元"。

前者，天道至尊自然兼具了备受敬仰的资质与条件；后者，人天为一、其道相类自然疏通乃至消弭了人天之间的某种悬隔，从而形成了天道人道非叠加的无缝融合态势——这意味着，天及其道并不遥远，"身犹天"（《深察名号》），故"察身以知天"（《郊语》）。由是于无形之间消除了天人间的时空之隔，并增进了人天之间的亲密度，乃至搭建起"同声相应同气相求"的性同情和之境。亲而信自此而成。

首先，天及其道的至尊位势因"元理论"而确立。且不说天作为万物之祖自是而居于至高至崇之地位——此为直接因由，其中关键在于天元理论。天生养万物，这是常识性之见，或言之，天何以生养万物？其具体化生机制怎样？这就涉及"元理论"。《春秋繁露》中多处或以直接或以间接的方式展示着天地运化、生养万物的元生机制（元机实为"绝对者"之本）。典型表达如：天气地气上施下化，故"莫精于气，莫富于地，莫神于天"（《人副天数》）；天之道，"微而至远，踔而致精"（《天容》）；又"天无常于物，而一于时。时之所宜，而一为之"（《天道无二》）。再者，天之道，暖阳以生，清阴以成，故非薰不育，非凄无熟，"岁之精也"（《暖燠常多》）。其中，气、精、神、一等，皆为"元理论"范畴，均映射着天健运不止的内生元机。元生机制发于无形、微而至妙、至中至正，因地制宜、因时而动。然而，其意难见，"其道难理"（《天地阴阳》），非人所能及，是故谓之神。

其次，借"元理论"于根本层面确证了天人之比。在"元理论"之域，天、人皆为元本变现。是故天人同元自是决定了二者存在着与生俱来的同维信息场。这意味着，无论有形之体，还是无形之在，皆同宗而通、相类而应。《同类相动》有言：天人皆有阴阳。天阴气发，人之阴气亦应之而发，反之亦然。"其道一也。"天人相应、人副天数的终极动因即元，元机发用同时将其本体信息密码赋予天、人，是故人之所以能够与天并立，乃在于二者存在着同元之质。

其二，董仲舒以对祭天的积极倡导于实践层面确证了其天道信仰。[1]"天者，百神之大君也。事天不备，虽百神犹无益也。"(《郊语》)天作为"百神之大君"，其绝对性位势不容置疑，更不能忽视乃至无视。是故董子始终坚持祀天之为。否则，不尽郊天之礼，即忘本断根，于事无补，即使"百神犹无益"。因而，每到"易始岁更纪，即以其初郊"，而时间节点须在"正月上辛"，其意在于祭祀上天乃至尊之为，故将其作为一年的头等大事首先举行，以"先贵之义"而示"尊天之道"。(《郊义》)苏舆注："郊天最尊，故岁事用首。"[2]

一定意义上，无论郊祀天还是敬宗庙，均为返本溯根而归命的必要方式，不可不谨慎而处之。其中至要在于内心之诚敬，唯此，方得以"接至尊"。于是场域，身临其境，心无旁骛，从而在天人际与的氛围中，领会乃至体悟生命初心、天元本命。其间虽敬畏天地，但绝无宗教性狂热。董子之天道信仰难得之处在于"信之而不独任，事之而不专恃"，信天而非听之任之，事天而不完全依而赖之。(《祭义》)尽人之当为而不妄为，敬天之尊而挺立性命，构成了董子天道信仰的基本尺度。

《汉书·董仲舒传》记载：董子据《春秋》，"推阴阳所以错行，故求雨，闭诸阳，纵诸阴，其止雨反是；行之一国，未尝不得所欲"[3]。董子身体力行，通过求雨、止雨程式彻底彰显了其深沉的天道信仰之志意。

---

〔1〕《春秋繁露》关于祭天的内容主要有五篇，即《郊语》，论证郊天之根据与必要性；《郊义》，阐述郊祭的缘由；《郊祭》，论述郊祭的重要性；《四祭》，释解一年的四次祭祀；《郊祀》，申明郊祀之关键性。另《祭义》《郊事对》亦涉及相关内容。由祭祀天的篇目可见董仲舒对于礼敬天道之重视。

〔2〕(清)苏舆：《春秋繁露义证》，钟哲点校，中华书局，2015年，第397页。

〔3〕(汉)班固撰，(唐)颜师古注：《汉书》卷五十六《董仲舒传》，中华书局，1962年，第2524页。

相对于孔子的天道存而不论观[1]，董子以其仁智并见的方式呈现了至高至神的天道意涵。其对天道之阐发，幽玄中折射着理性，微妙中映照着智慧——皆不失中正格调。[2]可以断言：董子的天道信仰观，信有分寸，仰无极端，至纯至粹！董子可谓"醇儒"！进而言之，一定程度上，董子的天道信仰奠基了中华民族信仰的价值尺度，面对各种外来教门，当然应该引起重视，但无论就民族文化之根深而言，还是从价值标准之中正来说，外来文化均可以在民族文化氛围中化其弊、取其中，而为我用。

三、董仲舒国家治理思想的王道情怀

建基于天道信仰，董仲舒持守着确定不移的王道情怀。这可以从逻辑相继相续的三个方面得以说明。一是董子坚信天道通贯于人道的客观性与应然性；二是以积极的"起贤待圣"之心，执持着必有王者兴的坚定信念；三是确信王者法天而行、"继天而进"的应然之为。

首先，在董仲舒，天人相副相类，同时，阴阳为天人所同有，从而"其道一"（《同类相动》），是故天道贯通人道具有必然性与客观性。《深察名号》有言："天人之际，合而为一。"在根本意义上，人生于天这一基本情实就注定了天人为一、同而互通，即"同而通理，动而相益，顺而相受，谓之德道"。因同而通其理，互为价值，一方存在为另一方存在的前提与条件，荣损与共，完全就是先天生命共同体模式。是故二者协同而

---

[1]　子贡曰："夫子之文章，可得而闻也；夫子之言性与天道，不可得而闻也。"（《论语·公冶长》）语义相近的另一章，季路问事鬼神，子曰："未能事人，焉能事鬼？"曰："敢问死。"曰："未知生，焉知死？"（《论语·先进》）由是可见孔子对于天道鬼神所持守的存而不论之态度。

[2]　如果将求雨、止雨视为董子天道信仰的展现，那么，从中即反映出董子的智慧与理性。《同类相动》如是解释求雨、止雨的奥理：阴阳乃天人共有，人之阴起，天之阴亦起，反之亦然。故"欲致雨则动阴以起阴，欲止雨则动阳以起阳"。董子进而明确强调："致雨非神也。而疑于神者，其理微妙也。"其中关键在于，"无非已先起之，而物以类应之而动者也"。

动、相益相受，天之德、人之道在"天人相与之际"〔1〕搭建起了德道通贯而互成的一体谱式。

其中机要在于，"天地之气而精，出入无形，而物莫不应"（《循天之道》）。人由天而生，应化而成，与天俱来携带着天之情性、具备着天之道德。孟子强调人之仁义礼智"四端""犹其有四体"，乃先天所具（《孟子·公孙丑上》），一定程度上，即通于董子所主张的人是天的副本，人承天进而化其道以成德。故"道不远人，人之为道而远人，不可以为道"（《中庸》）。人之为道，无须外求，"省身之天"（《为人者天》），即可经由身而及道。

董子承孔子精神，于扬《春秋》大义之中彰显着王道情怀。《王道》篇"《春秋》立义"，苏舆注："《春秋》为立义之书，非改制之书"，而《王道》篇"确为《春秋》特立之义，余以此慎推之可也"〔2〕。一定意义上，董仲舒整个学说即承"春秋公羊"精神而张大王道大义。故董仲舒一方面执守天道不变不息的坚定信念，另一方面不遗余力抒写着《春秋》王道之法。在董子看来，"《春秋》推天施而顺人理"（《竹林》），《春秋》上推天道而下顺成于人道。"春正月者，承天地之所为也。继天之所为而终之也。其道相与共功持业"（《玉英》）。以公羊家之思，"春正月者"并非一个时间范畴，而是经由时间之维而推至天道本体之域。"春""正月"虽为"时点"，但其亦"天"于时间维度之表达与呈现，故其中依然映射着天道本体的整个界域及其信息存量，从而"春正月"既是"时点"，更是基于"时点"之上的本体再现。既然"时点"之中现本体，依此逻辑，人主、王者亦然。如是境域，王者承天、继天，以及与天道"相与共功持业"不过是王者于其本具道体的发用进而复现，就其实质而言，并非法

---

〔1〕（汉）班固撰，（唐）颜师古注：《汉书》卷五十六《董仲舒传》，中华书局，1962年，第2499页。

〔2〕（清）苏舆：《春秋繁露义证》，钟哲点校，中华书局，2015年，第109页。

天，当为源于天而又归于天之本色。

与之相关之表达亦见于《竹林》[1]："《春秋》之序辞也，置王于春正之间，非曰上奉天施而下正人，然后可以为王也云尔。"苏舆转引俞文俊书云："《春秋》以元加于岁，以春加于王，明王者当奉若天道，以谨其始也。又举时以终岁，举月以终时。""明王者当奉若天道，以谨其终也。王者动作终始，必法于天。"[2]《竹林》进而言："善善恶恶，好荣憎辱，非人能自生，此天施之在人者也。"则更加明确了天对王者之先天性的道德内赋与型塑。正是董仲舒信守着天道之于王道强大的培固性应化之效，故"天不言，使人发其意；弗为，使人行其中"（《深察名号》）。这不应视为董子关于国家乃至天下治理的王道预期，而是昭彰着其内心从未动摇的王道信念：三王如是，未来如是，当下应如是！

---

[1] 《祭义》引孔子言："书之重，辞之复。呜呼！不可不察也。其中必有美者焉。"《春秋繁露》多处言及"春王正月"，以此可见董子于王道本体的恒定执守之心。

[2] （清）苏舆：《春秋繁露义证》，钟哲点校，中华书局，2015 年，第 60 页。同时，苏舆案："置'春'于'王'上，亦《春秋》以天屈君之旨。"窃以为，此说不妥。其一，虽然董仲舒将"屈君而伸天"定格为"《春秋》之大义"的普遍性之维，但毕竟"屈君"说有其特定内涵，即面临"天伦"存在价值冲突情况下——于家而言，"孝子之心，三年不当"；于国来说，不可一日无君，而"逾年即位者，与天数俱终始也"，君服从于天。或言之，小天伦（家）从属于大天伦（国）。其二，就"屈君"逻辑语境看，其前提是：《春秋》之法，"以君随天"。这意味着，对"屈君"之理解须置到"随天"的语义结构中，如是而言，一定意义上，"屈君"之屈并不着重在屈抑君，而是以"屈"来凸显、强调天的首要性。其三，《春秋》重在以正面立义，故"春"于"王"之上，其志意表示天对于王的价值型塑与导引，意在德教，而非以天形成对君的威慑之势。唯此理解，方应洽天道阳主阴从之意。另苏舆在《观德》篇之注亦有类似断语，即注"百礼之贵，皆编于月。月编于时，时编于君，君编于天"时，云："《春秋》者礼义之宗，凡所纪皆关于礼"，"此即屈君伸天之旨"。实际上，由天而君之语境，其意如《深察名号》所言："君意不比于元，则动而失本；动而失本，则所为不立"，苏舆注云："原、元一义，而分别言之者，元是正本之义，原是不息之义。"当为正解。

其次，董仲舒持守着天必有"所大奉使之王者"[1]的信条，确信王者应时而现。《尧舜不擅移、汤武不专杀》有言："王者，天之所予也，其所伐皆天之所夺也。"天道自是人世间永恒不变的中正价值坐标，其内在势能具有强大的正向驱动力量，纠偏以回正，与天地终始而发用，扬善止恶、推陈出新乃天道展演的自然之效。天道通过人道而实现。其间，天道以隐性的方式持施着中正效能——虽然展现为某种静态，但时刻散发着其动态之用；具体到天道之于人道的作用实现过程而言，一方面，天道中正价值标尺以形上方式默然发挥着作用，另一方面，其效用实现存在着空间与时间的双重间隔。这意味着，现实社会之偏向与短弊不会因天道而消失，总是以这样或那样的方式与状态呈现，但绝不能因此而否认天道的终极本体力量。换言之，天道从用之发至效之成须赖于时——天机与人事皆备，由此天功乃成。故孟子倡"天时"宣"人和"（《孟子·公孙丑下》）。"正义虽然迟到，但绝不会缺席。"既是对天道本体一以贯之之用的揭示，亦意谓人于其中的重要性。无论如何，天道之效应毋庸置疑。故"夏无道而殷伐之，殷无道而周伐之，周无道而秦伐之，秦无道而汉伐之"。总而言之，"有道伐无道，此天理也"（《尧舜不擅移、汤武不专杀》）。

"为生不能为人，为人者天也。"（《为人者天》）天作为人的根本必然意味着人道即天道，人就是天道的承传者。故"人于天也，以道受命"，"不若于道者，天绝之"。（《顺命》）人本具天命而生，这是与生俱来的本分与责任；生而弃绝天道，其后果必然招致穷途末路。相对于"天绝之"，必然存在"天意之所予"（《深察名号》）者。一定程度上，有道伐无道即天道在弃绝无道者之际而同时进行的对有道者的目标遴选。最终合乎天道标准者胜出，成为天意所予的王道之才。此可谓应天而生、受命而至之王者。

---

[1]（汉）班固撰，（唐）颜师古注：《汉书》卷五十六《董仲舒传》，中华书局，1962年，第2500页。

是故《汉书·董仲舒传》言曰："臣闻天之所大奉使之王者，必有非人力所能致而自至者，此受命之符也。"[1]"非人力所能致"意谓非主观所能及，因此，"受命之符"之任者，绝非个人一己愿望之达成，实为客观环境使然，即"时势造英雄"。如是境域之中，能够顺应大势、众望所归而合乎民意者，自然成为天选者。由是，"天下之人同心归之，若归父母，故天瑞应诚而至"。这是从天道对王者的选择过程而言，属于形式与表象。而就内在之质来说，王者之所以能够以道自任，则在于其本身即德道之君子，具有与天道相契的仁志道义。性即天性，命自天命。王者能够应天而至的深层动因在于自身德性修为，彰显着鲜明的为民之心。此即"积善累德之效"。[2]颜师古曰："修德者不独空为之而已，必有近助也。"[3]天心仁心，人同此心；天道大义，心同此理。

"仁人者正其道不谋其利，修其理不急其功，致无为而习俗大化，可谓仁圣矣。三王是也。"（《对胶西王越大夫不得为仁》）三代圣王构成了王道政治的完美样态，道必尧舜，德即文王。"功德慕尧舜，法度守文王，《春秋》志也。"[4]董仲舒对于王者应时而现并非纯粹的心理预期，而是源于先王传统、天道不变的一贯逻辑。在董仲舒思想之域，先王不是既往失去的遥远存在，而是凝结成为与天道为一的德政理念，天道不衰，王道同在。"先王显德以示民，民乐而歌之以为诗，说而化之以为俗。故不令而自行，不禁而自止，从上之意，不待使之，若自然矣。"圣王之道以德教为本，民从之而化。在此意义上，先王之道即天地之道，犹如元之发用，

---

〔1〕 （汉）班固撰，（唐）颜师古注：《汉书》卷五十六《董仲舒传》，中华书局，1962年，第2500页。

〔2〕 （汉）班固撰，（唐）颜师古注：《汉书》卷五十六《董仲舒传》，中华书局，1962年，第2500页。

〔3〕 颜师古注。（汉）班固撰，（唐）颜师古注：《汉书》卷五十六《董仲舒传》，中华书局，1962年，第2500页。

〔4〕 （清）苏舆：《春秋繁露义证》，钟哲点校，中华书局，2015年，第260页。

从义而作、守时而动，"动故能化，化故能大行，化大行故法不犯，法不犯故刑不用，刑不用则尧、舜之功德"。先王尧舜如是，源于天道如是。故曰："此大治之道也，先圣传授而复也。"治道即天道，天道即复而不乱之大道。(《身之养重于义》) 苏舆引《韩诗外传》云："昔之君子，道其百姓不使迷，是以威厉而刑措不用也。故形其仁义，谨其教道，使民目晰焉而见之，使民耳晰焉而闻之，使民心晰焉而知之，则道不迷而民志不惑矣。"[1]

董仲舒承《春秋》之义，守王道之统，"仲尼之作《春秋》也，上探正天端王公之位，万民之所欲，下明得失，起贤才，以待后圣"(《俞序》)。《公羊传·哀公十四年》："制《春秋》之义，以俟后圣。"一定程度上，孔子对于王者之治虽然是通过作《春秋》而进行的理想性架构，但由于其赖于"上探天端"的终极根据，故对王者的心理期待超越了主观性色彩，从而使王道成为具有必然性、客观性的治理制式。而孔子作《春秋》亦为天命所赋，董仲舒在表达着孔子受命作《春秋》立王道的同时，也内在隐寓了其自身深深的王道情结。

《符瑞》言曰："有非力之所能致而自致者，西狩获麟，受命之符是也。"苏舆引《说苑·至公》："孔子退而修《春秋》，人事浃，王道备，精和圣制，上通于天，而麟至。"[2]孔子作《春秋》以立王道[3]，和圣

---

[1] (清) 苏舆：《春秋繁露义证》，钟哲点校，中华书局，2015 年，第 259 页。

[2] (清) 苏舆：《春秋繁露义证》，钟哲点校，中华书局，2015 年，第 154 页。

[3] 《春秋繁露》多处言及孔子作《春秋》以反王道。如"孔子明得失，差贵贱，反王道之本"，"《春秋》纪纤芥之失，反之王道"(《王道》)，"《春秋》明得失，差贵贱，本之天。王之所失天下者，使诸侯得以大乱之，说而后引而反之"(《重政》)，"《春秋》举之以为一端者，亦欲其省天谴而畏天威，内动于心志，外见于事情，修身审己，明善心以反道者也"(《二端》)，"《春秋》论十二世之事，人道浃而王道备"(《玉杯》)。苏舆引《司马迁传》："闻董子曰：'孔子知时之不用，道之不行也。是非二百四十二年之中，以为天下仪表，贬诸侯，讨大夫，以达王事而已。'"(清) 苏舆：《春秋繁露义证》，钟哲点校，中华书局，2015 年，第 30—31 页。

而通天，是故天地应而麟至。何以如是？《春秋》于"正不正之间，而明改制之义"，"除天下所患"。苏舆注：是时，无明王方伯，故《春秋》通过"褒讥贬绝"晓喻得失贵贱，从而"反之乎王道"。[1]其意在于"上通五帝，下极三王"，乃至推及后世，"以通百王之道"。之所以如此确信，王道本天而承命，"随天之终始"。《春秋》通过"博得失之效，而考命象之为"，上达天性，下序人情，"极理以尽情性之宜"。（《符瑞》）总之，"《春秋》法古而奉天，始于除患，终于反正"，"体天心，故天容遂"。[2]天心昭彰而王者必现。

第三，董仲舒信守着王者承天而作、法天而行、继天而进的天命应然之取向。天在人身，天道未远，俯仰于上下之极，环顾左右于天际，皆在其中，从未绝离。是故"处其身所以常自渐于天地之道"。天人际与，其道一也。"其道同类，一气之辨也。法天者乃法人之辨。"（《循天之道》）以天为则而成王道之治。此即王者"所继天而进"（《实性》）之为。

"天道之大者在阴阳"[3]，天地之气，一中有阴阳。阳气发而物应，并随阳而终始。故"阳者岁之主也"，"阳贵而阴贱，天之制也"（《天辨在人》）。"阴阳之理，圣人之法也。"（《王道通三》）阳主德，阴主刑，是以王道德主而刑辅。同时，"教，政之本也。狱，政之末也"（《精华》）。因此，"王者承天意以从事，故任德教而不任刑"[4]。古代王者治天下，是以教化为大务。具体而言，国家成立最高教育机构即太学，置明师以养贤德之士，则英俊可得，德教自立；各个城邑设庠置序以化民，导规民以为仁，砥砺民之为义，节限民而从礼。上有德化君子，下不失仁义之风。

---

〔1〕（清）苏舆：《春秋繁露义证》，钟哲点校，中华书局，2015 年，第 155 页。

〔2〕（清）苏舆：《春秋繁露义证》，钟哲点校，中华书局，2015 年，第 155 页。

〔3〕（汉）班固撰，（唐）颜师古注：《汉书》卷五十六《董仲舒传》，中华书局，1962 年，第 2502 页。

〔4〕（汉）班固撰，（唐）颜师古注：《汉书》卷五十六《董仲舒传》，中华书局，1962 年，第 2502 页。

故"教化行而习俗美"。[1]

一定意义上,德教化民构成了"乐而不乱复而不厌"的王者治理之道。而改正朔、易服色只不过是在特定的情况下展现应天改制、实现王道教化的形式与手段。所以,王者改制为名,而并未变道乃实。是故基于天道恒常不变的固有之法,董仲舒坚信即使后继"百王之用",亦不会游离出天道为法的夏商周之既有架构,或言之,改变的只是基于具体情况下的损益所需而进行的"救溢扶衰","其道如一而所上同"。[2]

可以断言,董仲舒对于继起之王者治理模式并非主观的先期预制,其中既彰显着深邃的天道之理,又具有古代贤圣王道政治治理之根据。由是,在古之天下亦今之天下的一贯逻辑中,天道必因王道而彰,王者亦以天道而立。既然"天人之征"为恒定不变的"古今之道",那么,天人之际与的一体境域,君王之治理方式自然"与天地流通而往来相应"。[3]此过程交互作用的必然取向即人道即天道。此意味着,人君合天地之气节,契阴阳之理要,"以类相应"。王者法四时而成天德,此即"王者配天,谓其道"(《四时之副》)。

董仲舒引孔子言:"人能弘道,非道弘人","言人能大其道,道不能大其人。引孔子之言,以明由道在人,图治自己也"。[4]借此说明:一方面,"治乱废兴在于己"[5],人君作为国之元,承担着国家治乱的首要性

[1] (汉)班固撰,(唐)颜师古注:《汉书》卷五十六《董仲舒传》,中华书局,1962年,第2503—2504页。

[2] (汉)班固撰,(唐)颜师古注:《汉书》卷五十六《董仲舒传》,中华书局,1962年,第2518—2519页。

[3] (汉)班固撰,(唐)颜师古注:《汉书》卷五十六《董仲舒传》,中华书局,1962年,第2515页。

[4] (汉)班固撰,(清)王先谦补注:《汉书补注》,上海师范大学古籍整理研究所整理,上海古籍出版社,2021年,第4023页。

[5] (汉)班固撰,(唐)颜师古注:《汉书》卷五十六《董仲舒传》,中华书局,1962年,第2500页。

责任；另一方面，以此引申开来，强调从治而避乱当为君之为君的名分意涵。是故无论天道之规，抑或民之所向，还是人君所为，一致指向了王道制式。

"《春秋》大一统者，天地之常经，古今之通谊也。"[1]董仲舒以对王道之核心精神"大一统"的推崇重申了非王道无以治世、唯王者方得以"因其国而容天下"（《俞序》）的至公之理。

之所以如是，其中隐寓着董子关于国家治理的价值理念。

第三节　董仲舒国家治理思想的基本目标与理想价值

董仲舒高扬天道，推崇王道。虽然董仲舒国家治理思想指向了王道，但囿于多种因素，董仲舒深知复归王道的艰难性，故现实国家治理方式必然与王道存在着相当大的距离。如是境况，一方面，董仲舒执守着"天不变，道亦不变"[2]的王道理想；另一方面，又以朝向王道理想的企及对现实国家治理方式进行着价值优化与导引。就此而言，董仲舒既不是仅仅服务有汉、目光短浅的现实主义者，又非不顾实际、超越当时场域的纯粹理想主义者。在理想与现实之间，董仲舒提出"善治"的国家治理策略，进而力图在整体意义上型构国家良性秩序，在个体意义上保证社会成员的生命自由。

一、天道、王道以及治道的相互关系

在根本意义上，天道、王道以及治道当属于互通范畴。如果说天道映射着国家治理的最高价值标尺，代表着国家治理的至上层次与境界，那

---

[1]　（汉）班固撰，（唐）颜师古注：《汉书》卷五十六《董仲舒传》，中华书局，1962 年，第 2523 页。

[2]　（汉）班固撰，（唐）颜师古注：《汉书》卷五十六《董仲舒传》，中华书局，1962 年，第 2519 页。

么，王道即对天道的复归，王者就是天道在现实社会的摹写者、体现者。由是，治道即王道。如此而言，天道、王道以及治道就具有了内在的一致性与统一性。

无论汉武帝言及的五帝三王乃至"百王同之"[1]之道，还是董仲舒对策提及的基于夏商周三代的"百王之用"[2]之道，无所谓天道、王道以及治道之间的鲜明分界。或言之，在当时的时空条件下，天之于人而言，天以压倒性的绝对优势占据着至高无上的地位。人根本没有任何主体性，对天完全处于与生俱来的依赖性之中，在此意义上，人之后天依然为先天。这意味着，人之存在"须臾不可离"（《中庸》）天，确切而言，天绝非外在于人的他者之在，而是人之生命存在本身——乃至完全融入到了家族谱系之中，可谓"人之曾祖父"（《为人者天》），时至今日，人们将天称作"老天爷"盖与此有关。是故在当时境域，生活看天时，行动看天象，出行看天气，构成了人类生命活动的基本调式。总之，早期人类特定的生命活动场域必然注定了人道、天道之间的内在相通性。天人相通而守一道，天人未分，共存相依，既可以在某种程度上称之为"落后""蒙昧"，也当然可以将之与某种至上性、普遍性联系在一起，否则，就无法理解德国哲学家雅斯贝尔斯所界定的"轴心时代"[3]。

雅斯贝尔斯认为，"人类具有唯一的起源与目标"，而如是起源与目标

---

[1] （汉）班固撰，（唐）颜师古注：《汉书》卷五十六《董仲舒传》，中华书局，1962年，第2496页。

[2] 《汉书·董仲舒传》有言：三代法天而立道，故"夏因于虞，而独不言所损益者，其道如一而所上同也"。夏承唐虞，唐虞承天，其道一也。"是以禹继舜，舜继尧，三圣相受而守一道"，后继亦然。此即"百王之用"之道。

[3] 在公元前800年到公元前200年，特别是在公元前500年左右，形成了"历史最为深刻的转折点"。东西方几乎于同一时期出现了人类智慧的代表人物，如孔子、老子、柏拉图等众多先哲。参见［德］雅斯贝尔斯：《论历史的起源与目标》，李雪涛译，华东师范大学出版社，2018年，第8页。

却超出了今天我们的知识认识范畴。[1]这同样适用于天道、王道之统一范畴。人类作为天道应化之存在，其存续发展的理想谱式即王道。无论东西南北中，概莫能外。在人类划分为民族国家的当代世界，重申整个人类之"起源与目标"的唯一性，无论对于构建人类命运共同体，还是协调人类世界新秩序，无疑具有相当重大的价值与意义。

然而，在民族国家作为既成事实的当代世界，起源的唯一性并不能证成王道的现实性，从而王道依然展现为价值与目标。或言之，人类源于天道、统一于王道的应然逻辑非当下民族国家之利益分立状态所能理解。这同时意味着，人类渐次游离出了天道之域，进而在国家治理层面形成了有别于王道的现实之治道方略。

就此而言，治道即不同于天道。在一般意义上讲，非王者之治的情况下，势必存在着各自为政的利益纷争格局状态下的国家组织。鉴于国家组织之间利益纷争与对立，其国家治理方式自然从道的层次坠落至术之位阶，是故治道实则治术。正是在此意义上，汉宣帝有言："汉家自有制度，本以霸王道杂之，奈何纯任德教，用周政乎！"[2]由是可见，汉代之国家治理方式并非纯粹崇王道、任德教的法天之治，而是杂之以霸道的外儒内法之术。秦晖也认为，虽然自汉武帝以来儒学被纳入到政治领域，乃至成为官方的意识形态，但"汉承秦制"的制度设计依然是基本事实。[3]

在董仲舒，虽然其倡导王道政治，但并不排斥治理之术。《基义》言曰：阴阳之气，皆存其用而意义各异。具体言之，"阳之出也，常县于前而任事；阴之出也，常县于后而守空处"。阳"任事"而阴"守空"，由是可见，"天之亲阳而疏阴"。以数量来说，"暖暑居百而清寒居一"，以此类推，则"德教之与刑罚犹此"。王者法天而治，"多其爱而少其严，厚其

---

[1]　[德]雅斯贝尔斯：《论历史的起源与目标》，李雪涛译，华东师范大学出版社，2018年，第5、6页。

[2]　（汉）班固撰，（唐）颜师古注：《汉书》卷九《元帝纪》，中华书局，1962年，第277页。

[3]　参见秦晖：《传统十论》，东方出版社，2014年，第144页。

德而简其刑，以此配天"。由是可见，作为王道治理方式，"德主刑辅"同样包含着刑辅之术。

当然，治术在王道政治框架中居于从属性地位，绝对不可能起到主导性的作用，这意味着治术也具有鲜明的道的色彩或指向道。鉴于此，董仲舒在推崇王道治理的价值取向中，同时也提出了面向现实国家治理的"善治"方案。

二、董仲舒国家治理思想的基本目标

董仲舒国家治理的基本目标即"善治"[1]。此既基于汉代现实，也是董仲舒对孔孟仁政思想的承继与发展。[2]当时孔子面对礼崩乐坏的社会现实，提出"以周礼为标准规范，推行仁政、德治"，甚至可以说，建立"仁政统治"是孔子社会政治思想的核心主张。[3]

在孔子，仁政之关键在于"仁"。何谓"仁"？仁者，"爱人"。（《论语·颜渊》）在此意义上，仁政即以仁爱民众之心而为政。大体而言，其基本原则包括"为政以德"与"齐之以礼"（《论语·为政》）两个方面。

《论语·为政》有言："道之以政，齐之以刑，民免而无耻；道之以德，齐之以礼，有耻且格。"仁政不同于"刑政"。"刑政"虽能即现其

---

[1] 《汉书·董仲舒传》一小段内容连续六次集中言及"善治"。"今汉继秦之后，如朽木粪墙矣，虽欲善治之，亡可奈何。"首先点明了"善治"之困，继而申明实现"善治"的前提条件，即"当更化而不更化，虽有大贤不能善治也"。进而明确断言："汉得天下以来，常欲善治而至今不可善治者，失之于当更化而不更化也。"以此逻辑，董仲舒在对策中明示汉武帝："今临政而愿治七十余岁矣，不如退而更化；更化则可善治，善治则灾害日去，福禄日来。"由是可见，相较于王道，"善治"应为切实可行、接近现实状况的治理方式乃至目标。

[2] 有观点认为，仁政作为中国封建政治哲学的最重要的概念，当为孟子首先提出。吴德义：《孔子的仁与孟子的仁政》，《历史教学》2001年第8期。虽然孔子没有提出"仁政"这一语词，但孔子却具有丰富的仁政思想。

[3] 参见徐大同：《孔子仁政、德治、礼范的治国之道》，《政治思想史》2013年第1期。

效，然而其流弊甚大，致使民极易钻法律漏洞，从而苟生无耻之心。而德教礼治之仁政，"言躬行以率之，则民固有所观感而兴起矣，而其浅深厚薄之不一者，又有礼以一之，则民耻于不善，而又有以至于善也"。其中关键在于通过德性感召之力以唤醒、激活民之善性，由是培养起民众的自我约束之心。故"政者，为治之具。刑者，辅治之法。德礼则所以出治之本，而德又礼之本也。此其相为终始，虽不可以偏废，然政刑能使民远罪而已，德礼之效，则有以使民日迁善而不自知。故治民者不可徒恃其末，又当深探其本也"[1]。

在"仁政"框架中，德礼二者相须相依，无德则礼无以彰，无礼则德难以成。"礼云礼云，玉帛云乎哉？乐云乐云，钟鼓云乎哉？"（《论语·阳货》）即预示了仁德之于礼的至要性，而"道德仁义，非礼不成；教训正俗，非礼不备"（《礼记·曲礼上》），则体现了礼对于德性教化的外在培固。是故颜渊问仁，孔子曰："克己复礼为仁。一日克己复礼，天下归仁焉。为仁由己，而由人乎哉？"颜渊曰："请问其目。"子曰："非礼勿视，非礼勿听，非礼勿言，非礼勿动。"（《论语·颜渊》）德礼相承即为正，此即"政者，正也"（《论语·颜渊》）的"仁政"意涵。

虽然孔、孟治道观同属于"仁政"，但相较而言，孔子重在"为政以德"，而孟子则侧重于"发政施仁"。这意味着，孟子上承孔子之德政思想，并进一步发展，从而明确提出了"仁政"治理观。其主要表现在三个方面[2]：首先，孟子提出了性善论，从而使仁政具备了客观的人性论基础。一方面，性善论意味着为政者内在本有"正人"的根本依据，另一方面，性善论同时又昭彰着为政者"发政施仁"、民众感以应仁的自觉性倾向。在孟子看来，仁义礼智先天本有。"恻隐之心，人皆有之；羞恶之心，人皆有之；恭敬之心，人皆有之；是非之心，人皆有之。恻隐之心，仁

---

[1] （宋）朱熹：《四书章句集注》，中华书局，2016年，第54页。

[2] 程梅花：《试论孟子仁政与孔子德政之异同》，《孔子研究》2003年第6期。

也；羞恶之心，义也；恭敬之心，礼也；是非之心，智也。仁义礼智，非由外铄我也，我固有之也，弗思耳矣。"仁义礼智之性，"乃若其情，则可以为善矣，乃所谓善也"（《孟子·告子上》）。正是在此意义上，孔子云："为仁由己。"（《论语·颜渊》）而孟子则坚持"是不为也，非不能也"（《孟子·梁惠王上》）的一贯信念。人同此心，心同此理。为政者"发政施仁"自然唤起民众的自觉感召，是故"亲亲而仁民，仁民而爱物"（《孟子·尽心上》）。

其次，孟子提出了实现"仁政"的现实基础以及具体方略。"仁政"绝非纯粹基于道德建构，而是具有现实的物质基础。于此，孔子提出了"富之"（《论语·子路》）的主张，而孟子则更加明确化："明君制民之产，必使仰足以事父母，俯足以畜妻子，乐岁终身饱，凶年免于死亡。然后驱而之善，故民之从之也轻。"（《孟子·梁惠王上》）行"仁政"的具体方略主要涉及三个方面，即"制民之产"（《孟子·梁惠王上》）、"取于民有制"（《孟子·滕文公上》）以及"谨庠序之教"（《孟子·梁惠王上》）。

第三，孟子强调了"仁政"之民本精神。"仁政"的指向在于民。为民、利民当为"仁政"内在逻辑。古之"桀纣之失天下，失其民也；失其民者，失其心也"，是故"得天下有道：得其民，斯得天下矣；得其民有道：得其心，斯得民矣；得其心有道：所欲与之聚之，所恶勿施，尔也"（《孟子·离娄上》）。

董仲舒上承孔孟"仁政"治理内在精神，结合汉代实际提出了"善治"的国家治理方略。大体而言，董仲舒"善治"思想主要包括三个方面：天道制式、仁义理论以及具体路径。

首先，天道即仁，此构成了仁政善治的终极动因。"仁，天心"（《俞序》），"《春秋》之旨，以仁为归"[1]。《王道通三》亦有言："仁之美者在于天。天，仁也。"天之仁突出表现为其生生不息之伟力："天覆育万

---

[1] （清）苏舆：《春秋繁露义证》，钟哲点校，中华书局，2015年，第158页。

物，既化而生之，有养而成之，事功无已，终而复始，凡举归之以奉人。"是故云："察于天之意，无穷极之仁也。"天仁无极，不可限量，天完全就是以仁为体而发用。如是境域，"人之受命于天也，取仁于天而仁也"。人源于天自然而为仁，因此，苏舆注："取天之仁以为仁，故知善由于性生。"[1]在"天志仁，其道也义"（《天地阴阳》）的氛围中，人与生俱来内含着仁义之品格，故仁善之先在性乃至"本体性"[2]奠定了董仲舒"善治"思想的前提条件。

其次，董仲舒发前人所未发，深刻阐释了仁、义论[3]，此即仁政善治的理论根据。《仁义法》开篇即言："《春秋》之所治，人与我也。所以治人与我者，仁与义也。"《春秋》调治的对象即他人与自我，而调治的方式则分别为仁与义。具体言之，"以仁安人，以义正我，故仁之为言人也，义之为言我也，言名以别矣"。仁与义，其指向不同：仁意在他人，使人以安；义则朝向自身，为我以正。而这恰恰是人们常常忽视乃至颠倒错位使用的。故董子强调："仁之于人，义之于我者，不可不察也。"然流俗者不明其理，不察其道，"乃反以仁自裕，而以义设人"。于人求全责备，于己宽以待之，"诡其处而逆其理，鲜不乱矣"。职是之故，"《春秋》为仁义法。仁之法，在爱人，不在爱我。义之法在正我，不在正人"。仁者爱人，义者正我，"是故我不自正，虽能正人，弗予为义。人不被其爱，虽厚自爱，不予为仁"（《仁义法》）。

一定意义上，孔子确立了仁学之核心地位，孟子则在言仁之际"始多

---

[1] （清）苏舆：《春秋繁露义证》，钟哲点校，中华书局，2015年，第321页。

[2] 陈来认为，先秦儒学之仁始现"仁体"之维，但未真正确立"仁体论"，至汉唐随着宇宙论之发展，则仁之本体论进一步强化，直到宋明儒学完全成立。参见陈来：《仁学本体论》，生活·读书·新知三联书店，2014年，第17页。

[3] 苏舆在《仁义法》题注引《礼·表记》孔子言曰："仁者，天下之表也。义者，天下之制也。"又引《易·系辞传》："立人之道，曰仁与义。"另《贾子·道术》有言："心兼爱人谓之仁，反仁为戾，行充其宜谓之义，反义为懬。"苏舆通过如是所引，一则说明仁与义之源，二则以此彰显董子对仁、义之阐发的独特性。

以义配"[1]，董子则在仁、义对举的基础上进一步阐释了二者之意指："是义与仁殊。仁谓往，义谓来，仁大远，义大近。"仁内生于己，然发用而至于人；义左右于己，其用在于正自身，即"爱在人谓之仁，义在我谓之义"。严于律己，宽以待人。"仁主人，义主我也。"故曰："仁者人也，义者我也，此之谓也。"（《仁义法》）

因此，"仁者所以爱人类也"。具体而言，"憯怛爱人，谨翕不争"，以感同身受之仁关爱他人而无争，"好恶敦伦"，好恶得其正而无偏，即"无伤恶之心，无隐忌之志，无嫉妒之气，无感愁之欲，无险诐之事，无辟违之行"。是故"其心舒，其志平，其气和，其欲节，其事易，其行道，故能平易和理而无事也。如此者，谓之仁"（《必仁且智》）。

第三，董仲舒趋向"善治"目标的具体路径。有观点认为，"宜民宜人""五常之道"以及"德施于方外，延及群生"分别代表了"善治"的核心目标、主要方式以及理想境界，而"承天意""明教化"以及"正法度"则为"善治"的三大原则。[2]

关键是"善治"何以可能？或言之，实现"善治"的具体途径何在？

一是"修五常"与"立教化"。《汉书·董仲舒传》："夫仁谊礼知信五常之道，王者所当修饬也；五者修饬，故受天之祐，而享鬼神之灵，德施于方外，延及群生也。"[3]对于"善治"而言，君王在其中负有至要的主体性责任，而个中关键在于为君者修饬"五常之道"——此乃趋向"善治"的具体手段。正是在此意义上，有言曰："道者，所繇适于治之路也，仁义礼乐皆其具也。"[4]如果说"善治"即治道之为，那么，这须基于对

---

[1]（清）苏舆：《春秋繁露义证》，钟哲点校，中华书局，2015年，第243页。

[2] 李英华：《董仲舒"更化则可善治"探析》，《衡水学院学报》2019年第6期。

[3]（汉）班固撰，（唐）颜师古注：《汉书》卷五十六《董仲舒传》，中华书局，1962年，第2505页。

[4]（汉）班固撰，（唐）颜师古注：《汉书》卷五十六《董仲舒传》，中华书局，1962年，第2499页。

仁义礼的践行与持守。

之所以强调"王者所当修饬",乃在于:其一,对上而言,王者的行为方式直接"与天地流通而往来相应"[1],正所谓"美事召美类,恶事召恶类"(《同类相动》)。故唯有王者修饬"五常之道",才具有"受天之祐"的可能,进而达至"德施于方外,延及群生"的"善治"之境。其二,对下而言,君王作为整个官僚体系的集中代表担负着率先垂范的示范性作用,其对"五常之道"的执持程度直接影响着大大小小的全体官吏,在官即为师、政亦是教的古代社会,王者角色不可谓不重!

可见,王者修饬"五常"自是"立教化"的体现。而"立教化"之典型莫过于"立太学""设庠序",即王者欲"善治","莫不以教化为大务"。具体来说,"立太学以教于国,设庠序以化于邑"。以此对民众进行仁谊礼之教化,从而形成"刑罚甚轻而禁不犯""教化行而习俗美"的治世局面。[2]

就"善治"而言,教化的主旨即德教,以德为教。这同时意味着,德教为主而刑罚为辅。此亦王者法天而立道的题中应有之义。所谓"王者欲有所为,宜求其端于天"。而"天道之大者在阴阳",其中,"阳为德,阴为刑",阳为主而阴为从,"以此见天之任德不任刑",是故王者上承天意,从而"任德教而不任刑"。[3]

二是"加王心"与"素养士"。在第二策中,汉武帝表达了图谋"善治"的意愿,"惟前帝王之宪,永思所以奉至尊,章洪业",且付诸"亲耕藉田以为农先,劝孝弟,崇有德"之实践。虽"尽思极神",然其效甚微,

---

[1] (汉)班固撰,(唐)颜师古注:《汉书》卷五十六《董仲舒传》,中华书局,1962年,第2515页。

[2] (汉)班固撰,(唐)颜师古注:《汉书》卷五十六《董仲舒传》,中华书局,1962年,第2503—2504页。

[3] (汉)班固撰,(唐)颜师古注:《汉书》卷五十六《董仲舒传》,中华书局,1962年,第2502页。

乃至"功烈休德未始云获"。究其实，又细思极恐："阴阳错缪，氛气充塞，群生寡遂，黎民未济，廉耻贸乱，贤不肖浑淆，未得其真。"〔1〕如是境况，其因何在？

董仲舒欲抑先扬。"今陛下并有天下，海内莫不率服"，特别难得的是，今上"广览兼听，极群下之知，尽天下之美，至德昭然，施于方外"，乃至"殊方万里，说德归谊"，几近达到盛世之治。进而董仲舒话锋一转，即触及问题实质。"然而功不加于百姓者，殆王心未加焉。"心不在焉，何以为治？是故董子进言："愿陛下因用所闻，设诚于内而致行之，则三王何异哉！"〔2〕假如诚心于治且力行，"善治"未远，王道可期！

何谓"王心"？"王心"即天地仁正之心。加乎王心就是以天地仁正之心为心。唯有如是，方为"行高而恩厚，知明而意美，爱民而好士"的真正之"谊主"。〔3〕是故董子云："臣谨案《春秋》之文，求王道之端，得之于正。正次王，王次春。春者，天之所为也；正者，王之所为也。"〔4〕春意味着天之生生之仁，亦为正。又《春秋》"谓一为元者，视大始而欲正本也"。何谓"本"？一国君王即本。故"故为人君者，正心以正朝廷，正朝廷以正百官，正百官以正万民，正万民以正四方"。依此逻辑，"四方正，远近莫敢不壹于正，而亡有邪气奸其间者"〔5〕。如是，"善治"自成！

---

〔1〕（汉）班固撰，（唐）颜师古注：《汉书》卷五十六《董仲舒传》，中华书局，1962年，第2507页。

〔2〕（汉）班固撰，（唐）颜师古注：《汉书》卷五十六《董仲舒传》，中华书局，1962年，第2511页。

〔3〕（汉）班固撰，（唐）颜师古注：《汉书》卷五十六《董仲舒传》，中华书局，1962年，第2503页。

〔4〕（汉）班固撰，（唐）颜师古注：《汉书》卷五十六《董仲舒传》，中华书局，1962年，第2501—2502页。

〔5〕（汉）班固撰，（唐）颜师古注：《汉书》卷五十六《董仲舒传》，中华书局，1962年，第2502—2503页。

"善治"须任贤，而任贤则建立在有贤者可任的基础上。针对当时"士素不厉"之境况，董仲舒直接指出："夫不素养士而欲求贤，譬犹不琢玉而求文采。"种瓜得瓜，种豆得豆；不种而唯求得，犹如不劳而欲获。故董子提出"素养士"之策，培养士人是任用贤人的基础性工作，须于平素将培养士人落到实处。否则，平时不烧香，临时抱佛脚，于事无补矣！而"养士之大者，莫大乎太学"，太学乃"贤士之所关""教化之本原"，至为重要。为此，董子建议，应通过"兴太学""置明师"，培养天下之士，则贤人可得。[1]

三是"利均布"与"一统纪"。在第三次对策中，董仲舒以"臣窃有怪者"委婉言发，而抒其胸臆，陈述虽"古今共是天下"，然而，"古以大治"，以古鉴今，"壹何不相逮之远"，差异何以如此之大？"安所缪盭而陵夷若是？意者有所失于古之道与？有所诡于天之理与？"董仲舒以设问方式揭示出问题所在，并引向天理以证，"试迹之于古，返之于天，党（倘）可得见乎"[2]。

天道一贯张扬着"受大者不得取小"的"分予"逻辑。然而，当时现实情况是，食禄者"众其奴婢，多其牛羊，广其田宅，博其产业"，特别是凭借自身的位势之优与民争利业，毫无罢手之意；与之形成鲜明对照的是，"民日削月朘，寖以大穷"。在贫富严重不均，乃至贫者"穷急愁苦"的情况下，必然引发社会问题。是故董子提出：受禄者当"不与民争业"，尽量给老百姓提供，起码预留出相应的生活空间，从而营造"利可均布"的整体氛围，方有可能使民家足而乐生。进而言之，董子甚至将其提到立法的高度，唯有"天子之所宜法以为制"，才能保证"大夫之所当循以为

---

〔1〕（汉）班固撰，（唐）颜师古注：《汉书》卷五十六《董仲舒传》，中华书局，1962 年，第 2512 页。

〔2〕（汉）班固撰，（唐）颜师古注：《汉书》卷五十六《董仲舒传》，中华书局，1962 年，第 2519—2520 页。

行"。[1]

在思想领域,"师异道,人异论,百家殊方,指意不同"。各种言说盛行、亚文化、非主流甚嚣尘上,上无一统之所持,下无核心价值之所守。主流文化之缺位既不利于国家意识形态建设,更对文化安全造成了威胁,亦为规范社会秩序留下了缺口。因此,董子建议,"诸不在六艺之科孔子之术者,皆绝其道,勿使并进"。将儒学从众多门类中选拔出来,予以发扬光大,如是则"统纪可一而法度可明",从而为"民知所从"提供了价值依归。[2]

三、董仲舒国家治理思想的价值取向

探讨董仲舒国家治理思想的价值范畴,须从人之向度去寻找。在相对意义上,人之存在展现于两个维度:其一,纵向层面,天人际与关系;其二,横向层面,人与人之间的关系。相较言之,如果将纵向维度天人关系之人视为类存在,那么,在某种程度上,可予人以个体意义而看待;而横向视角人与人之间的关系则呈现为整体色彩。鉴于董仲舒对天元本体的深度发掘,从而注定了:前者天人际与关系即"天人一"(《阴阳义》)关系,此中,人上通天元之体而获得生命活动之自由;后者人际关系即天下一局面,在元之本体涵摄中必然指向良性秩序。当然,两者之间交互并存,统属于天。董仲舒国家治理思想之价值取向实则人之存在的自由与秩序的完美统一。

在董仲舒,"天人一"乃其国家治理思想的基调。就文化意义而言,"天人一"不仅仅是天人同类而互通,更为重要的是,董仲舒通过"以身度天"(《郊语》),在对天的体认中,从而也确证了人的生命活动之自由。

---

[1] (汉)班固撰,(唐)颜师古注:《汉书》卷五十六《董仲舒传》,中华书局,1962年,第2520—2521页。

[2] (汉)班固撰,(唐)颜师古注:《汉书》卷五十六《董仲舒传》,中华书局,1962年,第2523页。

有观点将自由视为西方文化产物，认为自由作为舶来品，自近代以来由西方传入东方。实际上，"自由"在中国古已有之。确切而言，不仅有"自由"这一词语[1]，更蕴含着深邃的自由精神。而自由精神恰恰是标识中华优秀传统文化拥有"自由"意蕴的关键。需要重申的是，中华文化之自由与西方语境中的自由存在明显不同。在西语中，自由的核心内涵表现在相互联系的两个方面，即"与必然相对"与"强烈的主体自主自为意识"。[2]

一定意义上，相对西方自由对自我、主体的张扬与重视，中华传统文化之自由则强调天地人与我为一的前提下，基于当下而又超越于当下的内在统一，呈现着鲜明的精神性、内在性品格。但其精神性、内在性并非无视乃至拒斥物质性、外在性，相反，物质性、外在性因自我与天地一之境域从而亦为精神性、内在性的某种呈现而已。是故中华优秀传统文化中之"我"非血肉之躯的"小我"，实为与天地齐一之"大我"，从而"我"之主体性非但不因与天地万物为一而消弭，相反，恰由天地之托而更加强固且光大。

正是在此意义上，中华传统文化之自由体现为人与万物亲和之中而呈现出来的人之生命的"本然样态"，其生命体验即"自在"。[3]无论"天人合一"的精神自由，还是"为仁由己"的生命自由，[4]其自由价值理念均指向了内生性特征。故孔子有言："从心所欲，不逾矩"（《论语·为政》）。

---

[1] 有学人指出，《史记》中即出现"言贫富自由，无予夺"之表达。参见江国华、彭超：《中国传统文化与近代思潮中的自由》，《广东行政学院学报》2016 年第 3 期。

[2] 参见方红梅：《"自在"与美——论中国传统文化语境中的自由精神及其审美意义》，《华中科技大学学报（社会科学版）》2003 年第 5 期。

[3] 参见方红梅：《"自在"与美——论中国传统文化语境中的自由精神及其审美意义》，《华中科技大学学报（社会科学版）》2003 年第 5 期。

[4] 王慧莹、段妍：《中国传统文化中蕴含的自由价值理念探析》，《理论月刊》2017 年 10 月。

就形式而言，自由经由人及其所处境域而发生与展现，然就实质来说，自由通过人与其所处境域之交感而最终指向内在心境。境域具有客观性，而自由作为人的内在心境则呈现为鲜明的主观性。故面临同样的生命境域，之所以不同的人感受不同，就在于每个人"内在心境"之差异。或言之，"内在心境"乃通往自由的关键点。是故董仲舒有言："是以天下之道者，皆言内心其本也。"（《循天之道》）心境完善与否构成了能否获得自由的基要性因素。为此，修正心性成为传统文化的基本主题：《大学》中的"正心"、《道德经》中的"无心"以及《金刚经》中的"无所住心"即其体现。正是在此意义上，有观点认为，"虚静"乃"通往自由之境的必由之途"。[1]

日前，探究自由当然应借鉴、吸收其他文明之认知，但更须坚守，或退而求其次，不能忽视乃至忘记自由的"'中国'这个真核"[2]。

董仲舒基于天学学说中的自由观即是承载着"中国真核"的远见卓识。

某种程度上可以断言，董仲舒最突出的理论贡献在于对天的确认。这意味着：虽然在董仲舒之前即存在着天的观念，但天对人来说，还呈现着相当强的神秘性，难以认识，更不可预知。因此，天成为早期人类普遍性的外在力量，只能顺从，无法左右，天作为压倒一切的不可抗拒之力构成了高悬在人们头顶的"达摩克利斯之剑"。周赋予天以德性意涵，但并未因之而削弱天的外在性与神秘性。至孔子，其认可天的先在性，但鉴于孔子鲜明的入世品格——"子不语：怪力乱神"（《论语·述而》），其对先验性、神秘性的外在世界存而不论。唯至董子，天构成了其整个思想体系的底色，并实现了对天的确认。

---

[1] 周甲辰：《虚静：中国传统文化对自由的理解与追求》，《关中学刊》2007年第1期。

[2] 江国华、彭超：《中国传统文化与近代思潮中的自由》，《广东行政学院学报》2016年第3期。

首先，董仲舒明确了天之外延。天"遍覆包函而无所殊"〔1〕，"遍覆包函"意味着将一切涵摄其中，"无所殊"则说明不存在不属于天的任何事相，万事万物概莫能外，皆在天的范围之内。此即"天者群物之祖"〔2〕之意。又在相对意义上，天可分为"十端"（《官制象天》）："天、地、阴、阳、木、火、土、金、水，九，与人而十者，天之数毕也。"（《天地阴阳》）"天之数"即天地人、阴阳以及五行，其中，无论有形，还是无形，抑或介于有形与无形之间者，皆统属于天。

其次，董仲舒厘清了天之内涵。何谓天？《顺命》有言："天者万物之祖，万物非天不生。"天即生养万物（当然包含人）之祖。天何以生？其发生机制何在？董仲舒论曰："惟圣人能属万物于一而系之元"，圣人之所以纳万物于一并归之元，意在明确统一于万物之中的内生机制，由此呈现万物之本、原，是故"元犹原也"。元即天地内在原生之机，"随天地终始"，有是天即有是元，"故元者为万物之本"。（《重政》）

董子不仅揭示了天元内生机制，而且指出了元之品格，一则元为生生不已之机，故仁；二则正，"元者，始也，言本正也"（《王道》）。这意味着，天地所生之万物与生俱来均内含天元仁正之品格。元于奠定天与万物之统属关系的同时，尤其强化了人天之间的内在会通性。

天作为人之同类，在呈现着尊崇之位的同时，亦具有其亲和力——天并非高远，恰与人相连，确切而言，人即天。此即"身犹天"，不仅"数与之相参"，而且"命与之相连"。（《人副天数》）天人一也，人之生命源于天，故由生命亦可复归于天，即"以身度天"。（《郊语》）于此，董子在《祭义》篇如是言：祭者，"察也"，"际也"。君子躬亲以祭天，致内心之诚敬，借助祭祀之仪式，于天人交感中体悟进而察知天命。

〔1〕（汉）班固撰，（唐）颜师古注：《汉书》卷五十六《董仲舒传》，中华书局，1962年，第2515页。
〔2〕（汉）班固撰，（唐）颜师古注：《汉书》卷五十六《董仲舒传》，中华书局，1962年，第2515页。

是故"天人一"与其说是天人同质、同类，不如说人就是天的副本，或言之，人即"天之继欤"（《循天之道》）。人就是天地之心，代天尽职，为天立命。

董仲舒之天论具有鲜明的标志性意义。不仅全面阐释了天之外延，而且深刻揭示了其内涵，从而使其天哲学真正确立。同时，董子对天人关系的判断，特别是于"以身度天"之域中进行的对天的体察与证成则在终极意义上完成了对人之生命自由的确证。

在董子，如果说天可以在相对意义上进行区分，那么，董子之天即外在之天与内在之天的统一。外在之天即本原之天，本原之天以其先在性呈现着无处不在、无所不能的绝对性；内在之天即心志之天，心志之天因其后天性而表现为寄身而居、随遇而安的相对性。相对性并非无自由。在元生机制发用中，心志之天展现着与本原之天的默然会通，一则这意味着心志之天基于当下而同时完成着对当下的超越，从而直达终极本体；二则复归本体即洞明天性，由是打开了通向自由之理路，正所谓"明于天性，知自贵于物；知自贵于物，然后知仁谊；知仁谊，然后重礼节；重礼节，然后安处善；安处善，然后乐循理；乐循理，然后谓之君子"。[1]董子承"轴心时代"之精神，在对"天性"的明觉中，烘托出自由君子的完美格调。正是在此意义上，可以断言：轴心时代的"崭新之处"在于，人们开始意识到其整体的存在、其自身的存在以及其自身的局限。然而，他们通过自我反省进而获得了意识觉醒，并"在自我存在的深处以及超越之明晰

---

[1] （汉）班固撰，（唐）颜师古注：《汉书》卷五十六《董仲舒传》，中华书局，1962年，第2516页。鉴于天元内生机制，故明于天性即本性之发用，故"知仁谊"不是对外在之仁的认知，而是对心性之仁的唤醒。一旦心仁再现，则"其心舒，其志平，其气和，其欲节，其事易，其行道，故能平易和理而无争也"。（《必仁且智》）此即自由。另具体到当时现实社会而言，董子强调调均、不与民争利业等则是在物质层面保障民众获得生命自由的一种途径。

中，体验到了无限制性"。[1]

《通国身》篇论述了治身通于治国的道理。治身与治国之所以相通，乃在于根本上均遵循着元正机制之要求。《通国身》通过治身与治国相互对举，得出结论："治身者务执虚静以致精，治国者务尽卑谦以致贤。能致精则合明而寿，能致贤则德泽洽而国太平。"身"合明而寿"虽指向养生范畴，但其内旨当涵摄，或言之，以自由为前提。无法想象，心志不完善何以"执虚静以致精"而成生养之功！而"德泽洽而国太平"无疑朝向了社会秩序。故身之治即生命自由，国之治即整体秩序。其中，身之治是国之治的前提，个体自由为整体秩序的基础。

董仲舒国家治理思想的一个重要价值面向即秩序——天下秩序。

如前所述，董仲舒秉持着强烈的天道信仰与高度的王道情怀。是故对天道信仰的执守与对王道情怀的追寻已经涵化为董仲舒始终如一的生命自觉，从来没有动摇，一直默然护守。一则董仲舒信天，二则董子守道。因为董子信天，故其一贯坚信天之仁，无论何种境域，天均以仁心示天下；由于董子守道，故其坚守着天恒常不变，道同样不变的信念，无论世事如何变迁，均相信天道终将下贯人间，从而王者必现。正是在此意义上，董子言曰："《春秋》大一统者，天地之常经，古今之通谊也。"[2]

《玉英》言曰："《春秋》之道，以元之深正天之端，以天之端正王之政，以王之政正诸侯之即位，以诸侯之即位正竟内之治。五者俱正，而化大行。"董子以对天元"绝对者"[3]的高度自觉谱绘了通向王道治世的天

---

〔1〕 ［德］雅斯贝尔斯：《论历史的起源与目标》，李雪涛译，华东师范大学出版社，2018年，第8—9页。

〔2〕 （汉）班固撰，（唐）颜师古注：《汉书》卷五十六《董仲舒传》，中华书局，1962年，第2523页。

〔3〕 黄裕生：《论华夏文化的本原性及其普遍主义精神》，《探索与争鸣》2016年第1期。

下一整体格局，启开了"迈向普遍性的一步"[1]。王者作为"仁者无敌"（《孟子·梁惠王上》）的典型，在近悦远来的感召中，自然达至"王者无外"（《春秋公羊传·隐公元年》）的盛世局面，从而由一国而及天下。在理论上开启了人类世界史的结构图式，进而趋向"人类历史最大的广度以及最高的统一"。[2]

雅斯贝尔斯指出，轴心时代"人之存在"的整体改变即"精神化"。诸多先哲通过将自身与整个世界进行"内在的对比"，从而在对自身的追问中，得以超越自身乃至世界。虽然这种超越是通过某些个体的形式完成的，但在当时，个别人的变化却间接地改变了所有人，"'人之存在'在整体上实现了一次飞跃"[3]。从此，"世界史获得了唯一的结构和持续的、或者说持续到今天的统一性"[4]。

这无疑契合于董子的天下王道观。《汉书·董仲舒传》以对王者人君返本归元的强调，于重申贵元重始之际，同时指向了两个方面：其一，元机先天性将其仁正品质内在赋予所有人，这构成了人与人之间相互和谐共生的基础性条件；其二，王者以其"正心以正朝廷"，进而由此形成"远近莫敢不壹于正"的天下归一的秩序状态，此即天下一的范导性前提。二者交互作用的必然趋向当为天下家国之良序。

---

[1] ［德］雅斯贝尔斯：《论历史的起源与目标》，李雪涛译，华东师范大学出版社，2018年，第9页。

[2] ［德］雅斯贝尔斯：《论历史的起源与目标》，李雪涛译，华东师范大学出版社，2018年，第6页。

[3] ［德］雅斯贝尔斯：《论历史的起源与目标》，李雪涛译，华东师范大学出版社，2018年，第10、11页。

[4] ［德］雅斯贝尔斯：《论历史的起源与目标》，李雪涛译，华东师范大学出版社，2018年，第15页。

第六章 董仲舒国家治理思想的当代价值

董仲舒学说内容丰富，思想深刻，其天人哲学、王道政治、大一统思想、度制建设、调均观念、德教理念、德主刑辅等，具有历久弥新的作用与意义，对新时代中国特色社会主义政治、经济、文化、社会以及生态建设等具有借鉴价值。

第一节 董仲舒天学意蕴中的王道思想之价值

董仲舒哲学思想乃天学统摄的王道学说。其天哲学为董仲舒整个思想体系的总纲，涵盖着多重向度，其意涵非常丰富；建基于天哲学的王道思想，内涵广博深邃；与天哲学密切相关的大一统说，亦涵摄着一以贯之的正向理念。发掘其中相关内蕴，对当下中国特色社会主义现代化建设意义重大。

一、董仲舒天之多重意涵及其指向

就理论而言，在董仲舒，天乃无限多重复合性范畴。这意味着，一方面，天作为无限性概念，其意涵相当丰富。其中既包括有形存在，亦涵盖着无形之是，故天即有形与无形的统一体。环顾俯仰之间，耳闻目睹之际乃至未曾意识之在，皆为天。另一方面，天又体现着复合性品格。这意味着，一旦将天与具体人事物相联系起来，则人事物相之具体存在同时体现为复合性特征，即囿于任何人事物相皆为层级性系统存在，故该人事物相相对于其下层级而言则为天（此即"于是"——体现着天的定向性，即具体性），反之，则非天（此即"而不限于是"——体现着天的非定向性，即普遍性）。故在董仲舒思想境域，天实则定向性与非定向性的双重统一，呈现着"于是而不限于是"的全方位、多层次复合性面向。

就现实之域而言，天最为基本的两个向度即自然与人民。

其一，在董仲舒，天最直接的体现就是自然。如《四时之副》有言："天之道，春暖以生，夏暑以养，秋清以杀，冬寒以藏。暖暑清寒，异气而同功，皆天之所以成岁也。"春生夏长，秋收冬藏，四时流变转换过程既是天的发用表现，亦为天的具象展现方式。在春夏秋冬的四时轮转之中，同时呈现着生发养长的自然之天。[1]

董仲舒认为，自然之天作为自组织系统，为最优存在状态。"天地之行美也"（《天地之行》）即彰明了此等逻辑。之所以如此，皆在于天之仁——"仁，天心"（《俞序》），或言之，天之仁性品格注定了天的运化即最为完美的状态展现。此即"仁之美者在于天。天，仁也。天覆育万物，既化而生之，有养而成之，事功无已，终而复始，凡举归之以奉人。察于天之意，无穷极之仁也"（《王道通三》）。虽然天地偶有不和不中貌

---

[1] 类似表达在《春秋繁露》中较为多见，如四时即天，"天地之数，不能独以寒暑成岁，必有春夏秋冬"。（《为人者天》）四时变换过程即以化生之发用展现着自然之天，"春生夏长，百物以兴，秋杀冬收，百物以藏。故莫精于气，莫富于地，莫神于天"。（《人副天数》）神奇之天可谓难能可贵，"天地之化，春气生而百物皆出，夏气养而百物皆长，秋气杀而百物皆死，冬气收而百物皆藏。是故惟天地之气而精，出入无形，而物莫不应，实之至也"。（《循天之道》）又春夏秋冬代表着天之品性："春者，天之和也；夏者，天之德也；秋者，天之平也；冬者，天之威也。"（《威德所生》）进而言之，四时亦以情志表达着天，"春气爱，秋气严，夏气乐，冬气哀。爱气以生物，严气以成功，乐气以养生，哀气以丧终，天之志也"，"春喜、夏乐、秋忧、冬悲，悲死而乐生。以夏养春，以冬藏秋，天之志也"。（《王道通三》）再者，四时即阴阳，不同的是阴阳之呈现与作用，"天道大数，相反之物也，不得俱出，阴阳是也。春出阳而入阴，秋出阴而入阳，夏右阳而左阴，冬右阴而左阳"。（《阴阳出入上下》）

似偏离仁之表现，但其正是在不和而归于和、不中而达于中的指向中展现着最为丰富、多样乃至合宜的天地之仁。"天地之道，虽有不和者，必归之于和，而所为有功；虽有不中者，必止之于中，而所为不失。"（《循天之道》）

是故有言：自然的才是最美的。董仲舒主张，对于自然之天，一则须以诚挚之心而爱，此即《仁义法》所言"至于鸟兽昆虫莫不爱"；二则应以敬畏之心而尊，因为自然之天不仅生养万物，而且亦为人之所出。其中关键在于，天与人属于同类。故无论对天之爱，还是于天之尊，实际上既出自人而最终又指向人自身。关爱自然即关爱人自身。

这为当下生态环境保护提供了理论支持。自然与人本为一体而共生，对自然的尊重与保护即人类自尊、自爱的必然体现。从长远看，唯有爱护天地自然，才能在美化、优化自然环境的同时不断提升与完善人类自身生命样态，乃至可以说，自然生态环境状况构成了人类文明程度的基本尺度与测度标准。否则，不尊重、呵护自然，只是一味对自然索取从而危害自然，最终必然殃及人自身。为此，经济增长与社会发展绝不能以环境的破坏甚至恶化为代价。从长远来说，须将经济建设与生态环境保护统一协调起来。就直接目标而言，发展经济是为了民生，而就根本目的来看，保护生态环境同样是至为紧要的民生大事。

需要重视的是，即使在经济存量增大，生活水平日益提高的当下，仍须保有节俭意识。一定程度上，虽然经济社会的发展依赖于消费能力的增长，是故消费力即生产力，此为二者的统一，然而，消费与生产亦存在矛盾，过度消费乃至浪费势必对自然资源造成过度索取与开发，最终导致影响生产。因此，平衡消费与生产的关系，在物尽其用的前提下，保持消费与生产的协调，尤为关键。

生态环境包括自然生态与人文生态。良好的自然生态是人类赖以生存发展的物质环境，而健康的人文生态则是人类生存发展的精神空间。二者相互影响、相得益彰，唯有协调共进，才能将生态文明建设落到实处，从而助推新时代中国特色社会主义现代化建设良性发展。人文生态建设及其作用将在董仲舒思想文化一统的现代价值中展开论述。

其二，人民是天的又一重要维度。董仲舒言曰："天之生民，非为王也，而天立王以为民也。"民为王之心，关注民生乃当政者的工作中心与重心，"其德足以安乐民者，天予之；其恶足以贼害民者，天夺之"（《尧舜不擅移、汤武不专杀》）。董仲舒治国理政思想一再强调，"得民心者得天下，失民心者失天下"。可以说，董子承袭了古代政治哲学的一贯逻辑，正如《尚书·泰誓》有言："天视自我民视，天听自我民听。"人民就是天的代表与体现，一切以天为标准即以人民及其根本利益为中心。

这对于新时代中国特色社会主义"人民至上"论具有借鉴意义。

党的执政方式须与顺民心、称民意联系起来，做到"不唯上""不唯书""只唯实"，而真正的"实"唯在民。这正是古代上层民间采风的意义所在。各级政府当深入基层、走进群众，问政于民，倾听民声、了解民意，心里装着老百姓，以老百姓之心为心，想人民之所想，急人民之所急。人民的拥护和支持不但是党执政最牢固的根基，更是国家治理的方向与目标所在。

二、董仲舒王道思想之终极根据及其价值

《汉书·董仲舒传》有言："臣谨案《春秋》谓一元之意，一者万物之所从始也，元者辞之所谓大也。""一"就是万物始生之原，也可以理解为万物生生之本。而"元"即"辞之所谓大也"，意谓对相关事物的强调、重视乃至推崇。"谓一为元者，视大始而欲正本也。"元之本、始的内在品性即正，变一为元之志意则为在张大、推崇本始之原的基础上，进而达至匡正作为人事之始的人君的目的。为此，"《春秋》深探其本，而反自贵者始"。通过对万物之本原的深度发掘，以强调与奠基生生之机的本初之正，由是通过导引"贵者"以正为政，从而以率先垂范、身体力行的示范性效应建构起以正导正的全方位性的天下一统整体良序谱式。其中，元本之正

在终极层面奠定了万物之正的内在动因，从而在根本意义上为天下万事物相持守原态之正提供了本原性依据。在现实层面，王者之正则为其中的关键，此亦人君之所以为贵的基本缘由。当政者果能持守初心之正，其效必以顺、和、美、祥而应，即"阴阳调而风雨时，群生和而万民殖"，"四海之内闻盛德而皆徕臣"。总之，"诸福之物，可致之祥，莫不毕至"，而成王道天下之治。[1]

董仲舒天下一统的王道政治观蕴含着深刻的全球治理的思想资源。为此，深度发掘其思想，并探寻同当代全球治理的共鸣点，完全可以为完善全球性治理而贡献"中国智慧"与"中国力量"。这意味着，王道思想的创造性转化、创新性发展，足以为中国发挥负责任的大国作用提供思想支持。

据董子"元理论"，天下四方，虽以国别为分，但实本为一体；尽管存在华夷之辨，然而于"王者无外"的氛围中，必归于一统。这意味着，虽然全球化发展多极化趋势日益明显，并成为不可阻挡的基本大势，但这并不排斥各国在谋求自身发展的同时，求同存异，继续寻求不同国度之间的相互合作与深度交流，在本国发展的同时，积极促进其他国家共同发展，从而形成一国的发展成为其他国家发展的前提与条件的良好氛围。

因此，虽然当前全人类发展的深层次矛盾非常突出，但是必须认可一个基本事实：人类作为整体共处同一个地球村，虽然存在民族之分、国度之别，但从根本上来说，彼此之间"你中有我，我中有你"，一荣俱荣，一损俱损，休戚相关，结为不可分离的人类命运共同体。

这也正是董子大一统的价值所在。

三、董仲舒思想文化一统及其现实意义

《汉书·董仲舒传》有言："《春秋》大一统者，天地之常经，古今之

---

[1]　（汉）班固撰，（唐）颜师古注：《汉书》卷五十六《董仲舒传》，中华书局，1962年，第2502—2503页。

通谊也。"通俗而言，天地生生之仁本的基本特性就是中正，此构成了宇宙的内在律则，亘古不变。《春秋》法则天地，故强调、推崇根本之正。根本之正即先天之正，而先天之正乃后天之正的前提条件。俗语"上梁不正下梁歪"即从反面说明了先天之正的必要性、关键性。"今师异道，人异论，百家殊方，指意不同，是以上亡以持一统；法制数变，下不知所守。"当时社会思潮可谓百家纷呈，各言其说、各为其是，指意大为不同甚至相悖。最为严重的是，社会上层以及精英群体——老百姓人生观与价值观的引领者与型塑者——没有中正的思想标尺、价值准则，即"上亡以持一统"，在"外面的世界很精彩"的前提下，进一步加剧了"乱花渐欲迷人眼"的程度，从而使下层庶众根本不知道应当持守的价值标准。这在"礼不下庶人"（《礼记·曲礼上》）的社会氛围中，其负面影响相当严重，甚至干扰社会秩序，不利于社会稳定，对此必须引起高度重视。故董仲舒对策明确提出："臣愚以为诸不在六艺之科孔子之术者，皆绝其道，勿使并进。邪辟之说灭息，然后统纪可一而法度可明，民知所从矣。"[1]董子建议，对于非"六艺之科孔子之术者"，当"绝其道"，"勿使并进"，特别是将"邪辟之说"灭除止息，以此保证"统纪一"且"法度明"，从而给老百姓提供一个"知所从"的价值标准，进而安于有所适从的生命空间。唯此，方得以为营造良性和谐的社会整体秩序提供条件。

董仲舒思想文化一统理论对于今天文化建设以及强化社会主义核心价值观具有重要的启示意义。

当前，新时代中国特色社会主义现代化建设处于近代以来最好的历史时期，也际遇世界百年未有之大变局这一历史时刻。其中不容忽视的是，或裹挟或导致的扭曲的价值渗透与文化侵略对意识形态工作造成极大挑战。其中，互联网是各种思想、舆论的传播交会平台，碎片文化、各种思

---

[1] （汉）班固撰，（唐）颜师古注：《汉书》卷五十六《董仲舒传》，中华书局，1962年，第2523页。

潮交流碰撞，思想观念、价值标准对冲激荡，参差交织、良莠不齐，从而对意识形态建设工作造成了双重影响。

一方面，需要通过正向性的价值塑造与引领保证党和国家指导思想在社会主义意识形态领域的统摄地位。此不仅关系中国特色社会主义道路自信、理论自信、制度自信与文化自信，而且关涉中华民族的内在凝聚力与思想向心力，进而影响国家的长治久安。

另一方面，加强文化建设同样不容忽视。文化建设作为人民群众精神生活之必需体现着显著的人文色彩，是广大劳动人民须臾不可离的生命所需。尤其在当前，温饱问题业已解决，小康社会全面建成，老百姓对精神文化之需成为生活常态。为此，关注人民精神所需，重视文化建设，掌控方向引领乃文化建设的关键。

这要求以"第二个结合"为指导，发掘中华优秀传统文化资源，弘扬与践行社会主义核心价值观。提倡、弘扬以及践行社会主义核心价值观，应该而且必须汲取中华优秀传统文化的内在精神、核心精髓，使中华优秀传统文化成为滋养、充实社会主义核心价值观的思想资源。否则，社会主义核心价值观就是无源之水无本之木，从而失去生命力、影响力。这要求将中华优秀传统文化作为培育和践行社会主义核心价值观的深厚根基、活水源头，同时使中华优秀传统文化在现代化与大众化之中发挥其内在价值。

当前，中国特色社会主义文化建设取得了相当成效。但面对各种不良亚文化、消极文化乃至庸俗负面文化的泛滥，社会主义核心价值观等主流文化建设依然任重而道远。中华优秀传统文化乃人文之化，其中包含着丰富的立德树人核心精神。为此，发掘、弘扬中华优秀传统文化蕴涵的人文元素，提炼其中的精神标识，既是优秀传统文化时代化的要求，更是发挥其当代价值之必需。

第二节　董仲舒制度建设思想的人文价值

"凡将立国，制度不可不察也"[1]，关于制度建设，董仲舒在《度制》篇进行了重点阐述。虽然有关制度建设的具体条目已经缺失[2]，但其中大略对于当下制度建设仍有启示意义。

一、董仲舒制度建设思想的现实启示

董仲舒制度建设思想具有鲜明的人性论前提。《汉书·董仲舒传》："质朴之谓性，性非教化不成；人欲之谓情，情非度制不节。"人情性兼赅，其质朴之性须凭借教化而成善，其人欲之情必依赖于制度而加以节制，此即"下务明教化民，以成性也；正法度之宜，别上下之序，以防欲也"。[3]通过制度建设，将人欲规制于堤防之中，予以适当节制而达于中，进而使"贵贱有等，衣服有制，朝廷有位，乡党有序，则民有所让而不敢争，所以一之也"（《度制》）。制度建设一方面将不同身份与地位者区别开来，另一方面又建构起整体联动、和谐有序而为一的良性状态。尤须强调的是，董仲舒制度建设思想依然承袭传统脉络，其中关键在于社会上层制度建设的首要性。一则这为教化社会下层提供了范本，二则在自树树人的氛围中为庶民预置了自主发展的良性空间。

以服制为例，其基本作用为"盖形暖身"，然而，人作为社会关系存在，其身份与地位则通过服制予以体现。为此，"染五采，饰文章"，其作用就在于"贵贵尊贤，而明别上下之伦"。同时，服制之别在彰显贵贤及

---

[1] 石磊译注：《商君书》，中华书局，2016年，第90页。

[2] 于此，苏舆案："此篇不过大略。苟谓制度之别，则董当日尚有详条，今殆亡之。"（清）苏舆：《春秋繁露义证》，钟哲点校，中华书局，2015年版，第221—222页。

[3] （汉）班固撰，（唐）颜师古注：《汉书》卷五十六《董仲舒传》，中华书局，1962年版，第2515页。

其上下人伦之序的前提下，充分发挥贵者、贤者等社会上层的身教作用，从而"使教亟行，使化易成，为治为之也"，目的就是达到良好的社会治理状态。否则，置度制而不顾，只为纵人欲而快其意，以致无所约束而任之，其后果为"大乱人伦，而靡斯财用"，从而不仅服装及其文采失去本初之意，甚至极易导致"上下之伦不别，其势不能相治，故苦乱"之失序局面和"嗜欲之物无限，其数不能相足，故苦贫"之纵欲状态。为此，"今欲以乱为治，以贫为富，非反之制度不可"（《度制》），制度不仅是迈向社会大治的阶梯，也是基于社会治理局面前提下实现由贫而富的必要条件。

度制、礼节之效用即"体情而防乱"。是故通过制度建设，对人之情形成外在制约，以某种强制力"使之度礼"，从而视听言动循礼而发，在"安其情"的前提下，于人则守礼而自由，于社会则去乱而为治。（《天道施》）

这要求，首先要发挥制度建设在推进国家治理体系和治理能力现代化过程中的作用。新时代推进国家治理体系和治理能力现代化的核心战略思路即"通过制度的治理现代化"。[1]客观而言，"制度建设不仅构成中国式现代化的重要内容，而且为中国式现代化的推进与拓展提供有力保障"[2]。健全完善的制度体系是国家良性治理赖以形成的基础性要件，没有完备的制度，就不可能形成良好的法治与德治环境。建立健全相应制度并真正落到实处，是推进国家治理体系和治理能力现代化的基本前提。

其次，充分发挥党的领导制度建设在社会主义制度体系建设中的统领性作用。制度建设是一个系统工程，故不可能一蹴而就。这要求制度建设也须抓主要矛盾，从重点环节入手，以提纲挈领的方式带动整个制度体系建设。其中，党的领导制度建设在中国特色社会主义制度建设乃至国家治

---

〔1〕 褚国建：《通过制度的治理现代化——新时代党和国家制度建设的一个学理阐释》，《浙江工业大学学报（社会科学版）》2023 年第 2 期。

〔2〕 马雪松：《以制度建设引领和推进中国式现代化》，《人民论坛》2022 年第 17 期。

理体系和治理能力现代化过程中起着关键性作用。毋庸置疑，党的领导制度建设指向制度化全面领导，而"制度化全面领导的根本内核在于实现法治"，在法治化前提下，依法执政、依规治党以及依法行政分别构成了制度化全面领导的基本方式、根本保障以及实现途径。[1]唯此，才能以强大的制度性保障塑造党的先进性形象，进而发挥引领社会达至和谐有序的示范性效应。

第三，制度建设有助于确立人民群众的主体性地位，即民主。有观点认为，"新型政党制度与全过程人民民主具有高度的互构性"，其内在动因在于"党的全面领导下政党逻辑与民主逻辑的内在统一"。[2]亦有学人主张，完善党内巡视制度建设须"遵循人本原则"，党内巡视制度重要意义在于"通过执政党素养的全面提升带动民众素养的提升，进而实现人的全面发展"。[3]依此理路，加强与完善党的制度建设，必将渐次凸显人民群众的主体性地位。

二、董仲舒调均思想的当代意义

共同富裕是社会主义的本质要求。[4]新时代中国特色社会主义在全面建成小康社会的基础上，坚持走内涵式发展提升之路，围绕中华民族从站

---

[1] 王健睿：《新时代党的全面领导制度建设研究》，《科学社会主义》2022 年第 3 期。

[2] 叶子鹏：《以新型政党制度建设推进全过程人民民主运转》，《中央社会主义学院学报》2023 年第 2 期。

[3] 于学强：《以人为本与党内巡视制度建设的科学化》，《领导科学》2023 年第 4 期。

[4] 1953 年 12 月，中共中央通过了《关于发展农业生产合作社的决议》，"共同富裕"概念最早以党的文件形式出现；1985 年 3 月，邓小平指出，"社会主义的目的就是要全国人民共同富裕"；1990 年 12 月，邓小平再次强调，"社会主义最大的优越性就是共同富裕"；1992 年，邓小平在南方谈话中明确指出："社会主义的本质，是解放生产力，发展生产力，消灭剥削，消除两极分化，最终达到共同富裕。"党的十八大以来，新时代中国特色社会主义基于发展战略全局高度，作出一系列部署，为切实助推全体人民逐步实现共同富裕提供了科学指引。参见郑伟：《全面深刻理解共同富裕的内涵要求》，《人民论坛》2023 年第 13 期。

起来、富起来到强起来的飞跃，继续推进实现全体人民共同富裕。为此，共同富裕成为新时代中国特色社会主义的关键词。

新时代中国特色社会主义为实现共同富裕提供了现实基础，在此前提下，联系董仲舒"调均"思想则对助推实现共同富裕有所裨益。

《度制》有言："有所积重，则有所空虚矣。"一极财富积聚同时意味着另一极必然亏空。其不良后果为，"大富则骄，大贫则忧。忧则为盗，骄则为暴，此众人之情也"。任其情而纵之，是故"大人病不足于上，而小民羸瘠于下，则富者愈贪利而不肯为义，贫者日犯禁而不可得止，是世之所以难治也"。鉴于此，"圣者则于众人之情，见乱之所从生。故其制人道而差上下也，使富者足以示贵而不至于骄，贫者足以养生而不至于忧。以此为度而调均之。是以财不匮而上下相安，故易治也"。通过制度建设，在保持财富适度差别的基础上协调贫富而均之，不但规避富者骄、贫者忧产生的可能，而且更为关键的是从源头上止息忧则盗、骄则暴出现的条件，以此营造贫富之间适度差等格局"上下相安"、和谐共生的社会治理局面。对当前而言，这要求：

首先，中国特色社会主义必须走共同富裕之路。全体人民共同富裕是中国式现代化的本质特征。这意味着，新时代中国特色社会主义要在推动高质量发展的同时，着力构建多种分配协调体制机制乃至制度体系，使经济发展成果真正惠及于民，在解决好老百姓最为关心的基本民生问题的基础上，为逐步实现共同富裕创造条件。

与共同富裕相关的一个问题就是必须正视贫富差距。财富适度差距既是经济增长与发展的动力，也是社会常态。而一旦差距过大，势必带来一系列问题乃至成为危及经济社会发展的不稳定因素。为此，建立健全与完善全方位、多层次分配格局尤为必要。这不仅是实现共同富裕的内在要求，更是维护社会和谐有序、良性发展的基本前提。

其次，实现共同富裕须坚持走内生性途径，这要求不断创造条件，为满足充分就业提供机会。"授人以鱼不如授人以渔。"推进共同富裕不仅需要通过多种分配方式并存让利于民，更为关键的是，尽一切可能为百姓提供充分的就业方式与机会。

董仲舒在《度制》篇指出："君子仕则不稼，田则不渔"，并提出了天道根据，"天不重与，有角不得有上齿。故已有大者，不得有小者，天数也"。天道乃至上公理，是故天下一切人事皆应遵循此等逻辑，不得与之相抵触。正是在此意义上，"明圣者象天所为，为制度，使诸有大奉禄亦皆不得兼小利，与民争利业"。《汉书·董仲舒传》亦有言："古之所予禄者，不食于力，不动于末，是亦受大者不得取小，与天同意者也。"奉天以行事乃太古之道，是故"受禄之家，食禄而已，不与民争业，然后利可均布，而民可家足"〔1〕。食禄者安其位而尽其职，在不与民争业的基础上，自然为老百姓预留了相应的谋生渠道，从而在一定程度上开启了利益共享机制，家给人足自是具备了某种可能性。

"不与民争利业"在当下的基本要求就是尊重人民的主动首创精神，最大限度为衣食父母、低收入群体、草根阶层自主就业大开绿灯、提供方便，以充分释放其积极性与创造性。可以预料的是，当前乃至未来一定阶段，消除贫困、改善民生乃至逐步实现共同富裕，说到底，推进就业乃最为根本的解决之路。

为此，中国式现代化进程中的共同富裕应"以劳动贡献为主导"，而"维护劳动正义"为其关键。〔2〕这确实点出了目前助推乃至实现共同富裕的症结所在。新时代扎实推进共同富裕，当然需要全面把握共同富裕的"体制、机制及制度建设"〔3〕，充分发挥中国特色社会主义的制度

---

〔1〕（汉）班固撰，（唐）颜师古注：《汉书》卷五十六《董仲舒传》，中华书局，1962 年版，第 2520—2521 页。

〔2〕陈潜、林子筱、郑博匀：《构建以劳动贡献为主导的共同富裕社会：困境与路径》，《重庆社会科学》2024 年第 3 期。

〔3〕张劲松：《推进共同富裕的体制、机制和制度建设论》，《苏州大学学报（哲学社会科学版）》2024 年第 1 期。

优势，"提升制度系统协同"〔1〕之整体效能，但最终须依赖保障充分就业来实现。

根据 2022 年《国务院关于就业工作情况的报告》，"加快构建灵活就业、新就业形态服务和保障制度"成为三大就业政策体系之一。〔2〕这同时意味着，自主性、灵活性就业将不容忽视，甚至成为劳动者就业增收的重要途径。为此，群众自谋其职、自食其力，以最为质朴的"地摊式"就业营生，不向社会伸手，没为他者添乱，理应得到起码的尊重。在此前提下，发挥政府、社会以及个人等多方面力量，不断完善相应体制、机制，以充分激发与实现就业，是亟须解决的现实问题。

第三节　董仲舒德教思想的价值考量

董仲舒教化思想与德密切联系在一起。这意味着，教化的方式、原则乃至内容均围绕德道之德而展开。故董仲舒教化思想即德教。德教目的在于教化成性，即善，以当下言之，也就是人的全面发展；德教内容乃儒学"六艺"；德教方式除了相应教育机构组织外，尤为关键的是为当政者之行持。本节主要从教化思想的价值、官德思想之启示以及德主刑辅的意义展开探讨。

一、董仲舒教化思想的价值寻绎

在董仲舒，就教化目的而言，大体有二：在个体意义上，教化而成性，即"民受未能善之性于天，而退受成性之教于王，王承天意以成民之

---

〔1〕　贾利军、郝启晨：《以制度建设扎实推动共同富裕》，《人民论坛》2022 年第 15 期。

〔2〕　其他两项分别为"加力实施减负稳岗系列政策"与"发挥财政职能作用丰富拓展扩岗激励举措"。参见《国务院关于就业工作情况的报告——2022 年 12 月 28 日在第十三届全国人民代表大会常务委员会第三十八次会议上》，中国人大网，http://www.npc.gov.cn/npc/c2/c30834/202212/t20221229_320938.html,2022 年 12 月 29 日。

性为任者也"。民先天之善质经由王者之教而成善性，无论民先天之善质，还是后天受教而成善性，皆天。"性待教而为善，此之谓真天。天生民性有善质而未能善，于是为之立王以善之，此天意也。"善性何也？"循三纲五纪，通八端之理，忠信而博爱，敦厚而好礼，乃可谓善，此圣人之善也。"一旦善性具足，"三纲五纪""八端之理"皆成为生命个体的内在节律，循行而不背，遵守而不离。故"敦厚而好礼"。(《深察名号》) 或言之，礼而不礼、不礼而礼，礼与不礼合而为一，完全成为生命本然。[1]董子强调此乃"圣人之善"。即当下所言完全意义上的人的全面发展，亦自由之情。进而言之，或"无王"或"不教"，则民无以为善，即"无王之世，不教之民，莫能当善"(《深察名号》)。

在整体意义上，教化以立国，即王者"南面而治天下，莫不以教化为大务"。教化之重要由是可见。无论国家层面"立太学"，还是地方层面"设庠序"，皆在于通过教化而达到或趋向"渐民以仁，摩民以谊，节民以礼"的目的，即"教化行而习俗美"，从而实现国家大治的良性局面。[2]

教化乃内容与形式的统一。在抑黜百家而倡导儒学的时代条件下，教化内容当然为"六艺"之学。就组织形式而言，主要包括两个方面：一则学校，二则社会。二者均属于"公共教化"[3]，"公共教化"在型塑思想道德、社会风尚中起着主导性作用。而"公共教化"的主体非上层莫属。

《说文解字注》：所谓教，"上所施，下所效也"[4]。社会上层阶级群

---

[1] 有观点认为，在中国美育史上，董仲舒最早提出了"礼乐教化"概念。董子承继先秦儒家美育观，以"德教"为中心，特别强调礼乐"纯其美""安其情"的美育效应。参见祁海文：《试论董仲舒的"礼乐教化"美育思想》，《人文杂志》2018 年第 11 期。礼以别序，乐以发和。这意味着，礼乐教化以制其外而安其内的方式陶冶着人的性情，从而诱掖人潜入纯美、安情的生命原态。

[2] (汉) 班固撰，(唐) 颜师古注：《汉书》卷五十六《董仲舒传》，中华书局，1962 年，第 2503—2504 页。

[3] 朱承：《从天道到教化：董仲舒的公共性思想》，《伦理学研究》2023 年第 6 期。

[4] (汉) 许慎撰，(清) 段玉裁注：《说文解字注》，浙江古籍出版社，1998 年，第 127 页。

体之操守与行持，自然为下层百姓万民所效法。化，"教行也。教行于上，则化成于下。贾生曰：'此五学者既成于上，则百姓黎民化辑于下矣。'"〔1〕化即教化之施行、流行之过程、状态。在自然而然的潜移默化之中，上之展现自是成为影响乃至强力左右下层草根民众的宏大势能。于是，《汉书·董仲舒传》有言："天子大夫者，下民之所视效，远方之所四面而内望也。"贤人君子之形象自然为民众所推崇而效法，故上层群体一言一行无时无刻不对下层百姓产生着示范性效应。正所谓"下高其行而从其教，民化其廉而不贪鄙"。社会上层身行端正，则"民乡（向）仁而俗善"，反之，必然导致"民好邪而俗败"。〔2〕

董仲舒教化思想对新时代中国特色社会主义现代化建设意义重大。其一，须高度重视教育；其二，应该将每个人都纳入教育范围，特别是应该为所有适龄儿童乃至青少年提供平等地接受教育的机会，充分保障其受教育的权利，从而为促进其全面发展提供文化基础；其三，广大党员干部应该承担起社会教育的主体责任。

中国从站起来、富起来到强起来，其中重点在于教育，而关键则在于人才。这于信息科技时代尤为鲜明。然而，在基础教育阶段，虽然历年全国教育事业发展统计数据整体呈现向好趋势，但对于个别偏远地区而言，部分适龄儿童求学状况依然存在困难，令人担忧，亟需国家乃至社会各界引起切实重视。

鉴于此，经济总量提高的同时，对人的发展不容忽视。何况在助力人的全面发展的时代条件下，犹须为每个人平等接受教育提供保障。进而言之，这不仅是民族振兴、国家强大的人力资源保证，亦是社会发展由侧重物质方面向人的方面的转变之需。中国特色社会主义现代化建设唯有基于

〔1〕（汉）许慎撰，（清）段玉裁注：《说文解字注》，浙江古籍出版社，1998年，第384页。
〔2〕（汉）班固撰，（唐）颜师古注：《汉书》卷五十六《董仲舒传》，中华书局，1962年，第2521页。

现代化之人才方得以实现。而现代化的人必须借助于教育才能成为现实，此即董子所言化成人之"善性"，也就是当下人的全面发展。

董仲舒公共教化思想就是"教化政治"[1]，政治同时承载着社会教化功能。因此，在新时代中国特色社会主义条件下，作为"社会道德的感应器和风向标"，政德对社会人心之导引与影响起着至关重要的作用。[2]政德建设必然意味着全面从严治党，全面从严治党要求所有党员干部须恪尽职守、以身作则，时刻发挥率先垂范的示范性、先导性作用。

二、董仲舒官德思想的现实旨趣

在官员任用管理方面，董仲舒构建了一个"道-德-法"的"官德有机系统"。其理论根基是与形而上天道相通的"为官之道"，思想主体乃修身爱民的"为官之德"，现实保障为任贤考绩的"治官之法"。[3]这对于当下干部选拔任用具有借鉴意义。

首先，将董子天道转化成为民之道，并使其内化为党员干部的行为自觉，进而型塑敬畏天地、为民负责的理想信念。

一方面，董仲舒承孔子畏敬上天之观念，同时将天与民联系起来，另一方面，又从天的高度强调领导权力为民所用的价值指向。其"天学"意蕴体现着鲜明的"心学"——信念或信仰——色彩，或言之，董子之"天学"即是"心学"。心学即天学，心性即天性。心与天密切相关，乃至弥合为一。此实为理想信念乃至德性修养的核心所在。

冯友兰先生指出，根据人对于宇宙人生的觉解程度之不同，从而宇宙人生对于人即生成某种意义，此构成了人的四种境界，即自然境界、

---

[1] 王志宏：《董仲舒的名学理论与儒家的教化政治——董仲舒〈春秋繁露·深察名号〉篇发微》，《东岳论丛》2023年第10期。

[2] 郑琳川：《董仲舒的教化思想对当今政德建设的启示》，《西华师范大学学报（哲学社会科学版）》2020年第2期。

[3] 曹迎春：《董仲舒官德思想及其现代价值》，《衡水学院学报》2017年第2期。

功利境界、道德境界以及天地境界。[1]广大党员与领导干部须撇离自然、功利境界，而向道德、天地境界看齐。一定意义上，道德境界、天地境界与董子之天学具有相通性。董子之天以其本原性地位构成了为政者治国理政的终极根据，而其仁正品格又成为当政者执政行为的精神价值导引，是故天以其神圣性、至上性以及正向性通过其内生性发用而型塑、匡正着人的诚敬之心、仁正品性，从而为塑造人的精神信念、思想品格提供根本支撑。

董仲舒之天道信仰已经内化为中华民族的文化心理，成为社会大众内心最为普遍、深刻的精神认同。今天，强化共产党人的党性修养与理想信念，当然不是简单机械地复归董子天道崇拜与信仰，而是将天与老百姓联系起来，老百姓就是天。对老百姓负责就是对天负责。为此，在中华文化大背景下，以"两个结合"，特别是"第二个结合"为指导，如何启动中华优秀传统文化的精神资源为我所用，发挥董仲舒之天学思想的现代价值，将其同共产党人的党性修养与理想信念教育结合起来，是迫切需要思考解决的现实课题。

其次，将德作为官员选拔任用与考核的首要标准。考量干部的基本原则是"德才兼备"。相对而言，德属于为政态度，才属于处事能力。能力大小与为政态度比起来，为政态度作为方向性、原则性问题尤为关键。

在官员选拔与任用方面，董仲舒强调"量材而授官，录德而定位"[2]。鉴于政教合一，故官德处于相当重要的地位。一定程度上，官德不仅是当政者个人立身为政之本，更是家国社会文明道德风尚的指向标。其影响作用不可小觑。而官德修养除了自身内在涵养与培育，通过制度约束与纪律监督等外在条件之威慑以助推乃至倒逼德性提高与养护，亦不可

---

〔1〕参见冯友兰：《新原人》，生活·读书·新知三联书店，2007年，第43、45页。

〔2〕（汉）班固撰，（唐）颜师古注：《汉书》卷五十六《董仲舒传》，中华书局，1962年，第2513页。

或缺。当然，问题的关键在于，在官员选拔与任用方面，如何测度、彰显德性标准是不容忽视的重要方面。

第三，将人民标准、为政之效作为官员考核的基本尺度。中国共产党的根本宗旨是立党为公、执政为民。故领导干部任用须与考核联系起来，并将人民标准作为考核政绩的基本尺度。这不仅是建设高素质领导干部的需要，更是新时代中国特色社会主义现代化建设的前提。进而言之，通过制度化、法治化程式对党员干部予以考核，使德才兼备、德性为重者脱颖而出，反之，予以降级乃至免职。这是激活干部队伍内在机制之关键。

三、董仲舒德主刑辅的当下思考

作为国家治理思想，董仲舒"德主刑辅"基于天道。其中大意有三：其一，"天地之常，一阴一阳。阳者天之德也，阴者天之刑也"（《阴阳义》），就此而言，德与刑作为天地常道的反映，体现着必然性，均具有其作用与价值，故不可偏废。其二，天道"任阳不任阴""好德不好刑"（《阴阳位》），阴阳地位或作用存在差别，相对而言，阳为主而阴为从，即"天以阴为权，以阳为经""显经隐权"，为此，"天之近阳而远阴，大德而小刑"（《阳尊阴卑》）。其三，"德主刑辅"如阴阳之气"合而为一"（《五行相生》），其意指在于教化。

董仲舒"德主刑辅"思想对当代治国理政具有重要的启示意义。

首先，坚持依法治国与以德治国相结合，德法并举、共同发力。新时代中国特色社会主义在推进国家治理体系和治理能力现代化过程中，须正确处理法、德关系，不可偏废。无德则法不立，无法则德不成。历史与经验业已证明，法安天下，德润人心。唯有法治和德治相辅相成、协同发力，才能营造良好的公序良俗。

其次，在坚持法治和德治并举的前提下，树立德治的基础性地位。"天数右阳而不右阴，务德而不务刑。"（《阳尊阴卑》）在现实国家治理中，法治当然重要，但不可忽视乃至无视德治的基础性作用。一定程度上，法治状态依赖于德治的软性支撑，甚至法治本身也蕴含着内在的德性意蕴。漠视这一点，只是单方面强调法理，即"为政而任刑，谓之逆天"（《阳尊阴卑》），势必有悖人之常情——道义天理，从而导致不良的治理状态。

第三，充分发挥德法治理的社会教化作用，在具体德法治理中当扬长避短，充分彰显正面积极的德性涵化导向。董仲舒"德主刑辅"意味着法治与德治的内在统一。具体到德法关系，法为德之底线，德乃法之目的、内涵，德与法统一于社会公共教化之中。《精华》有言："教，政之本也。狱，政之末也。其事异域，其用一也。"德与法之关系犹如教与狱，一本一末，内涵虽异，但效用为一。故"德主刑辅"无论德之显扬，还是法之辅助，其意皆指向社会教化，个中蕴含着深切的人文关怀。

社会主义法制建设乃大势所趋。其中关键在于，必须明确法治的人文道德精神。这意味着，无论法律制度建设——教化先导，还是法治具体实践——教化过程，皆最终形成某种价值导向，不可不慎！故在依法治国过程中，应当充分考量其效应与影响，使立德树人成为其基本导向——此为法治文化之核心。否则，流弊甚焉！

主要参考文献

（汉）班固撰，（唐）颜师古注：《汉书》，中华书局，1962 年。

（汉）董仲舒撰，（清）凌曙注：《春秋繁露》，中华书局，1991 年。

（汉）班固撰，（清）王先谦补注：《汉书补注》，上海师范大学古籍整理研究所整理，上海古籍出版社，2021 年。

（汉）董仲舒：《春秋繁露·天人三策》，陈蒲清校注，岳麓书社，1997 年。

（汉）许慎撰，（清）段玉裁注：《说文解字注》，浙江古籍出版社，1998 年。

（宋）朱熹集注：《孟子集注》，西泠印社，2003 年。

（宋）朱熹集注：《论语·大学·中庸》，上海古籍出版社，2013 年。

（宋）朱熹：《四书章句集注》，中华书局，2016 年。

（明）王阳明：《传习录》，萧无陂注译，长江文艺出版社，2015 年。

（清）张玉书、陈廷敬：《康熙字典》（同文书局原版），中华书局，1958 年。

（清）朱骏声：《说文通训定声》，武汉市古籍书店，1983 年。

（清）董天工：《春秋繁露笺注》，黄江军整理，华东师范大学出版社，2017 年。

（清）苏舆：《春秋繁露义证》，钟哲点校，中华书局，2015 年。

康有为：《春秋董氏学》，楼宇烈整理，中华书局，1990 年。

爱新觉罗·毓鋆：《毓老师说春秋繁露》，陈絅整理，花山文艺出版社，2019 年。

辜鸿铭：《中国人的精神》，陈高华译，陕西师范大学出版社，2011 年。

梁启超：《儒学六讲》，天津人民出版社，2018 年。

牟宗三：《中国哲学十九讲》，吉林出版集团有限责任公司，2010 年。

唐君毅：《中国文化之精神价值》，九州出版社，2021 年。

徐复观：《两汉思想史》（二），九州出版社，2014 年。

钱穆：《中华文化十二讲》，九州出版社，2013 年。

钱穆：《人生十论》，生活·读书·新知三联书店，2012 年。

钱穆：《中国学术思想史论丛》（一），生活·读书·新知三联书店，2009 年。

钱穆：《中国学术思想史论丛》（二），生活·读书·新知三联书店，2009 年。

钱穆：《中国思想史》，九州出版社，2011 年。

钱穆：《中国文化史导论》，九州出版社，2011 年。

钱穆：《论语新解》，生活·读书·新知三联书店，2005 年。

冯友兰：《新原人》，生活·读书·新知三联书店，2007 年。

冯友兰：《中国哲学史新编》（中），人民出版社，1998 年。

萧公权：《中国政治思想史》，新星出版社，2005 年。

张岱年、方克立：《中国文化概论》，北京师范大学出版社，2004 年。

庞朴：《一分为三论》，上海古籍出版社，2003 年。

侯外庐、赵纪彬、杜国庠：《中国思想通史》第 1、2 卷，人民出版社，1957 年。

李泽厚：《中国思想史论》（上），安徽文艺出版社，1999 年。

李泽厚：《美学三书》，安徽文艺出版社，1999 年。

李泽厚：《论语今读》，江苏文艺出版社，2010 年。

张岂之：《中国思想学说史》（秦汉卷），广西师范大学出版社，2008 年。

楼宇烈：《中国文化的根本精神》，中华书局，2016 年。

钟肇鹏：《春秋繁露校释（校补本）》，河北人民出版社，2005 年。

周桂钿：《董学续探　董仲舒评传》，福建教育出版社，2015 年。

周桂钿：《董学探微》，北京师范大学出版社，2008 年。

周桂钿：《董仲舒研究》，人民出版社，2012 年。

金春峰：《汉代思想史》，中国社会科学出版社，2006 年。

蒋庆：《公羊学引论——儒家的政治智慧与历史信仰》，福建教育出版社，2014 年。

秦晖：《传统十论》，东方出版社，2014 年。

张祥龙：《拒秦兴汉和应对佛教的儒家哲学：从董仲舒到陆象山》，广西师范大学出版社，2012 年。

陈生玺等译解：《张居正讲评〈大学·中庸〉皇家读本（修订本）》，上海辞书出版社，2013 年。

陈生玺等译解：《张居正讲评〈孟子〉皇家读本（修订本）》，上海辞书出版社，2013 年。

谢祥荣：《周易见龙》，巴蜀书社，2012 年。

《十三经注疏》整理委员会：《十三经注疏·春秋公羊传注疏》，北京大学出版社，1999 年。

《十三经注疏》整理委员会：《十三经注疏·春秋左传正义》，北京大学出版社，1999 年。

《十三经注疏》整理委员会：《十三经注疏·周易正义》，北京大学出版社，1999 年。

余治平：《唯天为大——建基于信念本体的董仲舒哲学研究》，商务印书馆，2003 年。

汪高鑫：《董仲舒与汉代历史思想研究》，商务印书馆，2012 年。

刘国民：《董仲舒的经学诠释及天的哲学》，中国社会科学出版社，2007 年。

何金松：《汉字文化解读》，湖北人民出版社，2004 年。

张德胜：《儒家伦理与秩序情结：中国思想的社会学阐释》，台湾巨流图书公司，1993 年。

聂春华：《董仲舒与汉代美学》，广西师范大学出版社，2013 年。

樊浩：《中国伦理精神的现代建构》，江苏人民出版社，1997 年。

葛兆光：《中国思想史》（第一卷），复旦大学出版社，2019 年。

［德］雅斯贝尔斯：《论历史的起源与目标》，李雪涛译，华东师范大学出版社，2018 年。

后　记

　　历时四年之余的课题研究过程就是和董子进行的跨越时空的学术"相与"。

　　至此，虽然本课题研究几近尾声，但并没有可以松口气的感觉。事实上，随着研究的不断深入，诚惶诚恐之心越发明显。

　　这样说的意思是，董子基于当时特定的历史境域从天的层次阐释为政之道，尽管其中也存在某种策略性的治国理政手段或技术，但就其整体思想意蕴或主旨而言，当为国家乃至天下治理之道。鉴于此，董子家国天下治理思想折射着终极的本体化调式，即至上神圣之天道。这在当时具有必然性与正当性。由此说来，董仲舒天人哲学涵摄的治世之道既具有鲜明的整体性（系统全面），更不失天道主导下的客观性（中道大义）。

　　而对董子学说思想以术业专攻的方式进行分而析之的探讨，固然尽力兼及其"体""道"之论，但依然难以避免流于"学""术"之嫌。如，不仅极易导致对董子思想的扭曲与误读，亦为对先哲的不尊不敬。此为其一。

　　正是由于上述考虑，对董子天元道体的论述成为研究展开的基调。故本课题研究不仅仅在于梳理与呈现董子国家治理思想的相关方面，同时亦深入揭示其中的文化底蕴、哲学之维。

　　其二，董子哲思又呈现着本位化表达。董子出于对家国天下现状及其发展取向的关切，以高度负责任的态度——"正谊明道"、不畏流俗、唯现其真——提出了心系天道的王道政治，充分彰显了"群儒首""儒者宗"的高风亮节。其思想特质与人格品质构成了一座崇高的精神丰碑，令后学仰视！"见贤思齐"，无形之中，这对笔者研究构成某种忧虑乃至压力——一则研究是否准确体现董子学说之意，二则研究是否对得起个人的教研之职。

为此，在整个研究过程中坚持广识博览、慎思、明辨，尊重而不苛责先贤以求其正义，认真对当下负责而在位尽职！

其三，董子之论亦本土化的智识展现。在"两个结合"背景下，"第二个结合"开启了马克思主义同中华优秀传统文化相结合的内在理路。相较于马克思主义中国化，中华优秀传统文化则体现为时代化；相对于马克思主义之魂脉，中华优秀传统文化即根脉。这意味着，在推进国家治理体系和治理能力现代化的过程中，以马克思主义为指导，对本土化、民族性的优秀传统文化进行发掘并予以创造性转化、创新性发展，成为必需。

故虽然本研究是个大题目、难题目，但衡水学院董仲舒研究院作为董子故里唯一一所本科院校专门研究董子儒学思想的部门，深入发掘董仲舒国家治理等相关思想，为丰富国家治理理论体系乃至推进治理能力现代化尽绵薄之力，责无旁贷！

课题研究以及本书出版，得到衡水学院董仲舒研究院、河北省高等学校人文社会科学重点研究基地——衡水学院董仲舒与传统文化研究中心及其领导、同事的帮助与支持。同时，燕山大学出版社柯亚莉老师为本书出版也付出了辛劳。在此，笔者致以诚挚的谢意！

白立强

甲辰季夏于听梅轩